名师工程
名 校 系 列

新课程·新理念·新教学
丛书编委会主任：马立 宋乃庆

生本与生成

高效教学的两轮驱动

广州市广外附设外语学校 著

西南师范大学出版社
全国百佳图书出版单位 国家一级出版社

图书在版编目（CIP）数据

生本与生成：高效教学的两轮驱动/广州市广外附设外语
学校著. —重庆：西南师范大学出版社，2013.10
（名师工程系列丛书）
ISBN 978-7-5621-6473-9

Ⅰ.①生…　Ⅱ.①广…　Ⅲ.①中学—教学研究
Ⅳ.①G632.0

中国版本图书馆 CIP 数据核字（2013）第 233944 号

名师工程系列丛书
编委会主任：马　立　宋乃庆
总策划：周安平
策　划：李远毅　卢　旭　郑持军　郭德军

生本与生成：高效教学的两轮驱动
广州市广外附设外语学校　著

责任编辑：张浩宇　毕海善
封面设计：红十月工作室
出版发行：西南师范大学出版社
　　　　　　地址：重庆市北碚区天生路 1 号
　　　　　　邮编：400715　市场营销部电话：023-68868624
　　　　　　http://www.xscbs.com
经　销：新华书店
印　刷：九洲财鑫印刷有限公司
开　本：787mm×1092mm　1/16
印　张：19.5
字　数：300 千字
版　次：2013 年 10 月　第 1 版
印　次：2013 年 10 月　第 1 次印刷
书　号：ISBN 978-7-5621-6473-9

定　价：30.00 元

《名师工程》

系列丛书

《名师工程》系列丛书

征 稿 启 事

　　《名师工程》系列丛书是西南师范大学出版社策划、组织出版的大型系列教育丛书。丛书以新课程下的新教学为背景，以促进施教者的教育能力为落脚点，以提高教育质量、提升教师水平为宗旨。

　　丛书首批推出的"名师讲述""教学提升""教学新突破""高中新课程""教师成长""大师讲坛""教育细节""创新语文教学""教育管理力""教师修炼""创新数学教学""教育通识""教育心理""创新课堂""思想者""名师名课""幼师提升""优化教学""教研提升""名校长核心思想系列""名校工程""高效课堂""创新班主任"等系列，共140多个品种，其余系列也将陆续出版。为了让广大教师有一个交流、借鉴的机会，同时也为了给广大教师提供更多、更好的图书，《名师工程》系列丛书编辑出版委员会特向全国教育工作者征集稿件。

稿件要求：

1.主题鲜明、新颖，有独创性。

2.主题以提升教育能力为主，也可适当外延。

3.主题要有一定规模、有典型案例支撑。

4.案例要贴近教育实际，操作性强。

5.文章、书稿结构清晰，语言精彩。

　　书稿作者在选题确定之后，请及时与我们做好沟通，具体事宜确定好之后再进行创作；也欢迎用已经完稿的稿件投稿。一线教师如希望参与图书案例的创作，可联系我社策划机构，由策划机构备案，在适合的图书中参与创作。

　　真诚欢迎各位教师踊跃投稿。

联系方式：

西南师范大学出版社高教分社

电话：023-68254356　　　E-mail：zcj@swu.cn

西南师范大学出版社高教分社北京策划部

电话：010-68403096

E-mail：guodejun1973@163.com

编者的话

当前，以人为本的教育理念正在逐步深化，素质教育以及基础教育课程改革不断推进。在这场深刻又艰苦的教育改革中，涌现了无数甘为人梯、乐于奉献的优秀教师。他们积极探索、更新观念、敢于创新、善于改革，在实践中创造性地发展、总结了很多先进的教育思想、教育理念；创造性地开发了很多新的教学模式、教学内容和教学方法。这些新思想、新模式、新方法在实践中极大地提高了教学质量，是教育改革实践中的新内涵和宝贵财富。这些优秀教师就是我们的名师，这些新内涵就是名师的核心教育力。整理、总结、发展、推广这些教育新内涵，是深化教育改革、完善教育体制、提高教育质量、提升教师水平的一件大事。

教育，是民族振兴的基石；教师，是教育发展的根基。

胡锦涛总书记在全国优秀教师代表座谈会上指出："教师是人类文明的传承者。推动教育事业又好又快发展，培养高素质人才，教师是关键。没有高水平的教师队伍，就没有高质量的教育。"十七大报告又进一步强调了必须加强教师队伍建设，不断提高教师的素质。当今世界，社会进步一日千里，科技发展日新月异，知识更新的周期越来越短。教师作为"文明的传承者"更要与时俱进，刻苦钻研、奋发进取，尽快提升自身素质和能力，为推动教育事业的健康发展贡献自己的力量。

基于以上，西南师范大学出版社策划、组织出版了大型系列教育丛书——《名师工程》。希望通过总结名师的创新经验、先进理念，宣传名师的核心教育力，为广大教师职业生涯提供精神源泉和实践动力，在教育实践层面切实推动从教者职业素养的提升。通过《名师工程》实现"打造名师的工程"。

丛书在策划、创作过程中力求实现以下特色：

一、理念创新，体现教育的人本精神

教师角色在以人为本的教育理念下发生了重大的变化，教师的素质和能力也面临更高的要求。如何弘扬、培植学生的主体性、增强学生的主体意识、发展学生的主体能力、塑造学生的主体人格等问题成为教师在目前教育中亟待解决的难题。丛书以教育管理者和教师为主要读者对象，通过教师综合素质的提高而将人本教育的思想落实到教育实践中，真正实现教育培养人、塑造人、发展人的本质要求。

二、全面构建，系统提升教师的教育能力

丛书选题的最大特点就是系统、全面地针对教师教育能力的提升而展开。施教者的能力决定教育的效果，教育改革的落实、教育效果的提高无不体现在教师身上。丛书针对不同教育能力、不同教学要求、不同教育对象，有针对性地设置选题。棘手学生、课堂切入、引导艺术、班主任的教导力、互动艺术、课堂效率、心灵教育等等，这些鲜明的主题从教育的细节出发，从教育实际情况出发，有针对性地解决问题，让教师在阅读中学有所指、读有所获。

三、科学权威，体现教育的时代前沿性

丛书邀请全国各地著名的教育工作者执笔，汇集在教育改革与实践中涌现的先进理念、成果和方法，经过专家认真遴选、评点总结而成，代表了目前教育实践中先进的教育生产力，具有时代前沿性，是广大一线教师学习、借鉴的好素材。

四、注重实践，突出施教的实用价值

丛书采用了通俗的创作方法，把死板的道理鲜活化，把教条的写法改变为以案例为主，分析、评点为辅，把最先进的教育理念和方法融入有趣的情境中。经典的案例，情境式的叙述，流畅的语言，充满感情的评述，发人深省的剖析，娓娓道来、深入浅出，让教师更充分地领会先进、有效的教育方法。

在诸多教育、出版界同仁的支持与努力下，《名师工程》陆续推出了《名师讲述系列》《教学提升系列》《教学新突破系列》《高中新课程系列》《教师成长系列》《大师讲坛系列》《教育细节系列》《创新语文教学系列》《教育管理力系列》《教师修炼系列》《创新数学教学系列》《教育通识系列》《教育心理系列》《创新课堂系列》《思想者系列》《名师名课系列》《幼师提升系列》《优化教学系列》《教研提升系列》《名校长核心思想系列》《名校工程系列》《高效课堂系列》《创新班主任系列》等系列，共140多个品种，后续图书也将陆续出版。

丛书在出版创作过程中得到各地、各级教育部门与教育工作者的大力支持与帮助，在此一并表示感谢！

教育事业是全社会共同的事业，本丛书的出版一方面希望能对广大教育工作者有所帮助，共缮先进成果；另一方面也是抛砖引玉，希望更多的教育工作者参与到出版创作中来，百家争鸣、百花齐放，为促进教育事业的发展共同努力！

目　　录

第 一 辑

生本与生成的理论与探索

　　"以生为本"和"动态生成"是新课改倡导的核心理念，也是广外外校新课堂教学模式的追求目标。广外外校根据"对每个学生的终身发展负责，培养走向世界的现代人"的教育目标，围绕学生实际需要开设系列校本课程，着眼于学生能力发展，积极探索课堂教学改革。本书第一辑主要内容是广外外校教师对"生本·生成"课堂教学模式的理论研究和教学探索。

打造"生本·生成"新课堂

——广外外校"生本·生成"课堂教学模式实验报告

叶和丽

一、"生本·生成"新课堂提出的背景

教育是为人的发展服务的，而人是社会化和个性化的矛盾统一体，人的发展过程就是社会化和个性化对立统一的过程。所以，我们说学校教育的过程，在本质上就是生命个体的社会化过程。每个人都是一个独特的生命个体，生命的独特性也为教育培养学生的个性提供了潜在的基础。那么，在这个过程中，如何让教育与学生的生命个体对接，实现教育为人的发展服务的功能呢？这是值得我们每个教育工作者思考的问题。

广州市广外附设外语学校（本文及以下文章中简称"广外外校"）建校于1993年，是一所由广东外语外贸大学创办并全资拥有的国有民办学校。依托广东外语外贸大学雄厚的资源和外语优势，学校在创办之初便确立了高远的志向和价值追求：办一所中国基础教育的品牌学校，为学生的终身发展奠基，培养走向世界的现代人。

经过几年的探索与发展，1998年4月，学校以框架提纲的形式制订了发展纲领性文件《发展性教育模式》。2005年和2008年，学校两次对《发展性教育模式》进行了修订，并创建了发展教育模式下的"生本·生成"课堂教学。

"为学生的终身发展负责，培养走向世界的现代人。以生为本，使受教育者具备面向世界与未来的民族素质、知能水平、价值取向、人格追求和实践能力。"这是广外外校《发展性教育模式》中对学生发展目标的基本界定。除此之外，我校作为一所外语学校还必须强调：使我们的学生具备国际视野，初步具有与异国进行政治、经济、文化交流的语言能力和知识文化素养；必须使我们的学生站在时代前沿，初步具有捕捉、分析、评价、取舍最

新时代信息的能力。

而这一切都具有相当的"个性化"色彩，全部遵循统一的"国家课程"和"地方课程"是不可能达成我们的目标的。所以，我们以"两课"（课程与课堂）为依托，全方位架构起"以生为本"的发展性教育模式和价值体系：

办学目标：对每个学生的终身发展负责，培养走向世界的现代人。

育人特色：锻炼健强体魄，塑造健全人格，提高综合素质，突出外语特色。

教学特色：轻负荷，高质量。

实施策略：以"生本·生成"理念为引领，以"课堂"改革为主阵地，以"校本课程"的研发为突破口，做好学校发展的两大课题：一是"生本·生成"课堂教学模式的构建，二是以"习惯养成"为突破口的发展性德育模式创建。

本实验报告主要阐述的是"生本·生成"课堂教学模式的构建与实施。

二、"生本·生成"新课堂的理论建构

（一）关于"以生为本"

自 1972 年联合国教科文组织发表了《学会生存》报告以来，基础教育的概念一直在发生变化，外延在不断地拓展，特别是对受教育者有了全新的提法。该书在第 200 页指出："未来的学校必须把教育的对象变成自己教育自己的主体，受教育的人必须成为教育他自己的人，别人的教育必须成为这个人自己的教育。这种个人同他自己的关系的根本转变，是今后几十年内科学与技术革命中教育所面临的最困难的一个问题。"该书中首次提出，学生既是受教育者，又是自我教育者；既是客体又是主体。

我国经历过漫长的封建社会，还没来得及发生类似西方"文艺复兴"意义上的持续而深刻的社会思潮，又跌跌撞撞地被历史卷进了工业化时代的狂潮。无论是在宏观还是微观层面，旧时代的教育观念依然顽强地存在着，并影响着中国教育人和中国教育事业的健康发展。

经过 30 多年的改革开放，我国的综合国力得到了飞速提升，人民的物

质和精神生活水平得到了很大提高。但我们必须看到，与发达国家相比，我国的总体发展水平还不高，尤其是在基础科学和高技术领域，我们的差距还很大。众所周知，推动人类近代发展的 5 次跳跃，都是由科技带动的。因此，提升国家科技创新力便成为我国教育最迫切的任务。

"国运兴衰，系于教育。"根据党的十七大关于"优先发展教育，建设人力资源强国"的战略部署，2010 年 7 月《国家中长期教育改革和发展规划纲要（2010—2020 年）》应运而生，这是继 1997 年 10 月国家教委颁布《关于当前积极推进中小学实施素质教育的若干意见》之后，国家出台的又一具有战略意义的教育纲领性文件。

回顾 10 年基础教育改革的历程，素质教育改革虽然一路缓步慢行，但我们也看到了"有教无类""因材施教""教学相长"这些闪耀着"以人为本"理念的朴素教育思想，它们穿越了 2000 多年的时光隧道，薪火相传，成为今天基础教育思想的重要文化基因。

作为学校受教育的主体，学生是我们服务的对象，一切教育教学都要围绕这个服务对象展开，要为每一位学生提供适合其生命成长的教育教学活动。而"以生为本"（以下简称"生本"）的教育正是遵循了少年儿童身心发展的规律，把学生当作学习的主人，为了学生好学而设计的教育，它是一种理念，也是一种教育教学方式，具体策略表现为以下四种：

一是以学生为本。面向全体学生，注重学生全面发展，关注学生的差异发展，从而促进学生的主动发展和可持续发展。

二是以生命为本。承认生命的巨大潜能，承认学生与生俱来的向上、向善的内驱力，从而创造良好的环境，让学生的生命得到充分而自主的发展。

三是以生动为本。生动活泼的课堂能促使学生全情投入学习，学生能够在课堂上呈现出良好的学习状态。

四是以生长为本。教育的目的是促进人的生长，所以要创造良好、开放的空间，让学生得到个性化的发展。

（二）关于"动态生成"

"动态生成"是新课改倡导的一个核心理念，是一种指向过程和结果的"产出"。它要求师生从生命的高度，用动态变化的观点看待课堂教学，以学论教。广外外校所提出的"生本·生成"课堂的生成分为 3 个节点：

（1）课前的生成。学生通过前置性学习引导进行先学，在先学中生成自己的学习收获或困惑。为此，前置性学习引导的设计一定要为每个学生的个性化学习预留空间。

（2）课中的生成。课堂上学生带着先学的收获和困惑，通过小组交流、全班汇报、教师点拨等形式，形成交流、碰撞、生成的效果。为此，课堂上对问题的设计必须具有生长点，即为每位学生的个性化理解预留空间。

（3）课后的生成：学生通过课堂小结，进行知识整理、归纳和提升，总结习惯和能力等方面的收获，并学会反思，将一节课的终点变成下节课的起点。因为，"有效"课堂的意义还在于把学生的学习和研究兴趣引向课外，向学生的生活领域延伸。

在这三个生成节点当中，我们把课中的生成作为重点，有资料研究表明，学生80％的时间是在课堂上度过的（寄宿制学校学生在课堂的时间更达到90％以上）。那么如何达到课中生成的最佳效果？我们认为应把着力点放在把握课堂教学过程的最优化上。巴班斯基于1977年在《教学过程最优化》一书中说道，在教学过程中要全面考虑教学规律、教学原则和方法，具体教学条件及学生特点，目标明确地选择教学内容、结构、活动逻辑的最适宜方案，使教师和学生在花费最少的必要时间和精力的情况下获得最好的效果。

如何使教师和学生花费最少的必要时间和精力获得最好的效果？对于班级授课制的教学单元来说，除了教学目标的准确定位和教学方案的最优化以外，通过小组合作，利用学生的差异资源，产生动态生成的效果，是使课堂教学过程最优化的最佳策略。广外外校曾通俗地表述什么是教学过程的最优化："课堂上每一句话都是有用的，每一道习题都是有针对性的，每一分钟对大多数学生来说都是有用的。每一堂课都要看到现场生成的亮点和学生的成长点。"

三、"生本·生成"新课堂的模式构建

（一）"生本·生成"新课堂课程建设

我校提出的"生本"，既是课堂理念也是课程理念，是根据"培养走向世界的现代人"的教育目标，围绕学生实际需要所开设的系列校本课程，同

时也是着眼于学生能力发展所进行的系列课程改革。校本课程中有的被纳入正规课程，编入国家规定的课时，如语文拓展阅读课；有的被纳入选修课，实行走课制，如高中文化专题课；有的作为活动课，如"小义工在行动"等综合实践课。

表1　广外外校校本课程设置实施一览表

分类 学部	学科课程		德育课程	
	课程内容	实施形式	课程内容	实施形式
高中	语文拓展课：先秦诸子	话题讨论	文化专题课（世界观与方法论、宗教与文化等37个专题）	专题讲座、专题讨论、专题研究
	综合拓展课：高中文化专题课	案例剖析	国际理解课程（希腊：古代城邦民主、奥运史话；联合国：地球本是一个村；节日：世界节日与民族节日等。共16个专题）	专题讲座、专题讨论、专题研究
	综合活动课：世界文化巡礼系列活动	项目运作	模拟联合国	综合实践
	综合活动课：中学生戏剧节	综合实践	模拟法庭	综合实践
初中	综合拓展课：科学发现史话	专题讲座	环境、人口与可持续发展课程（资源的挑战、能源之前景、经济价值等20个专题）	专题讲座、专题讨论、专题研究
	学科前备课：趣味化学等	专题研究	中秋灯会	综合实践
	学科前备课：趣味物理等	专题研究	社团活动（义工社、足球社、英语社、钢琴社、墨韵轩国画、书法社等30个社团）	综合实践

分类\学部	学科课程		德育课程	
	课程内容	实施形式	课程内容	实施形式
小学	养蚕活动	综合实践	秋游体验 （亲近动物类、亲近自然、劳动实践、科普实践、团队拓展、走进历史）	综合实践
小学	小义工在行动	实践课	生命教育 （基本安全知识教育、社会安全知识教育、意外伤害安全教育、自然灾害安全教育、心理健康教育、生命体验主题活动）	专题讲座 综合实践
小学	学科延伸课 （语文经典积累、数学思维体操训练、英语口语、武术舞蹈等近120个二课班）	活动课	行为习惯培养 （文明礼仪、规范行为、培养习惯等12项专题）	话题讨论 案例剖析 综合实践
小学	语文大阅读讲座	专题讲座	我爱少先队	综合实践
小学	科学拓展课	实验主体	节日系列活动 （"我的乐园我精彩"六一活动、"真情瞬间"教师节活动等8个专题）	综合实践
小学	艺术拓展课 （民乐、管乐、声乐等艺术类十几个项目20多个班，棋类、书法、绘画及小主持人等艺术班）	活动课		
小学	体育拓展课 （球类及活动拓展课十几个项目40多个训练班）	活动课		
全校	百家讲坛	专题讲座	新父母学校	专题讲座

（二）"生本·生成"新课堂教学模式

"生本·生成"新课堂教学模式用数字表示就是"三四五"。"三"指课堂的三个要素：目标分层、过程互动、反馈自主。"四"指的是"生本·生成"课堂的四个常规环节：前置性学习指引、小组学习、全班互动、总结延伸。"五"是对一节有效的"生本·生成"课堂评价的五个要点：目标定位是否合适、目标达成度是多少、学生状态是否达标、教师角色定位是否到位、课堂上是否有生成的亮点。

1. "生本·生成"新课堂三要素

目标分层：要求教学设计时在学习目标的制订方面，要分基础性目标和发展性目标，让每位学生对目标有比较明确的认识。在落实目标的过程中，课前学习的目标设计要分层，课堂达标过程要分层，如果有当堂检测也要分层。

过程互动：指的是课堂上互动生成的状态，互动对象包括师生互动、生生互动和生媒互动（学生与文本、媒体、资源的互动）；互动方式包括倾听、交流、质疑、评价；互动内容包括认知、情感、方法等。通过互动使课堂呈现出动态生成的效果。

反馈自主：指的是学生在每节课的学习过程中和学习结束阶段，对自己在知识与能力、过程与方法、情感态度与价值观等方面形成比较清醒的认识，并能形成自己的观点和自我检查，进行自我对话的过程。开始时需要教师的有意识引导，继而才能形成习惯。

2. "生本·生成"新课堂四环节

前置性学习指引：传统预习中学生更多的是接受教材的内容即现成的结论，主要是指向基础知识和既定结果的学习，重在对答案的寻求。而"前置性学习指引"与传统的"预习"不同，它是以研究的方式对学习的内容进行思考探讨，进行实践体验，重在方法的习得和习惯的养成。

小组学习：在实施班级授课制的课堂上，教师面对众多的学生是否能实现"因材施教"？这已经成为越来越严峻的教育矛盾摆在了大家面前。目前"小组学习"是班级授课制中能实现"面向人人"的最有效的学习单元，叶澜教授曾提出，学生之间的差异也是一种教学资源。小组学习必须在个人先学的基础上，有备而来地学习。

全班互动：进一步扩大互动的范围，在小组学习的基础上进行全班汇报。因为对于学生来讲，能将自己或小组的学习所得归纳、总结并讲述出来，本身就是一种高效且具有高难度的学习过程，在这个过程中，生生、师生、生媒（学生和多媒体）的互动又呈现动态生成的效果。

总结延伸：这个过程是引导学生进行反思学习的过程。在这个学习过程中，要引导学生对自己所学的知识、技能、情感态度、价值观等进行思考和体悟，形成自己的观点，并对下一步的学习目标、学习策略进行思考。一般性的课堂小结谈收获较多，但"生本·生成"的课堂小结倾向于谈问题，因为课堂"有效"的意义还在于把学生的学习和研究兴趣引向课下，向学生的生活领域延伸。

3. 评价"生本·生成"课堂五要点（详见附录1）

目标定位：教学目标是每节课的起点，"生本·生成"新课堂要求根据学情分层设置教学目标。目标是否分层，是否符合课程标准和学生实际，是否明确、具体、可操作，都是评价的要点。

目标达成度：主要是看学生的分层发展是否得到了很好的体现。目标达成度是否达到80％以上是我们评价一节课是否有效的标准。

学生状态：包括学生在课堂上的注意力、参与、交往、思维、情绪及生成等各项指标的发展状态。

教师角色："生本·生成"的课堂也不是完全由学生说了算，教师作为学生学习的组织者、引导者和合作者的定位及课堂调控必须到位。

生成亮点：这是"生本·生成"新课堂的特色要求，教师教学要有自己的特色和魅力，课堂上要有动态生成的亮点和高潮。

四、"生本·生成"新课堂教学的实施过程

广外外校在推行"生本·生成"课堂改革的几年中，经历了最初的艰难起步阶段，后来的模仿成熟阶段，以及当前的创新创造阶段。"生本·生成"新课堂改革实验由最初的两个年级（小学一年级与初中一年级）、两个学科（语文、数学），发展到现在的各个年级各门学科，可以说这种以点带面的形式带来了学校课堂翻天覆地的变化。"统一价值观""践行方法论""让科研

产生生产力"是我校的"生本·生成"新课堂改革朝着普及和纵深方向推进的三个步骤。

（一）改变教师的观念，统一价值观

唯物主义认为，事物的性质是由矛盾的主要方面决定的。"心有多大，舞台就有多大。"教师的心能走多远，就能带领学生走多远。在推进"生本·生成"课堂的变革中，我们首先要抓的是事物的主要矛盾，即教师观念的转变。第一学期（2008年上学期），我们在以前成功学习其他课改模式的基础上，利用行政干预的手段，要求每位教师都学习郭思乐教授的《教育走向生本》这本书，并重新阅读广外外校的《发展性教育模式》，并将这些理论模式和操作步骤放在一起进行对比，在对比中教师们发现，这些模式的相同点就是把学习的主动权还给学生，实行先学后教，利用学生资源，通过小组学习提高课堂效率。整整一学期，教师们一同参加理论学习，一同经历实践中的困惑，一同寻求解围的妙方。大家一路经历着、探索着、也思考着……越来越多教师的观念发生了转变，价值观逐渐实现统一。

教师这一群体价值观的统一离不开身边榜样的引导，因此，如何让一部分教师先动起来是关键。在理论学习的同时，我们从每个备课组找到了一些学科带头人，让他们先行试验，及时总结，然后现身说法。比如杨少华老师在获得学期校级课改比赛一等奖后，曾当众发表了这样一段获奖感言，他说："以前的我像一匹老马，每节课都是在车前用力地拉着车，而身后坐在车上的学生行走得依然缓慢而艰难。现在我终于悟到了，'生本·生成'的课堂中，老师只是一个车夫，而学生变成了拉车的一匹匹马儿，作为车夫的老师只需要偶尔抖一抖缰绳，扬一扬手中的鞭子，马儿自然跑得欢，跑得快。"

（二）制订统一步骤和规范，践行方法论

在统一价值观之后，方法就是通向目标的途径。作为一线教师，光有理念是不行的，更为重要的是要有善于把理想化作理念、把理念变成信念、将信念化作行动的实践智慧。"学贵有法，但无定法"，我们认为，"生本·生成"的课堂没有固定的模式，只有能立足于本校、致力于学生发展的符合学校实际的教育教学方法才是实用的。但我们认为在改革的初始阶段，还是需要有模式的引路。比如一年级的"高效识字"，在一节课上让每一个学生会认20～30个生字，如果按照以前"师本"的教法是无法完成任务的。但是，在"初读课文—认读词语—认读生字—生字学习—再读文本—文本再构"的课堂模式引导下，我们充分利用了学生差异这个特点，通过个体学习、小组合作、全班学习三个步骤，采用"兵教兵"的方式，创设了一系列丰富多彩的识字游戏，很好地完成了高效识字的任务（详见附录2）。

方向一经明确，我们就通过行政干预的方式统一步骤：要求各年级、各学科先统一操作步骤，如要求教研组公开课——按照"生本·生成"课堂的四个环节（前置性学习指引—小组交流—全班汇报—课堂小结）进行。但事物往往不是按照常规匀速发展的，它有时会在某个时段出现跳跃式进展，叫作"部分质变"。在我们的教育行为当中，也要注意善于制造这样的高潮，所以在这一学期，我们的校级优质课由传统的9节变成了24节（每个备课组至少1节），目的在于通过这样的高潮让更多教师集中到校级优质课这个舞台上展示自己，从而带动个别教师及整个教研组的变化。比如，在这次校级优质课比赛中高年级语文组詹智梅老师的课堂上，师生、生生之间的有效互动高潮迭起，亮点频现，生成精彩。大家不仅被教师的教学机智所折服，更为课堂上学生的精彩表现和精彩生成而喝彩。课后，詹智梅老师详细地向大家介绍了自己创建"生本·生成"课堂规范的操作策略，这些有效的策略在接下来的几个学期被其他借鉴并在学校得到推广（详见附录3）。

（三）让科研产生生产力，实施有效教学

任何的实验和变革最终都是为实现学校"轻负荷，高质量"的有效教学理念而设置的，"生本·生成"课堂改革也是我们达成学校办学理念的手段。在推进"生本·生成"新课堂向纵深发展的过程中，我们也遇到了一系列的问题，那么，如何让这些问题变成实际教学中的研究课题呢？在2009年，我们的工作重心是"完善'生本·生成'课堂，从细节抓起，以课题带动科研，让科研产生生产力"。本着"问题即课题"的原则，教学处在2008年的期末让每个教研组的教师都申报了自己的课题，要求课题必须是在自己教学实践的问题、经验、困惑的基础上生成的。然后学校汇总认定后组建学部的"课题超市"，在2009年第一学期开学，便把整理出的这些"课题超市"开放，让教师们进行"菜单式"的课题选择。选定课题后，以教研组为单位进行课题的阶段研究，为了便于课题研究的过程指导，我们提出"三个结合"，即课题与公开课结合、与日常课结合、与教学反思或每月"千字文"（我校教师每人每月至少完成一篇 1000 字左右的教育教学反思或随笔）结合。学校教科室每学期末要求教师提交课题小结或课题报告，每年进行一次全校性论文评比，并将一些优秀的论文结集出版。这种自下而上的课题产生方式大大激发了教师们参与研究的积极性，让课题研究从"圣坛"走下来，走入学校的日常教育教学之中。通过教研组—学部教学处—学校教科室三级课题管理机构，将课题研究的过程管理和终结性评价很好地结合起来，确保了课题研究服务于教学的目的性和有效性。这样真正做到了人人有课题、让课题带动科研、以科研产生生产力（具体案例详见附录 4）。

五、"生本·生成"新课堂教学的实施效果

（一）教师、学生、学校都得到了更好的发展

课堂的变化带来的是教师、学生以及学校三者的变化。3 年来，我校主要承担了 3 项国家级重大课题，先后在各级各类报纸杂志发表论文、参加技能大赛获奖、辅导学生竞赛获奖共计 131 次。其中教师发表论文或获奖，国家级 40 项，省级 10 项，市级 23 项。3 年来，高效多元的"生本·生成"教学，也培养了学生各方面的能力，学生良好习惯和能力的形成最终内化成了学生的精神品质，从而真正实现了学生的全面发展。3 年来，我校学生参加各类校外竞赛共获奖 3256 人次，其中国际级 9 人次，国家级 1975 人次，省级 602 人次，市级 385 人次，区级 155 人次，镇级 49 人次，发表文章 81 篇，刊登 CN 类刊物 76 篇。3 年来，我校小学一年级的报名人数逐年增加，录取比例从 3∶1 发展到 3.8∶1，再到 4.8∶1，2012 年 1500 多人报名角逐我校小学一年级的 300 个名额，录取比例达 5∶1。

（二）学生的学业成绩稳步提高

考试成绩作为学生综合素质的一种表现，历来受到家长和社会的关注，广外外校实施"生本·生成"新课堂教学以来，考试成绩也一路攀升，真正印证了"素质好，不怕考"的说法，以 2011 年下学期为例，在白云区全区学科抽测中，我校取得了全面丰收。现在仅以全区统一电脑改卷的五年级语文和数学为例，试做成绩分析如下（我校英语因采用香港朗文教材与白云区所用教材不同，故没有参加全区学科抽测）：

我们的对比样本为白云区教育局相关负责人推荐的 5 所优秀省一级小学，分别是：广园小学、三元里小学、京溪小学、黄边小学、景泰小学。为保证数据的纯教研分析作用，以下所有图表中所示为 5 所学校平均分和 5 所学校中的最高平均分，不再具体指哪所学校。

表2　2011 年第一学期小学五年级成绩统计表

		语文	数学	语文最高平均分	数学最高平均分
五年级	区平均分	73.58	77.66		
	区五所省一级	76.796	82.6	78.8	84.6
	广外外校	79.26	90.21	81.23	91.46

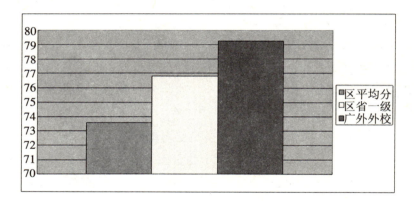

图1　五年级语文平均分

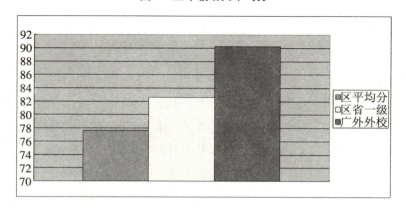

图2　五年级数学平均分

表 3　2011 年第一学期广外外校小学五年级语文成绩分班数据统计表

我校各班数据		基础	及格率	A 级率	B 级率	C 级率	D 级率
一班	平均分	81.15	100.0%	39.0%	34.1%	26.8%	0.0%
二班	平均分	79.54	100.0%	23.8%	47.6%	28.6%	0.0%
三班	平均分	81.23	97.6%	35.7%	45.2%	16.7%	2.4%
四班	平均分	78.45	85.7%	35.7%	31.0%	19.0%	14.3%
五班	平均分	77.90	92.7%	36.6%	24.4%	31.7%	7.3%
六班	平均分	80.09	97.5%	27.5%	55.0%	15.0%	2.5%
七班	平均分	79.12	95.2%	28.6%	50.0%	16.7%	4.8%
八班	平均分	78.24	97.6%	33.3%	28.6%	35.7%	2.4%
九班	平均分	79.44	97.5%	32.5%	42.5%	22.5%	2.5%
十班	平均分	77.44	100.0%	20.5%	38.5%	41.0%	0.0%

表 4　2011 年第一学期广外外校小学五年级数学成绩分班数据统计表

我校各班数据		基础	及格率	A 级率	B 级率	C 级率	D 级率
一班	平均分	91.46	100.0%	78.0%	17.1%	4.9%	0.0%
二班	平均分	90.32	100.0%	81.0%	9.5%	9.5%	0.0%
三班	平均分	90.49	97.6%	78.6%	14.2%	4.8%	2.4%
四班	平均分	91.24	100.0%	81.0%	14.2%	4.8%	0.0%
五班	平均分	89.06	100.0%	73.2%	14.6%	12.2%	0.0%
六班	平均分	90.01	95.0%	82.5%	7.5%	5.0%	5.0%
九班	平均分	91.61	97.6%	85.7%	7.1%	4.8%	2.4%
八班	平均分	86.52	95.2%	71.4%	11.9%	11.9%	4.8%
五（9）	平均分	90.24	95.0%	82.5%	10.0%	2.5%	5.0%
五（10）	平均分	91.14	97.4%	87.2%	7.7%	2.6%	2.5%

五年级实行全区统一电脑改卷，应该说标准最为统一。比如语文，我校10个班的平均分是79.26分，比5所学校的平均分76.8分高出2.46分，所有班级的平均分均超过5所学校的平均分，有6个班超过省级学校的最高平均分。至于数学，我校10个班的平均分为90.21分，比5所学校的平均分82.6分高出7.61分，每个班都超过了5所学校最高平均分。应该说我校数学教学的优势更为明显。

（三）教师的专业发展获得提速

由于"生本·生成"新课堂实施效果显著，3年来我校共接待全国慕名来校参观学习者达3000多人次，共推出"生本"交流课100多节。许多教师走上"生本"论坛，负责对国内"生本"实验学校的教师进行培训；有的教师以"生本·生成"新课堂名师的身份在省内外讲学。更为可喜的是，一大批年轻教师借助"生本·生成"新课堂这个大舞台得以快速成长，不仅多次为全国"生本"教育课题组讲授观摩课，成为"生本"课改的主力军，更实现了合格教师到优秀教师的快速转型。

2011年3月26日至28日，我校承办了全国中小学著名教学流派专题报告会暨特色课堂"同课异构"专场展示活动。全国各地近600名教育专家、中小学领导、教师代表汇聚我校，进行为期3天的交流、观摩和研讨。我校推出6节"生本"专题课，与"尝试教学""异步教学""成功教学"3大教学流派同台竞技，受到与会专家的高度好评。

（四）领导给予高度的评价

实施"生本·生成"新课堂以来，广外外校也得到了教育界领导与专家的高度评价。

国家总督学顾问、联合国教科文组织协会世界联合会副主席、中国教育学会副会长、北京市社会科学界联合会名誉主席陶西平评价我校时说："广外外校的办学理念先进，教师发展目标特好！民办学校在加强核心竞争力的问题上应该认识到，核心竞争力的'核心'是教师。家长最终不是送孩子来旅游，来住五星级宾馆，而是冲着你的教师队伍。因此，教师集体应成为一个发展性的组织，学校应该把教师的教学、学习、科研有机地结合起来，为教师之间搭建合作的平台。"

"如果能有更多的学校像'外校'这样，那么，我们广东省的基础教育就有希望了。人本化的办学，精细化的管理，这些都是'外校'成功的秘诀。"这是广东省教育厅副厅长朱超华视察我校课改成就后给予的高度评价。

广东外语外贸大学校长仲伟合也是我校一名学生的家长，他对广外外校的课改寄予了深切的希望："广外外校曾经丰盈过无数人的生命。薪火相传中积淀了丰富的教育资源，外校不仅为社会输送了大批人才，输出了教育品牌，更输出了先进的管理理念和成功的办学模式。我坚信，我们一定会把广外外校办成中国基础教育的品牌学校。"

六、今后的努力方向

在近四年"生本·生成"新课堂实施的基础上，我们通过总结和提炼，确定了学校下一步的课改方向：以"培养学生良好的学习品质"为核心，大力推进"两课"（课程和课堂）改革。即通过课程改革（校本课程研发、课时改进）进一步促进课堂的变革（坚守"生本""生成"的课堂阵地）。

（一）现状分析

通过对语文、数学、英语全体教师"生本·生成"课堂的诊断，我们发现超过 30％的教师对"生本·生成"新课堂操作娴熟，并处在不断创新的状态，在教研组和备课组发挥着引领和示范作用，还有不到 10％的教师目前的课堂教学仍处在"穿新鞋走老路"的状态。经过分析我们认为，一是这些教师不愿意变革，也就是"懒得费劲"；二是部分教师的领悟力不够，进步有限。针对这种情况，我们希望给予前 30％的教师更大的空间，希望通过下一步的课程改革发挥这些教师的领头羊作用。对于后 10％的教师，我们也希望通过课程的变革推动他们的课堂发生变革。

（二）具体改进措施

从整合和编撰教材入手，调整课程设置，合理安排课时，以课程改革进一步促进"生本·生成"课堂走向高效。

下面以小学部为例，谈谈各学科的具体措施：

语文：我们计划在不改变课时的情况下，通过整体设置、整合教材、压缩环节等，拓展语文学习的资源和外延。一年级运用"生本"教材，通过多

18

种识字游戏、利用文本再构形式进行集中高效的识字，在"高效识字，高质量写字"的基础上，推进绘本阅读，并加大对经典的背诵。在一年级大量识字的基础上，二年级全力推进"以读引读""以读引说"，进而向"以读引言"和"以读引写"过渡。三年级以上推进整体单元设计下的整体教学，即通过单元通读课、教材品读课、拓展阅读课、表达交流课、知识整理练习课、复习评研课、书法课七种课型，做到集语文的字、词、句、篇、语、修、逻、文为一体，熔学生的听、说、读、写习惯的养成为一炉，打造着眼于学生语文素养的单元整体课程设置体系。在利用教材教学的同时有计划地推进整本书的阅读，并增加语文综合实践的机会。为解决寄宿学校学生"生本"阅读的问题，小学部计划根据 2012 版新教材，编撰广外外校的"生本"系列辅助阅读教材，暂时定名为《天鹅湖畔：童心书屋》，兼具阅读和阅读指南的功能。

数学：我们计划在"生本"五种课型（感受课、认识课、熟悉课、知识整理课、评研课）的基础上，以单元为模块，精心打造"生本·生成"课堂比较成熟的四种课型（新授课、练习课、知识整理课、评研课）。将作为一节数学课成功的关键，也是实现"先学"必要条件的"前置性小研究"，变成校本课程研发的起点，以 2012 版新教材为蓝本，组织教研组和备课组通过集体备课，精心编制每一个板块的"课前小研究"，争取编撰成册，成为广外外校学生数学学习的辅助性教材。

英语：继续完善和创新"基于单元整体设计的文本再构"，形成广外外校特色的"再构的文本"样式，成为辅助教师课堂教学的模板教材。

非统考科目：其余非统考科目继续沿着以往的校本教材思路进行完善，如对"一专多能"体育教学模式的构建，以公民教育为指向、以习惯养成为着力点的品德与社会课程的构建，还有科学、武术、音乐、舞蹈和美术，均在国家统一课程的基础上结合学校的特色加以整合和改进。

总而言之，我们推行的以"培养学生良好的学习品质"为核心，大力推进"两课"（课程和课堂）改革的计划，是想通过"培养学生良好的学习品质"这个支点，以"两课"的杠杆撬起广外外校素质教育联动的球，即由学生良好学习品质的形成，引发学生行为习惯、学科素养、可持续学习力等综合素质的全面发展。在发展目标中也不仅仅考虑"学生发展"这一维目标，还要考虑发展的"四维目标"——学生发展、教师发展、班级发展、学校发展。在四维发展目标中，又以教师发展为最紧要的任务，因为学生发展是最终目的，而教师发展是学生发展的前提。

【参考文献】

[1] 广州市广外附设外语学校．教育发展模式［R］．广州：广州市广外附设外语学校，2005.

[2] 中华人民共和国教育部．国家中长期教育改革和发展规划纲要（2010—2020 年）［EB/OL］．http：//www.gov.cn/jrzg/2010—07/29/content_1667143.htm，2010—07—29.

[3] 郭思乐．教育走向生本［M］．北京：人民教育出版社，2001.

[4] 郭思乐．生本教育：人的培养模式的根本变革［J］．人民教育，2012，（Z1）.

[5] 王耘．小学生心理学［M］．杭州：浙江教育出版社，1993.

[6] 联合国教科文组织国际教育发展委员会．学会生存［M］．北京：教育科学出版社，1996.

[7] 联合国教科文组织总部中文科．教育——财富蕴藏其中［M］．北京：教育科学出版社，1996.

[8] 鲁洁．走向世界历史的人——论人的转型与教育［J］．教育研究，1999，（11）.

附录1："生本·生成"新课堂教学评价表

班级：　　　　学科：　　　　课题：　　　　节次：　　　　教师：

评价项目		评估要点	等级评定			
			A	B	C	D
教学目标（20分）	目标定位	目标符合课程标准和学生实际，明确、具体、可操作				
	目标达成	学生分层发展得到很好的体现，目标达成度高				

生本与生成

高效教学的两轮驱动

续表

评价 项目	评估要点		等级评定			
			A	B	C	D
学生 状态 (60分)	注意状态	看学生的目光是否追随发言者（教师与学生） 的一举一动				
		看学生的回答是否针对问题				
		看学生的倾听是否全神贯注				
	参与状态	看学生是否积极地投入思考或踊跃发言				
		看学生是否兴致勃勃地阅读、讨论				
		看学生是否自觉地进行练习（听、说、读、写）				
	交往状态	看学生之间在学习过程中是否有友好的合作				
		看师生、生生之间进行交流时是否语言得体				
		看整个课堂教学氛围是否民主、和谐、活跃				
	思维状态	看学生的语言是否流畅、有条理，善于用自己 的语言进行说明				
		看学生是否敢于质疑、提出有价值的问题，并 敢于争论				
		看学生的回答或见解是否有自己的思考或创意				
	情绪状态	看学生思考过程中情绪的变化				
		看学生个别回答问题时的反应				
		看学生是否能自我控制与调节学习情绪				
	生成状态	看学生是否全员、全过程、全面地投入学习				
		看学生是否有满足、成功、喜悦等愉悦体验				
		看学生能否总结课堂学习所得或提出新的问题				
教师 教学 (20分)	角色把握	学生学习的组织者、引导者、合作者				
	课堂调控	为学生创造民主、和谐、研究的学习氛围，提 供丰富的学习资源，并及时捕捉到课堂生成的 资源				
	特色与创新	教师教学有自己的特色和魅力，课堂有值得回 味的亮点和高潮				

续表

评价项目		评估要点	等级评定			
			A	B	C	D
评价结果	建议描述：					

附录2：高效识字"三步唱"

（以下资料由广外外校低语组叶霏老师整理提供，录入时有删减）

识字环节1：个人小字卡识字

（1）师：小字卡手中拿。

生：边读边摆顶呱呱。

（生拿出字卡，做好游戏准备）

（2）师：小字卡两边分。

生：左边我会认，右边问别人。

（学生自读字卡，会认的放左边，不会认的放右边，由小组的小老师教读）

（3）师：小字卡翻一翻。

生：认读拼音我喜欢。

（学生把字卡翻过来读拼音，然后摆在桌上）

识字环节2：小组合作识字

（1）金字塔

小组长：识字金字塔。

小组员：今天我来搭。

（小组学生轮流读出手中的字卡，然后摆在桌上形成塔状）

（2）翻牌游戏

小组长：生字难不难。

小组员：我来翻一翻。

（组长将字卡反面向上放在桌面上，组员依次翻出认读）

（3）金手指

小组员：你指我读认生字。

小老师：人人都有金手指。

（小组里一位学生随意指桌上的生字，另一位学生读出，以此类推）

识字环节3：全班识字游戏（全班要一起认识的这些字，是刚才小组长从各组选出的有同学不认识的字，教师集中贴在黑板上，全班再互相教认）

（1）摘果子

师：果园果子已成熟。

生：我们都来帮帮手。

（教师将大字卡粘贴在黑板上，学生上台取下一个带全班读三遍，并教给大家怎么巧记这个字）

（2）送字回家

师：生字宝宝玩累啦。

生：我来把它送回家。

（学生认读完刚才不太会的生字，再把所有的生字送回课文中，一起读课文）

（3）生字搬家

师：生字生字搬家啦！

生：我会认读顶呱呱！

（教师将本节课所有的生字编进另一个文本，也就是利用这些生字进行文本再构，一是巩固本节课生字，二是拓展阅读）

附录3："生本·生成"新课堂阅读教学策略谈

（以下资料由广外外校语文组詹智梅老师提供，录入时略有改动）

"先学"策略。课前"先学"通常以"前置性作业"的形式呈现，前置性作业合理与否、科学与否，不仅关系到"生本"课堂的质量和容量，也关系到能否让学生养成良好的预习习惯和与人合作的习惯。以下五个方面值得注意：一是"先学"的时间。因为我们是一所寄宿制学校，一般将整组"先学"安排在周末，便于学生在家上网查找资料，每课"先学"一般在晚自习或课堂上。二是"先学"的内容，整组"先学"即查找整组课文的相关资料并进行筛选整合（资料包括本组课文的作者简介、代表作品，精彩片段欣赏，他人对该作家作品的评价及作家的精彩言论，课文的写作背景，与本组教学主题相关的诗词、名言、歌曲、美文等内容）。每课"先学"一般要做八件事——标段、画词、查词、注音、写字、组词、批注、提问。三是"先学"的形式。包括听、说、读、写、看、查、访、做等。四是"先学"的方式。有个人学习，也有小组合作。五是"先学"的检查与落实。一般来说，常规性任务如字、词等基础性知识由学习小组成员互查，而个性化任务如资料、批注、提问等则在课堂交流中体现。

课堂学习是语文教学的主阵地，如何保证课堂学习的效果，使全体学生全过程、全身心、积极主动、高质量地参与，需要注意以下四个方面，分别是倾听、交流、质疑、做笔记。

倾听策略。关于"倾听"有三个关键词：目光、表情、插嘴。语文课的倾听主要表现在两个方面——发言时的倾听和朗读时的倾听。发言时的倾听可用一句话概括，"身动眼动心也动，表情配合可插嘴。"具体要求是：教师讲话看教师，同学发言看同学，自己发言看大家。发言者与倾听者身体与身体相对，目光与目光相遇，在一次次目光的相遇中，学生的思想越来越集中，心灵越来越契合，真正是"心往一处想，劲往一处使"。这种"共同的在场状态"汇成一股强大的暗流推动着课堂高效地向前推进。除了目光的相遇，倾听者还可以用适当的表情、声音对发言者做出积极的回应，如表示理解地会心一笑，或表示不同意的摇摇头，或表示若有所思的皱眉头，或小声嘀咕插个嘴等，都是"在场状态"的表现。至于朗读时的倾听，通常做法是要求学生"双手捧书专注听，如有读错即纠正"，不等待、不回避，这样不但纠正了读，更训练了听，并能及时反馈，强化学生的注意力。

交流策略。关于"交流"也有三个关键词：互动、文采、个性。互动时要求无论小组还是全班发言，后一个学生一定要在前一个的基础上，或补充，或纠正，或质疑，或评价，使后语接前言，训练思维的逻辑性、连贯性、流畅性。如何在交流中使表达富有文采和个性，也有几种策略可以尝试：一是引经据典，穿插资料；二是运用成语、名言、诗词、时尚语等；三是生活化的表达状态，如体态语、表情、语气词、口头禅等，彰显个性，活跃气氛。生活中怎么说话，课堂上也怎么说，不应一到课堂就一本正经，面

生本与生成的理论与探索

无表情地说一些成人化或程式化的话语，没有童真童趣、童言稚语的课堂决不是适合儿童、受欢迎的课堂。

质疑策略。"质疑"有两种方式，可以是"有疑而问"，也可以是"无疑而设问"。质疑的时机可以选择课前先学时质疑、课中交流时质疑或课堂总结时质疑。质疑的方法有很多，我们经常用到的有根据课题质疑、抓住矛盾处质疑、在语言的反复处质疑、抓中心句质疑、重点段质疑、就表达方法质疑、抓标点符号质疑等。

做笔记策略。关于"做笔记"可应用三字要诀"快、精、准"。"快"要求边听边记；"精"要求抓住老师、同学发言中的要点、闪光点写，可以写一个词、一句短语，不必写完整的句子；"准"指写的位置要正确。关于文章整体的知识点，如结构、段落、顺序等写在书页上下两端空白处，关于句、段理解的要点、发言的闪光点写在左右边空白处或行间。当然，习惯的形成需要一个过程，起初是教师有意识地向全体学生提醒："这个词、这句话说得多好啊，快写下……"随后发现做得好的学生便大加肯定："他没用老师提醒，主动写了，语感非常敏锐……"渐渐地，全体学生都能自觉自发地随时记下教师希望他们记下的内容。

附录4：如何设计"前置性小研究"课题报告（节选）

（以下资料由广外外校数学组周光群老师提供，录入时略有改动）

像语文学科的"前置性作业"一样，设计数学的"前置性小研究"是"生本·生成"课堂关键的一环，因为"前置性小研究"的设计不仅体现了教师对学生学情的把握，更体现了教师对教材的把握。怎样设计"前置性小研究"，学生要先学到什么程度，关系到生本课堂的成功与否。基于"前置性小研究"的重要性，小学低年级数学教研组就把"如何设计'前置性小研究'"作为教研组的一个研究课题。

对这个课题的研究，大致经过了三个阶段：尝试模仿—改进创新—总结规律。

刚开始设计"前置性小研究"的时候，教师有些担忧，以前在课堂上即使教师进行详尽的讲解，少数学生仍然学得相当吃力，而现在放手让学生自己先学，行得通吗？带着担忧，大家开始了第一阶段的尝试。

人教版教材一年级上册"认识平面图形"前置性小研究

特征				
举出或画出生活中的例子				

从学生的反馈中发现，学生做这个小研究很有难度，交流时兴趣不高，原因是让一年级的学生去归纳图形的特征，不符合此阶段的学生以直观形象为主的思维方式。于是大家开始带着思考，尝试改进。

改进后：人教版教材一年级上册"认识平面图形"前置性小研究

（1）长方形是什么样子的？它和我们学过的长方体一样吗？请找一个长方体（盒子或木块），仔细看一看，你能在长方体上找到（　　　）个长方形。

（2）你能利用长方体在纸上画出一个长方形吗？试一试吧。

（3）你还能用其他办法做出一个长方形吗？（可以摆、可以围、可以剪、可以……）

（4）你还认识其他平面图形吗？用自己的方法做出你认识的其他平面图形。

上面这个小研究有以下几点改进的地方：

（1）门槛低。每个学生都很容易找到形状为长方体的物体，进行观察、体验、感知，让每个学生都能通过小研究有属于自己的收获。

（2）从物体到平面、从直观到抽象、从生活到数学的学习方式，体现了对学生学情的充分了解，对教材的分析准确、到位。

（3）做长方形的方式较灵活，使得不同层次的学生通过小研究都有不同程度的收获。

要设计一个好的"前置性小研究"，经常需要通过集体备课，反复斟酌，了解学生，吃透教材，并且不断地去修改、完善。

下面是万敏老师在执教人教版三年级下册"年月日"时做的"前置性小

研究"改动前和改动后的对比。

改动前：

（一）查阅年历资料填写下表

年份	1月	2月	3月	4月	5月	6月	7月	8月	9月	10月	11月	12月	全年
2000 年													
2001 年													
2002 年													
2003 年													
2004 年													
2005 年													
2006 年													
2007 年													
2008 年													
2009 年													
2010 年													

（二）我的发现

（1）每年都有（　　）月。

（2）每年的（　　）月、（　　）月、（　　）月、（　　）月、（　　）月、（　　）月、（　　）月都有30天，是小月。

（3）每年的（　　）月、（　　）月、（　　）月、（　　）月、（　　）月都有31天，是大月。

（4）（　　）月最特殊，它有（　　）天的，也有（　　）天的。

（5）碰到2月有28天的那年就叫（　　）年，碰到2月有29天的那年就叫（　　）年。

（6）平年共有（　　）天，闰年共有（　　）天。

（三）我的想法

我是这样来记忆大月和小月的。

改动后：

年份	1月	2月	3月	4月	5月	6月	7月	8月	9月	10月	11月	12月
2000年	31	29	31	30	31	30	31	31	30	31	30	31
2001年	31	28	31	30	31	30	31	31	30	31	30	31
2002年	31	28	31	30	31	30	31	31	30	31	30	31
2003年	31	28	31	30	31	30	31	31	30	31	30	31
2004年	31	29	31	30	31	30	31	31	30	31	30	31
2005年	31	28	31	30	31	30	31	31	30	31	30	31
2006年	31	28	31	30	31	30	31	31	30	31	30	31
2007年	31	28	31	30	31	30	31	31	30	31	30	31
2008年	31	29	31	30	31	30	31	31	30	31	30	31
2009年	31	28	31	30	31	30	31	31	30	31	30	31
2010年	31	28	31	30	31	30	31	31	30	31	30	31
从上表中我发现了												

改动前和改动后的对比：

改动前小研究	改动后小研究
停留在对知识表面的查阅	重视对知识规律的探究，对教材把握准确
过分强调教师的指导	给学生更大的自主学习空间
不灵活，不便于拓展	内容灵活，开放性强

在对小研究进行改进提升的同时，我们也在探索着小研究的创新之路。比如说，在小研究上增加"创意出题"的环节，因为老师们发现在完成"前置性小研究"的时候，有些学生表现出比较强的自学能力，增加此环节意在让这部分学生"吃得饱"。后来在课堂上大家发现在学生交流"创意出题"的时候，往往是课堂亮点生成的关键环节，此时学生的差异得到不同层次的发展，真正应了叶澜教授的那句话："学生差异也是一种课堂资源，动态生成的课堂才是有效的课堂。"

经过两年的课题研究，我们根据不同的知识板块、不同的课型把"前置性小研究"整合成六大范式。

一是实践体验式。根据低年级学生以形象思维为主的认知特点，设计的小研究重在引导学生在实践中体验。看一看、摸一摸、做一做，充分体验感知，是学生建立、理解数学概念的必要方式。这种方式适合感受课。

生本实验教材一年级上册"认识平面图形"课前小研究

（1）长方形是什么样子的？它和我们学过的长方体一样吗？请找一个长方体（盒子或木块），仔细看一看，你能在长方体上找到（　　）个长方形。

（2）你能利用长方体在纸上画出一个长方形吗？试一试吧。

（3）你还能用其他办法做出一个长方形吗？（可以摆、可以围、可以剪、可以……）

二是以旧引新式。新知识都是由旧知识逐步生长而成的。我们要尊重学生已有的知识基础，引导他们用"老"办法解决"新"问题。这种方式适合认识课。

例：张霞老师执教生本实验教材三年级下册"两位数乘两位数笔算乘法"的前置性小研究。

$23×12＝?$（提示：你能把它转化为以前学过的方式计算吗?）

我的方法一：

我的方法二：

我还有其他算法：

以上小研究运用了转化思想，学生可以把"两位数乘两位数"转化成已学过的"连乘和乘加"进行计算。

三是以退为进式。以人教版三年级上册"集合问题"为例，从教材看例题给出的数量多，要想真正探究出"集合"的真谛有些困难。那就退到最原始的地方，从"一"开始。看似后退，其实抓住了一个重要的"集合"的数学思想。

例：吴宏老师人教版三年级上册"集合问题"前置性小研究。

一个圈，一个苹果。你能把苹果放进圈里吗？

两个圈，一个苹果。你能把苹果放进圈里，让每一圈里都有一个苹果吗？

在这看似简单的问题中，向学生渗透了"集合"的数学思想。在此基础上，教师设计了课中小研究。

星期天的时候，吴老师在家里也玩儿了"装苹果"。也用了 2 个圈装，只记得每个圈里都装了 3 个，但忘了一共有多少个苹果，你觉得有哪些可能呢？把你的想法用图在下面画出来，想一想，试一试，看谁的方案多。

四是循序渐进式。学生之间是有差异的，这要求教师在设计研究题时，重视个体差异，为不同学生提供不同的发展机会与可能。从小研究的内容来说，题目的开放性越来越大，并循序渐进。学生个人喜好的图形以及认知程度不同，也会呈现不同层次的规律。这样既可以体现因材施教，也有利于不同层次学生在原有基础上获得相应的发展。

人教版教材一年级上册"找规律"前置性小研究设计

圈一圈，找规律	△ ○ □ △ ○ □ △ ○ □
涂一涂	用铅笔或彩笔涂出有规律的颜色。 ○ ○ ○ ○ ○ ○ ○ ○ ○ ○ ⊗ ⊗ ⊗ ⊗ ⊗ ⊗ ⊗ ⊗ ⊗
画一画，创规律	

五是整体建构式。这种范式通常是在单元知识结束后进行，小研究的设计要求知识点全面、结构层次清晰，有利于对整个单元的知识进行整体、系统的建构。这种方式适用于知识整理课，可以用图、表、文字等不同方式来呈现。例如：

人教版教材二年级下册"万以内的认识单元知识整理"前置性小研究

内容	我的例子	方法或提醒
万以内数的读法和写法		
比大小		
万以内数的加法		
万以内数的减法		
生活中的运用		

六是疑难突破式。这种范式的小研究设计，主要是针对本单元学生不容易掌握的疑难问题进行方法的研究和优化，以期达到突破难点的目标。这就需要教师充分了解学生对知识的掌握情况，并且针对学生的弱点、难点下功夫，精心设计每一道题目。这种方式适合练习课以及评研课。

例如：生本实验教材三年级下册"长方形面积的评研"前置性小研究，设计的题型是学生难以掌握、容易出错的内容。

（1）一个长方形长1分米，宽6厘米，面积是多少？

（2）一块长方形菜地，长12米，宽比长少4米。这块菜地的面积是多少平方米？

（3）一张长方形彩纸，长13厘米，宽5厘米。剪下一个最大的正方形，剩下的面积是多少？

（4）两个边长为8分米的正方形，拼成一个大长方形，求这个大长方形的面积。

在研究这个课题的过程中，教师们有了一定的收获，也有一些困惑。如"创意出题"这个环节，学生有时候出的题目大都雷同，高质量、有特色的题目不多。到底"创意出题"适合哪些学生？怎样让"创意出题"真正激发学生的创意？本着"问题即课题"的原则，数学组教师们又将这个课题确定为本组下一步研究的方向。

用建构主义教学理论解读生本教育

王 强

一年来，我认真阅读了郭思乐教授的《教育走向生本》一书，积极地听了各位教师们的生本课堂，与此同时，我又认真地学习了建构主义教学理论。我发现，生本教育理论和建构主义教学理论有着千丝万缕的联系，二者在学习的本质、学生在学习过程中的地位、教师在教学过程中的作用、具体的教学操作模式等方面都有很大的相似性，简直就是形和影的关系。我不敢说二者哪个是本源，哪个是流变，但是通过比较，可以提高我们的教育理论素养，改善我们的教学行为，优化我们的教学模式，提高我们的教学质量。

建构主义学习理论是认知学习理论的一个重要分支。建构主义理论的代表人物有皮亚杰、斯腾伯格、维果斯基等。皮亚杰关于建构主义的基本观点是，学生的知识不是由教师灌输到头脑中的，而是在与周围环境相互作用的过程中，逐步建构起关于外部世界的知识，从而使自身的认知结构（建构主义理论中有一个专门的概念叫作"图式"，建构主义认为图式的形成和变化是认知发展的实质）得到发展。学生与环境的相互作用包含两个基本过程，"同化"与"顺应"。同化是指个体把外界提供的信息整合到自己原有认知结构中的过程，顺应是指个体的认知结构因外部刺激的影响而发生改变的过程。同化是认知结构数量的扩充，而顺应则是认知结构性质的改变。学生通过同化与顺应这两种形式来达到与周围环境的平衡：当学生能用现有图式去同化新信息时，他处于一种平衡的认知状态；而当现有图式不能同化新信息时，平衡即被破坏，而修改或创造新图式（顺应）的过程就是寻找新的平衡的过程。学生的认知结构就是通过同化与顺应过程逐步建构起来，并在"平衡—不平衡—新平衡"的循环中得到不断的丰富、提高和发展的。斯腾伯格强调个体的主动性在建构认知结构过程中的关键作用，并对在认知过程中如何发挥个体的主动性做了认真的探索；维果斯基提出的"文化历史发展理论"强调在认知过程中学习者所处社会文化历史背景的作用，强调"活动"

和"社会交往"在学生认知过程中的重要作用。维果斯基还提出了最近发展区（即在现实的发展水平和潜在的发展水平之间的区域）理论。

我们可以把上面的观点归纳为以下几点：

（1）学习者的认识活动是主动而不是被动的，无论教师怎样主动地教，离开了学生学习的主动性，真正的学习就不会发生。

（2）学习者的学习活动是在和周围世界的相互作用中进行的，因此当知识和具体的情景联系在一起时，才会发生意义建构，才会使学生对知识达到真正的理解。

（3）学习过程是在活动和社会交往中发生的，因此学生和教师以及其他同学可以形成学习共同体，通过协作和交流实现对知识的共同建构。

（4）学习者对知识的建构是在最近发展区实现的，远离最近发展区的知识只能暂时堆砌在头脑里，既不能同化到原有的认知结构中，也不能使原有的认知结构产生新的顺应。

由此可知，建构主义认为学生是信息加工的主体，是意义的主动建构者，而不是外部刺激的被动接受者和被灌输的对象，它提倡在教师指导下的、以学习者为中心的学习。建构主义学习理论还把"情境""协作""会话"和"意义建构"称为学习环境中的四大要素或四大属性。

那么教师在教学中可以做什么呢？一句话，教师要成为学生自主学习的引导者、帮助者、督促者和组织者。教师可以通过在教学过程中激发学生的学习兴趣，帮助学生形成学习动机，并通过积极的情感体验维持和强化学习动机；教师可以通过创设符合教学内容要求的情境，提示新旧知识之间联系的线索，帮助学生理解所学知识，形成意义建构。教师还可以通过组织协作学习——把班级分成小组，指导小组内合作学习，提出适当的问题以引起学生的思考和讨论，在讨论中设法把问题一步步引向深入，以加深学生对所学内容的理解，启发诱导学生自己去发现规律、自己去纠正和补充错误的或片面的认识等——引导学生实现意义建构。

那么生本教育理论和建构主义教学理论有什么关系呢？

建构主义强调学习的主动性，认为学生是知识建构的主体。生本教育理论提出了"一切为了学生""高度尊重学生"和"全面依靠学生"的观点。简而言之，因为学生的认知规律和知识的固有体系不合拍，所以要以学定教，"根据学的法子来确定教的法子"；由于学生不但有特有的学习规律，而且具有不可小觑的学习能力，所以要在教学中激发和强化学生主动学习的积极性，相信学生自主学习的能力；由于学生不但具有学习的能力，而且学生群体本身的协作和交流就是宝贵的教育资源，因此在教学中只要给学生提供合适的情境，对学生的学习活动进行适当的组织和引导，就可以发挥学生的学习主动性，使学生在协作和会话中实现知识的建构。

生本教育理论提出了"先做后学，先会后学""先学后教，不教而教""以学定教""讨论是学习的常规"等一系列教学方法。那么教师在这些教学活动中怎样发挥组织者、引导者和激励者的作用呢？

情境是促成知识建构的重要因素，因此，我认为教师首先要创设情境，使问题源于情境，使知识和情境产生联系。这样不但可以激发学生的学习兴趣，形成学习动机，而且可使知识变得鲜活，有利于学生对知识的建构。

由于知识是学生主动建构的，不是由教师灌输的，因此教师应该引导学生进行必要的前置性学习，这是生本教育得以实现的基础。我理解的前置性学习是在学生独立思考的基础上进行的小组内的合作学习。由于前置性学习的效果直接影响讨论的效果，因此"教师的导，应当把精力放在设计'先做后学，先会后学'的过程上，这是生本教育操作的重要环节"。所以生本教育的功夫在上课之前就开始了，教师通过精心指导学生进行前置性学习、指导小组内人员的分工与协作、指导学生尝试完成前置性作业等活动，为课堂上的讨论环节奠定了基础。由于每个小组、每个学生都参与了前置性学习，因此全体学生都有发言权，讨论就可以采取全员参与，知识建构就可以在每个学生头脑中进行了。有一点需要注意，讨论不仅仅指发言，实际上讨论主要不是发言，而是倾听，因为发言的人在整个班级中占少数，而且每一个人在一节课里面的发言时间是短暂的，而建构是在每个学生的头脑中、自始至终都在课堂进行的。我们在听生本课的时候，有一个误区就是比较关注发言的学生，而不大关注倾听者。实际上，建构主要是在倾听中完成的，在倾听中进行发散、批判的思维，在倾听中进行知识整合，在倾听中完成同化和顺应，在倾听中从一个认知平衡走向另一个认知平衡。

组织有效的课堂讨论是生本课堂教学的关键。通过创设情境、提出问题、提供线索等手段，教师为讨论的展开搭建一个又一个构架，使学生的认知活动在最近发展区内得以一步步展开。课堂讨论应在小组内和小组间交替进行，既有学生的自主探究，也有相互启发。教师在课堂讨论中对这些讨论进行组织、调控，把学生引导到"愤悱"的状态，再通过启发使学生豁然开朗，认知结构由此而改变。在讨论过程中，情感体验扮演着重要角色，这不但体现在文科教学中，也体现于理科教学中。新情境的出现有可能打破原有的认知结构，使学生处于一种"认知结构不平衡"的焦虑中，从而引发求知欲，学生通过独立思考，合作交流，新的认知结构得以构建，新的平衡也就建立起来了，同时学生可以体验到获得新知识的愉悦感。这种体验具有强化学生求知欲，培养学生学习兴趣的作用，使学生欲罢不能，爱上学习。所谓"知之者不如好之者，好之者不如乐之者"，说的就是这个意思。

由此可知，生本教育理论下的教学，可以理解为一种建构主义理论下的小组合作学习。基本的教学过程可以概括为：教师创设情境，形成问题；学生进入情境，理解问题——教师指导前置性学习；学生独立探索，小组内合作探究——教师组织课堂讨论；学生独立思考，小组内、小组间讨论交替进行——教师指导课外拓展学习；学生根据自己的学习需要和兴趣进行课外拓展学习。

目前，生本教学实践中存在几个误区：

误区一，生本课堂是通过小组间讨论和小组内合作探究展开学习，让学生将在前置性学习的基础上获得的粗浅、零碎的认识变得深入和系统，并在这个过程中形成探究能力、交流合作能力的过程，因此生本课堂是一个生成的过程。然而，我们很多的生本课成了少数学生的表演课，成了学习结果的展示课。没有生成的课不是有效的课，不是真实的课。

误区二，生本教育的课堂需要全员参与，其主要形态是小组合作探究和课堂上小组之间的展示交流，在学习过程中每个学生都应参与学习的全过程，而不是仅仅由少数几个优秀的、口头表达能力强的学生参与。虽然几个学生制作出幻灯片，这个幻灯片可能是独立完成的，也可能是在教师指导下完成的，然后展示给大家，大多数学生仍然是被动的接受者，而且发言的学生也未必完全明白自己的演讲内容。事实上，在这样的课堂上并没有讨论，也没有思想的交流碰撞，信息流是单向的。

误区三，生本教学中教师的作用是讨论的组织者、学习的督促者和指导者，对整个学习过程起到导向、点拨、质疑、总结的作用，实际上教师的作用非常重要。然而在有些生本课中，教师只是个旁观者的角色，课堂完全交给学生，由学生组织，由少数学生讲，大多数学生听或者看热闹。教师不组织、不激励、不评价、不启发、不解释、不质疑、不总结了，好像教师一开口课堂就不是生本了。实际上，生本课堂非常强调教师的作用，只不过教师所发挥的作用与在师本课堂中不同罢了。

总之，我认为生本教育不是神秘的，很多教师在知道"生本教育"这个名词之前，自己的课堂里就已经开始散发着生本教育的气息，已是不折不扣的生本课堂。不料，"生本教育"这个词的出现，产生了"陌生化"效果，一陌生就神秘了，一神秘就难以捉摸了，一难以捉摸就令人无所适从了。看来，这个理论还没有在教师的认知结构中产生同化和顺应。

【参考文献】

[1] 何克抗．建构主义——革新传统教学的理论基础（上）[J]．电化教育研究，1997，（3）．

[2] 郭思乐．教育走向生本 [M]．北京：人民教育出版社，2001.

"生本课堂"教学设计的五个原则

闫 冬

　　生本教育是真正以学生为主人，为学生好学而设计的教育。笔者认为，对全体学生（而不是部分活跃的学生）的尊重，应该成为生本教育的本质和基本原则，所以生本课堂需要营造出民主、平等、和谐的人文课堂环境，教师不应沦为旁观者或欣赏者，而应该成为积极的参与者，应具有适时"干预性"的特征。

　　笔者认为，教师能否真正从"神坛"上走下来，成为学生学习的伙伴；教师能否在课堂上高效创设一种"心理自由和安全"的课堂教学环境，让学生的心智和心灵能自由自在地放飞；教师最终能否使学生真正生成"有效"的知识和技能，关键在于教师能否充分发挥自身的作用。为此，教师要活用"五个原则"，为生本课堂保驾护航。

一、知情共振原则

　　什么是知情共振？心理学认为，认知过程与情意的产生和发展自始至终是相互交织、相互影响、相辅相成的。人的情感是在认识的基础上产生的，没有一定的认识就不可能有什么情感。在认识基础上产生和发展的情感也会反过来推动和加深人们的认识。教学过程是一个特殊的认识过程，也是一个复杂的心理体验过程。作为有生命力、有能动性的学生，在认识发生的过程中，必然伴随着观念的理解、价值的认同、情感的激发。

　　知情共振原则就是基于这一理论而提出来的。它是以新课程理念为指导，以情境创设、情趣诱发为动力，以积极的态度参与学习、关注生命体验，以全面提升学生心理素养为目的的教学实践活动。该原则不仅关注知识的获取与积累、方法的渗透与能力的习得，更关注学生的情感体验，体现了情动、感知、感悟、表达的有机统一。而"情动、感知、感悟、表达"中的任何一个子目标的达成都需要教师鲜活的身影。

生本课堂追求三维目标的整合，"以情感和态度为动力，促使学生主动发展"是三维之"髓"。而积极的情感体验只能建立在民主、和谐的学习氛围之上，建立在学生不断的成功和进步之上。所以，知情共振原则是实现生本教学的必由之路。

学生被动学习乃至厌学的原因之一在于，在他们眼里，知识是枯燥乏味的，是灰色的。坦白地说，现在有不少学生对地理知识比较好奇，但是，他们对课本上讲述的东西大多不感兴趣。要改变这种现象，教师就要善于发掘蕴含于知识本身的情感，并善于艺术性地赋予知识以激情。有了情感，知识就有了生命，学生就会感受到其中的魅力和有价值。对于自己感到有魅力和价值的东西，学生怎能不孜孜以求呢？在传统的课程实施中，我们往往容易忽视其中的"情感"。新的课程标准不再只要求我们"传道授业解惑"，还要求我们重视情感的价值，即使只是为了"传道授业解惑"，没有情感的教学也是没有生命力的。如果伴随沉甸甸的责任和渊博知识的是教师漠然的眼神，那么我们带给学生的只能是被动、消极乃至失望、沉沦和彷徨。

二、与时俱进原则

地理学是一门与时代紧密结合的学科，日新月异的国内经济建设、风云变幻的国际政治格局，在课堂内容上都应得到及时的反映。随着大众传媒的多样化发展，学生可以通过书刊、电视、电脑等多种媒体及自身的生活实践，不断地接受地理知识的刺激，学生的地理感性知识变得非常丰富。因此，在教学设计中，地理教师也要与时俱进，通过创造性的编排、设计并选择适当的教学方法，因势利导，因材施教（教师的作用非常重要，不应将课堂全部交给学生）。如讲授冬季风的知识时，可以联系 2011 年发生的日本海啸引发的核辐射污染漂移的方向进行讲解；讲到"农业地域类型"时，可以引述《北方蔬菜几分钱一斤无人问津》和《中国物流之痛》等报道；讲到世界石油价格飙升，引起国内油价飞涨时，可联系利比亚等中东国家动乱等；在讲述荒漠化时，可采用"音画时尚"式教学法，通过引入刀郎等西部歌手的最新主打歌曲活跃课堂气氛，感染学生，将全新的教学风格呈现在学生面前，吸引学生的注意力，给学生以新鲜感。

三、系统整合原则

在教学中，教师的人格魅力至关重要。人格是一个人身上散发出的一种温暖、安全、有吸引力的能量，它能让学生感受到爱和关怀、自尊和信任。

生本课堂并非是让教师沦为"配角"，他们应该是"导演"和"影评人"。学生在课堂上呈现的前置性作业最好是比较"粗放"的前期产品，是"粗加工"，而"集约化"的"深加工"，应该是在课堂上通过师生、生生思维的碰撞生成的。对于比较复杂的教学内容，教师如果不能对知识体系进行科学整合，学生在课堂上就会出现思维体系的"导航盲区"，在有限时间内课堂效果的"生成"就会大打折扣。首先，教师要善于把地理知识组成一个体系，构成一个有机的共同体，使学生能够顺利地将课本中的知识贯通起来，促进自身发展。其次，要善于将现阶段学习的知识和学生已有知识联系起来，使新旧知识融会贯通，能够组成纵横交错的知识网络，有利于学生的进步和发展。再次，从学生现阶段学习的课文内容出发，高瞻远瞩，高屋建瓴，给学生展示一个较为完整的知识结构，促进其知识系统成型、发展。例如，过去在讲述中亚时，由于本课内容涉及的知识点很繁杂，千头万绪，一节课下来学生学得累，教师教得苦，却总有些乱。后来经过教研组教师们集体反思，再讲这节知识点时，我们为中亚的知识点设计了一条专门用以串起"知识珍珠"的链子，上课时"纲举目张"，一气呵成，井然有序，一节课下来真正体会到了"痛快淋漓"的感觉。下图为再次讲述中亚时所用的知识整合流程图：

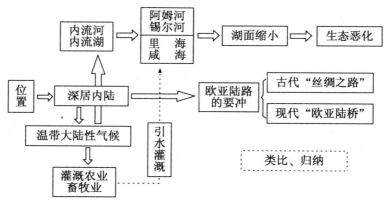

图1

四、差异适应原则

2011 年，日本发生大地震并引发海啸，造成了严重灾难，引起全世界人民的关注。中国人面对日本地震的感情是复杂的，不同人的态度差异性也很大。原因当然是日本曾经侵略过中国，并给中国人民带来过深重的灾难。

对某一问题的认识存在差异本是正常现象。如今的中学生对日本的了解多来自电子、汽车、动漫，更有为数不少的学生拥有到日本旅游的经历和见闻，因而他们对日本的好恶有所不同，甚至有宣称对日本"崇拜得五体投地"者。对此，教师是当头棒喝还是在尊重认识差异的基础上相机诱导，不仅仅体现了教师教学方法的区别，更体现了其教学思想、教学观念、教学艺术的不同。"一言堂"式的教学看似整齐划一，容易驾驭，却容易导致学生个性的泯灭，导致师生创造力的丧失；而尊重差异的教学理念与教学设计却能促使教师另辟蹊径，实际上也是对自己的突破。教师要引导学生在课堂上独立地提出自己的观点，使每个学生在创新意识的激励下把所学的东西内化为自己的"血肉"，而不是"生吞活剥"。没有个性化就没有独特性，而没有独特性怎会有另辟蹊径的创造性呢？

在教授"日本"一课时，教师应充分利用学生对日本这个国家认识的差异，让学生分组讨论，说出自己的真实感受，教师从中点拨解疑，深度访谈，从而使学生对日本的认识通过实践反思从感性上升到理性，使隐含在日本地理知识中的人文知识显现出来，这样更符合新课程标准提倡的基本理念。下面是"日本"一课的一个教学片段：

课桌上插着学生自制的日本国旗（有的插着中国的五星红旗）。

投影屏幕上打出一面大幅日本国旗。

电视机里播放着日本名曲和相关画面。学生事先将准备好的日本国旗、国花、国鸟、工业产品的招贴画等悬挂在教室四周的墙壁上，将有日本旅游经验的学生"聘"为专家，为其他学生讲解。

教室里，学生们七嘴八舌，议论纷纷。"打死我也不做法西斯国旗""日本鬼子……""不要膏药旗""我把日本国旗少做了一块，是因为日本人缺德""日本人勤奋、团结""日本汽车质量好""日本的音乐好听"……

结果，动员一切"差异元素"组织的这堂课引人入胜，激情洋溢，活力四射，这样的课堂很"给力"。

五、反思求是原则

帕斯卡尔说过："人只不过是一根苇草，是自然界最脆弱的东西，但他是一根能思想的苇草。"

思之则活，思活则深，思深则透，思透则新，思新则进。每位教师都要学会在言谈和行动中思考生本教育，学会在撰写与生本课堂有关的教育叙事、案例和课例分析中反思生本课堂，学会在反思批判中促进自身的专业成长。教师的反思应该是指教师在教育教学实践中，以自我行为表现及其行为依据的"异位"解析和修正。反思要落到实处，需要积淀一些真正的成果。

1. 思成功之处

总结教学过程中达到预先设计的教学目的、引起教学共振效应的做法，课堂教学中应变得当的措施。

2. 思不足之处

即使成功的课堂教学也难免有疏漏失误之处，应对它们进行系统的回顾、梳理，并对其进行深刻的反思、探究和剖析，使之成为今后教学中的经验教训。

3. 思教学机智

课堂教学中，师生的思维发展及情感交流，往往会因为一些偶发事件而产生瞬间灵感，这些"智慧之花"常常是不由自主、突然而至的。

4. 思学生创新

学生是学习的主体，学生总会有创新的"火花"在闪烁，教师应当充分肯定学生在课堂上提出的一些独特的见解，这样不仅能使学生的好方法、好思路得以推广，而且对学生也是一种赞赏和激励。

5. 写"再教设计"

一节课下来，静心沉思，教师在这节课上摸索出了哪些教学规律，教法上有哪些创新，知识点上有什么发现，组织教学方面有何新招，解题的诸多误区有无突破，启迪是否得当，训练是否到位，等等。及时记下这些所得，写出"再教设计"，这样可以做到扬长避短，精益求精。

【参考文献】

[1] 魏宁．一项关于教师反思的研究［J］．教育科学研究，2005，（9）．

[2] 郭思乐．教育走向生本［M］．北京：人民教育出版社，2001．

生本教育与落实"双基"的问题与策略研究

汪春辉

生本教育是以生命为本的教育，是以激扬生命为宗旨，为学生好学而设计的教育。在生本教育中，教育教学的真正主体是学生，把以往教学中主要依靠教师的教，转变为主要依靠学生的学，教师的作用和价值体现在最大限度地调动学生的内在积极性，组织学生自主学习上，课堂以学生为主体，让学生主动、自主学习。生本教育使学生学得轻松快乐又成绩优秀，是真正的素质教育，是深入推进新一轮基础教育课程改革的重要手段。

初中数学教学大纲确定了初中数学的教学目的：使学生学好当代社会中每一个公民适应日常生活、参加生产和进一步学习所必需的代数、几何的基础知识与基本技能……并对"双基"（基础知识和基本技能）作了进一步的阐明：基础知识主要是初中代数几何中的概念、法则、公式、性质、公理、定理以及由其内容所反映出来的数学思想和方法；基本技能是能够按照一定的程序与步骤进行运算、作图或画图、进行简单的推理。初中数学课程标准四维目标是知识与技能、数学思考、解决问题、情感态度，其中知识与技能（"双基"）是学生数学学习的重点，初中数学的基础知识、基本技能是学生进行数学运算、数学推理的基本材料，是学生形成数学能力的基石，也是每一个公民应具备的基本数学素养。只有抓好"双基"，学生才可能用数学思想去思考，从而达到解决问题的目的。

一、新课改实施过程中生本教学出现的问题

（一）忽视对"双基"的学习，合作交流流于形式

独立思考与合作学习是数学生本课堂教学中有效的学习方式，能较好地体现学生的主体地位，提高课堂效率。但是我们在教学过程中也会看到一些不和谐的现象。

例如，有时貌似气氛热烈的小组合作并没有实际效果；有时只有个别学生参与小组合作，大多数学生成为旁观者。有时是由于学习内容不适合合作学习，但是更主要的是在合作学习之前缺少独立思考的过程。

合作学习的主要特点是发挥各人所长、各人所思、各人所能，离开了独立思考，个性就不存在了，合作也就无从谈起。因此，独立思考是合作学习的前提，合作学习是独立思考的深入。

新课程标准强调学生的合作交流，但并不是不要"双基"。作为基础教育阶段的主要学科，数学对基础知识、基本技能的要求并没有降低。有相当一部分教师片面理解课改的要求，对新知识的理解、巩固做得很少。这造成了学生计算能力降低、书写不规范、逻辑推理能力不强的事实。

一些合作交流常常流于形式。一些简单的问题，数学思考的难度不大，不具有挑战性，但教师仍然要求学生小组讨论。一节课中反复出现小组讨论，看似很热闹，其实学生并没有真正学到多少数学知识，学生的思维能力也没有得到多少提高。而难度稍大一些的问题，学生讨论一会儿便陷入了沉寂，愿意举手发言的也只有几个学生，时间一长，连这几个学生也不积极举手了。

（二）课堂看似热闹，实际效率并不高

数学课中，有些教师在教学设计时对教学目标的设定、各个教学环节要达到的子目标、为达到这些目标所采取的教学策略等都不清晰，甚至有时是模糊的。教师只为追求课堂气氛热烈，使课堂常常出现导入拖沓冗长、小组交流缺乏合理安排、教师点拨没有起到作用的现象。有时一节课过了一多半，还没有进行本节课的重点内容学习，结果教师为了完成任务，把本节课的重点部分一带而过，导致学生一节课下来不知这节课究竟要达到什么目标。

如七年级下册"三角形内角和"第一课时，学生在小学时就已用拼图方法验证过"三角形内角和等于$180°$"，有的教师在这里又让学生花不少时间剪图拼图；而在"议一议"这部分，教师又不给予有效点拨，致使学生花费了十多分钟后，一大部分学生还没搞明白是怎样验证的。实际上，这节课的重点是三角形内角和定理的应用，定理的证明到八年级下册才有，这里先验证一下即可，不应花费太多时间，否则重点内容得不到巩固，更谈不上灵活应用了。总之，这样的课堂看似热闹，实际效率很低。

（三）"双基"训练不彻底，学生基础不牢固

经过这两年的教学实验，大部分学生的口头表达能力有了大幅度提高，思维也变得灵活了，学生的自信与大方在课堂上也充分展示了出来，但是学生仍然欠缺规范的格式训练。数学的学科特点，要求培养学生严密的逻辑推理能力，若在解题过程中书写不规范，在考试中扣分将非常严重。例如，八年级下册"平行四边形"单元测试，在传统的师本课堂教学下，我任教的班平均成绩是 78.4 分，而在进行生本教学中我任教的班平均成绩是 70.2 分，大部分学生失分的原因在于答题的过程不规范，这显然是对平时的"双基"教学目标落实不够导致的。

二、在生本教学中落实好基础知识与基本技能的对策

生本教学在我校已开展了近 3 年，实验中重过程轻结果，侧重于对学生创新能力的培养，削弱了对学生基本运算能力的训练，因此学生的基本运算能力有所下降。作为一线教师，我们不能只顾培养学生的创新能力而忽视对学生基本运算能力的训练。那么，怎样做到既培养学生的创新能力，又最大限度地保证学生的基础知识不减少与基本技能不下降呢？下面谈谈我的几点体会。

（一）教师要认真钻研教材，准确把握基础知识与基本技能

有许多教师不适应新教材，不知如何把教材与实际联系起来。实际上，教师在教学过程中应根据学生的认知规律和现有水平，在认真领会教材编写意图的同时学会灵活、能动地运用教材，根据学生实际进行必要的增删、调整，有计划、有步骤地安排实施教学。这是一名初中数学教师所必须做到的。

教师要紧扣大纲，精心编制教学计划。教师必须以大纲规定的内容和系统化的知识要点为依据，教学计划的编写必须切合学生实际。哪些地方该让学生独立思考，哪些地方该让学生合作交流，每节课要让学生掌握哪些基础知识，学会哪些基本技能，教师都要做到心中有数。

新课程十分注重培养学生的创新意识和实践能力，然而部分教师却忽略

了对"双基"目标的学习和落实。例如，在学习"反比例函数的图像和性质"时，我要求学生一定要准确、规范地画出反比例函数的图像。每当上这课时，我都要让学生比一比看谁画得好，指出一些学生存在的问题，使大多数学生达到规定要求，在此基础上再去研究它的性质。同时，我还引导学生探索一些教材上没有提到的性质，如双曲线的形状与比例系数 k 的绝对值的关系等。否则，学生对反比例函数性质的理解就不够透彻。

基础知识和基本技能是构成初中数学知识的重要组成部分，学生只有在掌握好"双基"后，才可能获得能力的提高。

（二）在生本课堂教学的各环节中落实好"双基"教学

1. 前置性作业中要落实"双基"

我在教"几何图形与三视图"时，首先学习了课标要求：让学生了解一些几何图形，会画基本几何体的三视图。这节课是初中几何学习的开始，所以调动学生学习热情就显得尤为重要。因此，在设计前置性作业时，既要加强学生基础知识的学习，又要培养学生的学习几何的基本技能。我有意结合日常生活中的各种图形，让学生体会几何图形的应用价值，从而激发学生学习的积极性，提高学生的学习兴趣，从生活中来再到生活中去。在前置性作业中，我设计了两个问题：问题一——请举出生活中的立体图形和平面图形的例子（至少 5 个），问题二——尝试画出圆柱、圆锥、球体、正方体、长方体、三棱柱、四棱锥的三视图（至少选择 3 个）。在同事们的指导下，我删除了第一个问题，只留下第二个问题：尝试画出圆柱、圆锥、球体、正方体、长方体、三棱柱、四棱锥的三视图（至少选择 5 个）。这样，这节课的教学重点更加突出，我也有了足够的时间去突破教学难点。实践证明，这节课非常成功，并得到了生本教育的创始人郭思乐教授的高度评价。前置性作业要精心设计问题，既要体现基础知识，还要训练学生的基本技能，这样才能更有效地培养学生分析问题和解决问题的能力。

2. 课堂小组讨论与交流中落实"双基"

过去，大部分教师较重视前置作业中问题的思路、解题的方法等，而缺乏对解题格式、书写规范内容的讨论。因此，我在课堂讨论前预先制订好讨论的内容与要求。

例如，我在讲"探究四边形的中点问题"一节时设计了一道题。

已知：如图，点 E、F、G、H 分别是四边形 $ABCD$ 各边的中点。求证：四边形 $EFGH$ 为平行四边形。

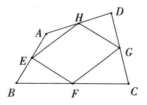

图 1

在讨论前制订本题讨论的内容是：（1）小组内每个同学对题目已知、求证的把握；（2）解题的思路和方法是什么；（3）解题格式是否规范；（4）如何改正与进一步完善？

制订本题讨论的要求是：（1）讨论要有序进行，一人讲，其他同学听，循环进行；（2）出现意见不统一时，要进行二次讨论，最终形成小组的见解；（3）他人讲解时，认真聆听他人的解题思路；（4）如何改正与进一步完善错题的订正。

3. 在课堂练习中落实"双基"教学

实践证明，如果学生在课堂上解题规范的训练相对比较少，就会导致学生在考试时书写格式混乱、不规范，大部分学生因此失分较多，成绩不是很理想。例如，在"平行四边形"一章的单元测验中，往届大部分学生得分在 78 分左右。对进行生本教学的学生采用同样的试题测验，大部分学生得分在 68 分左右。大部分学生思路清晰，但书写很不规范。在以后的课堂上，我开始重视学生基础知识与基本技能的训练，注重学生练习，对易错点进行剖析。在初二下学期期末考试中，班级成绩进步明显，学生答题比较规范，扣分也少了很多。

因此，在数学课堂练习中落实好"双基"目标非常重要，我认为要把握以下几点：（1）要进行阶梯训练，巩固概念，检测反馈，内化概念，概念的练习应由浅到深、由简到繁、由单一到综合，形成阶梯向上结构：基本练习—变式练习—综合练习。变式练习中应包括一题多变（改变条件、结论、转化策略、开放式问题）的练习。新概念及时练，重点概念反复练，易错概念重点练，通过多层次训练，在巩固概念的同时提高基本运算技能；（2）利用检测反馈查漏补缺，分层教学，对易错易混淆的概念加强对比复习，以达到概念的融会贯通——内化概念，提高基本运算的正确率。

例如，在进行"代入法解二元一次方程组"课堂练习时，我进行了两次教学设计，其中初稿是：

【1】如果 $2x-7y=5$，那么用含 y 的代数式表示 x，正确的是（　　）

A. $y=\dfrac{5-2x}{7}$　　B. $y=\dfrac{5+2x}{7}$　　C. $x=\dfrac{5+7y}{2}7$　　D. $x=\dfrac{5-7y}{2}7$

【2】解方程组 $\begin{cases} x=2y \\ 3x+2y=5 \end{cases}$ 适合用＿＿＿＿＿＿＿＿法。

【3】把方程 $2x-y=3$ 中，用含 x 的式子表示 y，

得到 $y=$＿＿＿＿＿＿＿＿＿＿

【4】用代入法解方程组

(1) $\begin{cases} y=2x-3 & ① \\ 3x+2y=8 & ② \end{cases}$　　(2) $\begin{cases} 3x-5z=6 & ① \\ x+4z=-15 & ② \end{cases}$

【5】已知二元一次方程

(1) $x+y=4$　　(2) $2x-y=2$　　(3) $x-2y=1$

请你从这三个方程中选择你喜欢的两个方程，组成一个方程组，并求出这个方程组的解。

根据课堂时间的分配，感觉初稿题目比较多，学生在解题格式上的分析不是很充分，本课教学的本质问题不能很透彻地解决。因此，我对初稿进行了修改。修改后的课堂练习设计是：

【1】把方程 $2x-y=3$ 中，用含 x 的式子表示 y，

得到 $y=$＿＿＿＿＿＿＿＿＿＿

【2】用代入法解方程组

(1) $\begin{cases} y=2x-3 & ① \\ 3x+2y=8 & ② \end{cases}$　　(2) $\begin{cases} 3x-5z=6 & ① \\ x+4z=-15 & ② \end{cases}$

【3】已知二元一次方程

(1) $x+y=4$　　(2) $2x-y=2$　　(3) $x-2y=1$

请你从这三个方程中选择你喜欢的两个方程，组成一个方程组，并求出这个方程组的解。

这样，通过修改，本节课堂练习的重点更加突出，学生课堂练习的时间更加充分，每个学生在书写中能够做到更加规范，课堂效率大大提高。

总之，在初中数学生本教学中，只要教师能不断学习、探究，提高自身业务水平，立足"双基"，联系生活，注重实践，抓住提高课堂效率这个关键，那么，有效地促进学生自主、合作，积极参与到学习中来，从而促进学生的全面发展，就不会是句空话。通过教学实践，我发现只有将生本课堂与落实"双基"教学有机结合，课堂效率才会更高，才能更好地推动新课程改革进一步深入。

【参考文献】

[1] 马复.初中数学教学策略［M］.北京：北京师范大学出版社，2010.

[2] 孙晓天，史炳星.初中数学新课程案例与评析［M］.北京：高等教育出版社，2004.

[3] 刘兼，孙晓天.数学课程标准解读［M］.北京：北京师范大学出版社，2002.

初一学生数学学习忧虑与成绩关系的调查分析

胡炎文

一、广外外校初一学生数学学习忧虑调查

多年的教学工作经验让我总结出，学生在数学课上的情感感受具体有这样几种：第一，对学习内容及过程有兴趣；第二，虽然谈不上对学习感兴趣，但完成学习任务或者取得好的成绩时能感觉到愉快和满足；第三，由于对考试和测验的恐惧与对考试成绩的担心而引发数学学习忧虑；第四，对数学学习活动没有兴趣。

平时我们也可以观察到，一部分学生害怕记数学公式、数学概念，对说理题严格的推理过程感到头疼；常常在做题时咬笔尖，在草稿纸上乱画，或抓耳挠腮；对数学考试更是感到恐惧。心理学的相关研究结果表明，这一部分学生存在数学学习忧虑。

心理学家从临床观点把忧虑反应看作是带有不愉快色调的正常的适应行为，而数学学习忧虑是一种特殊的学科忧虑，是个体由于预感到数学学习目标受挫，或者对克服学习障碍无能为力而引起的一系列生理变化、行为表现及心理体验。

为了了解广外外校 2011 级初一学生数学学习忧虑的情况，我选取初一年级的 5 个班共 192 人，做了一次有关数学学习忧虑的问卷调查。

调查数据的分析方法如下：该问卷共有 10 道题，每道题 A、B、C、D、E 选项依次为 5 分、4 分、3 分、2 分、1 分，总分 50 分。将各题所得的分数相加，得到数学学习忧虑指数。规定得分 25 分以下为极度忧虑，26～30 分为过度忧虑，31～35 分为中度忧虑，36～40 分为适度忧虑，40 分以上为轻度忧虑。最后对总分进行统计，得出如下数据：

表 1　数学学习忧虑人数调查图表

忧虑程度	极度忧虑	过度忧虑	中度忧虑	适度忧虑	轻度忧虑
学生人数	19	36	48	51	38
百分比	9.9％	18.75％	25％	26.56％	19.79％

由上表的数据可以得出这样两个结论：

（1）广外外校部分初一学生存在中度以上的数学学习忧虑，并且极度忧虑和过度忧虑者占 28.65％，超过四分之一的学生存在数学学习忧虑问题。因此，我们必须引起足够重视，并积极引导，坚持实现"为每一个孩子的终身发展负责"的办学理念。

（2）中度、适度和轻度数学学习忧虑者占 71.35％，这也是广外外校多年来数学成绩保持较高水平的重要基础，同时也是"轻负荷，高质量"的具体体现。

二、广外外校初一学生数学学习忧虑与数学学习成绩之间的关系

数学学习忧虑被普遍认为是一种消极的认知状态和情绪。它对数学成绩具有负面影响，应该彻底消除。结果是否真的如此呢？我将数学成绩与数学学习忧虑程度进行了比较分析。

我将本学期的期中考试成绩划分为四个分数段，通过对比学生的数学学习忧虑程度，得出如下数据：

表 2　数学成绩与数学学习忧虑程度的关系表

数学学习忧虑程度	130 分（优秀成绩）		129 分至 113 分（中上成绩）		112 分至 90 分（中下成绩）		90 分以下（较差成绩）	
	人数	百分比	人数	百分比	人数	百分比	人数	百分比
极度忧虑及过度忧虑	2	6.25％	17	23.61％	25	37.88％	11	50％
中度忧虑	6	18.75％	15	20.83％	18	27.27％	8	36.36％
适度忧虑及轻度忧虑	24	75％	40	55.56％	23	34.85％	3	13.64％

我们把极度忧虑及过度忧虑统称为高度忧虑，把适度忧虑及轻度忧虑统称为低度忧虑。下面，我们分别从纵向和横向两个方面来分析上表的数据。

从横向上看，高度忧虑者和中度忧虑者大都获得了中上成绩和中下成绩，比例分布随成绩的下降呈开口向下抛物线状；低度忧虑者所占的比例也随着成绩的下降而减少。如下图：

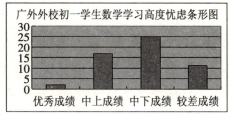

图1

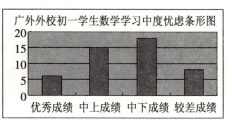

图2

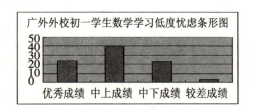

图3

从纵向上看，在第一个分数段上，高度忧虑者所占比例最小，占6.25%，低度忧虑者所占比例最大，占75%；在第二个分数段上，高度和低度忧虑者所占比例较大；在第三个分数段上，高度忧虑和低度忧虑者所占比例大，中度忧虑者所占比例偏低；第四个分数段中，高度忧虑者比例明显较大。如下图：

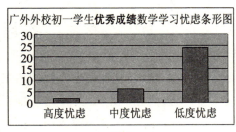

图4

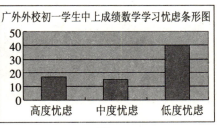

图5

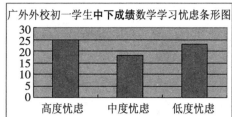

广外外校初一学生**中下成绩**数学学习忧虑条形图

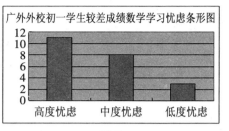

广外外校初一学生较差成绩数学学习忧虑条形图

图6　　　　　　　　　　　图7

通过对数学学习忧虑指数的分析我们发现，同一分数段广外外校女生的忧虑指数高于男生的忧虑指数，优秀成绩和中下成绩的男女生数学学习忧虑指数差值较大，而中上成绩与较差成绩的男女生数学学习忧虑指数较接近。总体来说，女生数学学习忧虑普遍较男生严重。如下图：

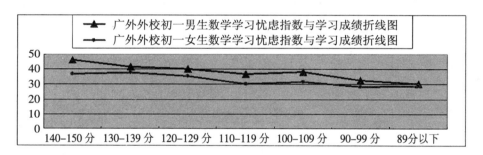

图8

我们认为造成这一现象的原因有以下两个方面：

第一，小学数学知识内容简单，难度不大，注重运算法则和解题模式的训练，女生在这一阶段利用自身的记忆和语言优势，易于取得高分。高分的背后常隐含着女生的机械记忆能力和思维习惯。到了初中，由于知识的难度加大，综合性越来越强，灵活运用知识的要求越来越高，很多女生受学习习惯和思维习惯的影响，在数学学习中难以较快适应初中的数学学习，成绩有所下降，造成了数学学习的紧张和恐惧，产生了数学学习忧虑。

第二，女生对学习上的竞争及学校、家长的压力普遍较敏感，她们感情细腻，对于那些想学好数学却偏偏学不好的女生，在经历几次失败和挫折后，会把问题复杂化，再加上性格内向，不能及时与人交流沟通，没办法及时排除学习上的障碍，减轻心理负担，使得她们害怕再次失败，从而加重了数学学习的忧虑程度。

由此我们可以看出：

（1）广外外校初一学生数学成绩越高，低度数学学习忧虑者占的比例越大。相反数学成绩越低，高度数学学习忧虑者所占的比例越大。

（2）处于中度忧虑和低度忧虑时，学生可取得较佳的学习成绩。

（3）同一分数段内，广外外校女生的忧虑指数高于男生忧虑指数，女生数学学习忧虑普遍较男生严重。

三、数学学习忧虑的成因及教育对策

（一）数学学习忧虑的成因

对数学学习有高度忧虑感的学生，因为有很强的学习动机，迫切希望在短时期内提高学习成绩，常常过高估计数学学习的困难，担心自己不能顺利完成学习任务。于是他们总是处在"备战"状态，精神过于紧张，对学习产生较多的负面影响。一个参加考试的学生如果处于高度忧虑状态，可能将试题看错或作出错误解释，也许还会忘记重要概念和公式，这样做出的试卷就不能反映出他的真实水平。

对于高度学数学学习忧虑的产生，我们有以下几种认识：

（1）高度数学学习忧虑是一种疾病，是由学习数学而产生的一种恐惧情绪。

（2）高度数学学习忧虑是有些学生遇到棘手的数学问题时产生的惊慌失措、无助感、思维混乱等不良反应。

（3）高度数学学习忧虑是对数学情境产生的一种特殊忧虑体验。

（4）数学学习忧虑是由数学问题和情境引起的病态恐惧症，是在学习数学的过程中产生的恐惧感、急躁感等不良情绪反应。

中度忧虑和低度忧虑的学生因为神经系统处于平衡状态，情绪平稳，注意力集中、持久，记忆和思维的效果好，并且有较好的师生关系和同学关系，学习效率较高。所以适度的忧虑能成为个体行为的驱动源，它能给人一定的压力，使主体通过自我意识主动寻找更有效的方式解决带来忧虑的问题。为了促进数学学习，使学生保持中度和低度忧虑水平是必需的。

对数学学习毫无忧虑的学生在学习数学的时候，注意力不集中，不够兴

奋，对数学成绩采取漠不关心的态度。

从调查研究来看，教师在数学教学中遇到的问题主要是学生的忧虑过度。

（二）数学学习忧虑的教育策略

要调节学生的求知心理，保持中度和低度忧虑水平，我认为应做好以下几项工作。

1. 教学民主化，师生关系平等化

"传道"是人与人心灵的交流。教学对象不同于生产对象，他们是有着丰富的情感的学生，他们往往会因为与教师有着良好的合作关系和友谊而努力学习，并逐步消除过度数学学习忧虑；他们也会因与教师在教与学上不合拍和情感关系上不平等而逃避学习，并逐步产生过度数学学习忧虑。所以，成功的教育往往是"双边活动"开展得比较好的教育，如果师生关系融洽，一个眼神、一个手势、一个表情就能彼此领悟对方的意图。

2. 创造一个"心理自由"的情感世界

某种程度上讲，心理自由就是一种放松、无压抑的心理状态，处于这种状态下的学生，才不会有过度数学学习忧虑的心理包袱，才会体会到知识学习过程中的轻松感、愉快感和成就感。

3. 培养与维护学生的自信心

在课堂教学和辅导中，教师要勤于鼓励学生，使学生勇敢地提出问题。导致数学后进生存在的原因之一是问题积累过多，加上数学后进生往往具有自卑心理，所以教师不能因为学生提出的问题过于简单而不耐烦。相反，教师应认识到，后进生敢于提问，已经是一个很了不起的进步。在组织教学时，教师要注意分层次，多目标，重视对学生的"最近发展区"的开发，遵循特级教师马明倡导的"力所能及"的原则，消除学生的自卑心理，使学生"跳一跳能够着，跑一跑能赶上"，促进学生自信心的培养与"发育"。

4. 提高教师自身素质和能力

教师应时时注意自身非智力因素的培养。教师的气质、意志、兴趣都能使学生受到潜移默化的影响，言传身教，事实上，有时身教的感染力远大于言传。在课内，教师可以结合数学内容，采用发现法教学，传授学习方法，加强数学思维的训练，引导学生转变思维模式，改进学习方式，提高学生解决问题的能力。在课外，教师应深入了解学生，经常检查学生的作业、练习和笔记，及时发现问题，对学习忧虑的学生进行学习方法的指导，有针对性地提出一些建议，让他们养成良好的学习习惯，提高学习效率。

附录：广外外校初一学生数学学习忧虑的调查问卷

回答问卷中的问题，旨在了解你对数学学习的忧虑，不给任何任课教师报告。回答时不要乱猜，不和别人讨论，更不要说假话，要按自己的真实情况回答，把客观题的答案都写在答题纸上。（选择最符合自己真实感受的一项）

1. 在上数学课时，我通常会感到

A. 特别轻松　　　　B. 比较轻松　　　　C. 介于困惑与轻松之间

D. 很困惑　　　　　E. 特别困惑

2. 在进行数学考试时，我通常会

A. 很镇定　　　　　B. 比较镇定　　　　C. 时而镇定时而紧张

D. 比较紧张　　　　E. 特别紧张

3. 我害怕数学考试

A. 从不这样想　　　B. 没有这种想法　　C. 有时会这样想

D. 经常这样想　　　E. 每次考试都这样想

4. 你害怕解数学题吗？

A. 从不害怕　　　　B. 不害怕　　　　　C. 有时害怕

D. 常常害怕　　　　E. 一见就怕

5. 将要学习更高深的数学时你会怎么想？

A. 特别乐意学　　　B. 乐意学　　　　　C. 介于喜欢与害怕之间

D. 很害怕学　　　　E. 特别害怕学

6. 当老师给同学们讲解一道数学题时，你担心别人比自己要理解得透彻吗？

A. 一点都不担心　　B. 不担心　　　　　C. 介于担心与不担心之间

D. 担心　　　　　　E. 特别担心

7. 当老师提问你时，你担心自己做得很糟吗？

A. 一点都不担心　　B. 不担心　　　　　C. 介于担心与不担心之间

D. 担心　　　　　　E. 特别担心

8. 如果你耽误了一次数学课并且少做了一次数学作业，你担心自己可能比别的同学落后吗？

A. 一点都不担心　　　　B. 不担心　　　　　　C. 介于担心与不担心之间

D. 担心　　　　　　　　E. 特别担心

9. 通常我对自己的数学成绩

A. 一点都不担心　　　　B. 不担心　　　　　　C. 介于担心与不担心之间

D. 担心　　　　　　　　E. 特别担心

10. 与其他课程相比，我对自己的数学成绩

A. 一点都不担心　　　　B. 不担心　　　　　　C. 介于担心与不担心之间

D. 担心　　　　　　　　E. 特别担心

小学部"一专多能"体育教学模式

李春魁

一、背景

随着我国体育事业的社会化、产业化，以及人们生活水平的不断提高，人们对体育健身、体育娱乐需求也在不断增加。因此，创新人才的培养目标也应改变单一的以竞技体育为主导的方向，更加注重向健身、娱乐、竞技和生活等全方位的育人方向转变。根据"健康第一"的指导思想和全面实施素质教育的需要，结合我校"锻炼健康体魄"的育人概念，广外外校制订了"健康＋特长"的"一专多能"的体育育人模式。

"健康"指的是"身心健康"，即身体健康和心理健康。"一专"指每个学生到小学毕业至少有一项体育专长（包括田径、球类、武术、轮滑、游泳、跆拳道及各项民族体育项目）。"多能"指的是小学毕业生要在普及性体育技能上达到喜欢和合格的水平。

二、现状分析

经过多年发展，我校小学部体育课程设置体育、武术两门课程。在校生2400多人，目前设有羽毛球、田径、篮球、足球、乒乓球、网球、武术7个课外训练队。体育教学设施齐全，设有2个田径场、1个体育馆、1个武术房、1个健身房、1个游泳池、3个排球场、2个网球场以及20多个篮球场。体育备课组现有专任教师9人，其中小学高级教师4人，一级教师5人。根据课程标准，结合体育课的专业特点和课程建设，我们编写了《小学武术教材教法》和《小学体育素养检测手册》两本教材。

1. 课程优势

体育与健康课程是学校课程体系的重要组成部分。我校小学体育专业教师是从全国各地选拔出来的优秀教师，有着丰富的体育教学经验，涉及体育教学的多个领域，如篮球、足球、羽毛球、田径、乒乓球等，能够为师生的体育锻炼和业余训练提供咨询和帮助。

2. 存在问题

（1）有些体育教师年龄偏大，不能很好地适应竞技体育的需求。

（2）体育科研及教研投入力度不够，体育改革的步伐不大。

（3）体育场地和器材不能满足现在教学和训练的需要，有相当一部分场地和器材是和中学共用，在一定程度上影响了训练的效果。

三、框架构想

1. 根据现有的师资配备，每位教师承担不同的体育技能培训项目

表1

教师	项目
席勇、叶利琴	男女足球
吴继承、余漾	男女篮球
喻素玲、李春魁	男女乒乓球
袁宁海	武术
崔晓	羽毛球、网球
许璋国	田径

2. 分年级设定基础性体育技能训练的侧重点

表2 一年级基础性体育技能

领域	类别	内容	水平目标	评价方法
运动参与与运动技能	队形队列	立正	明确立正姿势的要求，能以正确的站立姿势立正	听到"立正"的口令，能独立完成立正动作
		稍息	明确稍息的要求，能以正确的姿势完成稍息动作	听到"稍息"的口令，能立刻做出稍息的动作
		向前看齐	明确向前看齐的要求，能以正确的姿势完成向前看齐动作	听到"向前看齐"的口令，能立刻做出向前看齐的动作
		广播体操	培养学生正确的身体姿势	能在5人小组里完成广播体操

续表

领域	类别	内容		水平目标	评价方法
运动参与与运动技能	田径	各种方式的走		发展学生走的能力，为后面的跑做好准备	能独立完成各种姿势的走，并且走得轻松、自然、协调
		直线跑		培养跑的正确姿势，发展奔跑能力	在规定范围内（20米），能否跑得直
		立定跳远		初步学会双腿用力蹬地起跳的动作，发展腿部力量	男生 0.90 米 女生 0.80 米
		上抛轻物——毽球		培养投掷兴趣，发展投掷能力	能够自抛、自接
运动参与与运动技能	技巧	团身前、后滚动		初步学会团身前、后滚动的动作方法	能独立完成团身前、后滚动，并且姿势正确，动作轻松、自然、协调
	篮球	原地拍小篮球		初步掌握正确的拍球动作	1 分钟能拍 30 次
	游戏	队列游戏		初步掌握"快快集合"游戏	乐于参加"快快集合"游戏
		奔跑游戏	"木头人"游戏	初步掌握"木头人"游戏	乐于参加"木头人"游戏
			"快乐大转盘"游戏	初步掌握"快乐大转盘"游戏	乐于参加"快乐大转盘"游戏
			"老鹰抓小鸡"游戏	初步掌握"老鹰抓小鸡"游戏	乐于参加"老鹰抓小鸡"游戏
			"老狼，老狼，几点钟"游戏	初步掌握"老狼，老狼，几点钟"游戏	乐于参加"老狼，老狼，几点钟"游戏
		跳跃游戏		初步掌握跳跃游戏	乐于参加跳跃游戏
		篮球游戏		初步掌握篮球游戏	乐于参加篮球游戏
		投掷游戏		初步掌握投掷游戏	乐于参加投掷游戏
身体健康	体育与健康常识	认识自己的身体		了解身体各部位的名称，形成正确的身体姿势	知道身体各部位的名称，形成正确的身体姿势
		如何上好体育课		了解如何上好体育课	知道如何上好体育课
		体育课安全		了解体育课准备活动的重要性	知道上体育课要做好准备活动

领域	类别	内容	水平目标	评价方法
心理健康	体育与健康常识	学会通过体育活动等调控情绪	说出自己在体育活动中的情绪表现	体验并能简单描述进步或成功时的心情
		形成克服困难的坚强意志、品质	在体育活动中适应陌生的环境	能与陌生的同伴一起参加体育活动和游戏
社会适应		建立和谐的人际关系，具有良好的合作精神和体育道德	在体育活动中尊重他人	在体育活动中表现出对他人的尊重和关心，不妨碍他人游戏或运动

表3 二年级基础性体育技能

项目	内容	目标	评价标准
队列	立正，稍息	注意正确的身体姿势	姿势正确，熟悉口令
	向前看齐	随同集体完成各种必要的操练	姿势正确，动作方法正确
	齐步走		姿势正确，初步掌握练习的方法
田径	立定跳远	能掌握基本的动作方法，提高跳跃能力	男生1.00米 女生0.90米
	30米跑	能掌握快速跑的基本动作方法，提高快速奔跑的能力	男生9.7秒 女生10秒
	持轻物掷远	初步掌握原地投掷轻物的动作方法，提高投掷能力	男生7米 女生6米
	跳绳	发展灵敏、协调能力，掌握基本的动作方法	1分钟跳绳40次
技巧	前滚翻	初步学习前滚翻的基本动作方法，发展灵巧、协调能力	团身滚动，滚动方向要正确
篮球	拍球	在球类游戏中能做出单个动作，培养兴趣	能连续拍球
	抛接球		能两人近距离地抛接球

生本与生成

高效教学的两轮驱动

项目	内容	目标	评价标准
游戏	各种游戏	乐于参加各种游戏活动	知道并会玩 4 种不同类别的游戏（跑、跳、投掷、球类游戏）
体育知识	知道所学运动项目的术语	了解所学项目相关知识	说出相关术语
	知道身体各部位主要名称和自己身体的变化	定期测量和记录自己的身高、体重的变化	会测量和记录自己的身高、体重
心理健康	在体育活动中适应陌生的环境	与陌生的同伴一起参加体育活动和游戏	
社会适应	体验集体活动和个人活动的区别	按顺序使用同一运动场地或设备	在体育活动中表现出相应的品质和精神
	在体育活动中尊重他人	不妨碍他人参加游戏或运动	

表 4　三年级基础性体育技能

项目	内容	目标	评价标准
队列	立正，稍息	培养学生遵守纪律的习惯	动作迅速，队伍整齐
	向左转，向右转	提高站队能力	方向明确
	散开		
田径	短跑（50 米）	通过快速跑，培养跑的正确姿势（起跑、冲刺）	男生 9.7 秒 女生 11 秒
	立定跳远	掌握正确的跳跃姿势	男生 1.30 米 女生 1.10 米
	原地投掷垒球	掌握正确的动作	男生 15 米 女生 10 米
	400 米耐久跑	掌握不同地形的跑法	男生 2 分钟 女生 2 分 30 秒
技巧	前滚翻	学会前滚翻动作。依次着垫，团身	能否在滚动中把身体抱成团

62

续表

项目	内容	目标	评价标准
篮球	运球	初步学会运球的方法	能较熟练地在原地运球，初步学会行进间运球
	传球	初步学会双手胸前传球	传球时手形正确，方向明确
	接球	初步学会接球方法	能判断来球方向，并能用合理的动作接住来球
足球	颠球	初步学会颠球动作	引球转体，动作连贯
	运球	初步学会运球的基本技术	球不离脚，脚不离球
	传球	初步学会传球的基本动作与技术	用脚内侧、外侧传球，传球部位正确
羽毛球	托球	练习手感	学生托球的能力
	发球	初步学会发高远球的挥拍	挥拍是否正确
	接发球	初步学会接发球	看学生对来球的判断能力及脚步移动的快慢
游戏	集体、趣味性游戏	让学生乐于参加并能与同学协作	学生的积极性以及玩得是否开心
体育知识	乐于学习，向同伴展示学会的简单运动动作，在日常学习和生活中初步具有正确的身体姿势	说出所做简单运动动作的术语，会做简单的组合动作	知道如何在运动中避免危险；知道在安全的环境中运动和游戏；观察并说出同伴进步或成功时的情绪表现；观察并说出同伴退步或失败时的情绪表现
情感价值观	建立和谐的人际关系，具有良好的合作精神和体育道德	体验并说出个人在团体游戏中的感受，与他人合作完成体育活动任务	正确理解体育活动与自尊自信的关系，学会通过体育活动等方法调控情绪，形成克服困难的坚强意志、品质

表 5　四年级基础性体育技能

项目	内容	目标	评价标准
队列	向右看齐，向前看	学会听口令做动作，整齐摆头向右，看齐	动作整齐、一致，队伍整齐。做到快、静、齐
	四列横队变两列横队	学会听口令变换队伍	动作整齐、一致。做到快、静、齐
	四路纵队齐步走	学会听口令齐步走与立定	做到脚步一致，动作整齐
田径	50 米快速跑	培养跑的正确姿势，发展快速跑的能力	男生 9.5 秒 女生 9.9 秒
	30 米迎面接力跑	进一步掌握迎面接力交接棒技术	每一位学生都会熟练地交接棒
	上步投掷垒球（250 克）	学会上步投掷垒球的方法，发展上肢力量	男生 21.6 米 女生 12.6 米
	蹲踞式跳远	学会蹲踞式跳远的助跑、起跳、空中姿势和落地四个技术环节，发展下肢力量	男生 2.70 米 女生 2.40 米
技巧	连续前滚翻	学会连续前滚翻的动作要领。做到姿势正确，动作轻松、自然、协调、优美	男生 75 分 女生 75 分
篮球	原地运球	学会并掌握技术要领	每分钟 100 次以上
	原地胸前传接球	学会并掌握技术要领	10 次传球、接球准确 6 个以上
	行进间直线运球（15 米往返运球）	学会并掌握技术要领	男生 12 秒 女生 15 秒
足球	脚内侧传球	初步学习脚内侧传球技术	两人一组传球 5 次
	脚内侧接球	初步学习脚内侧接球技术	两人一组接球 5 次
	小足球比赛	学会足球比赛的简单规则	能够说出简单的比赛规则

项目	内容	目标	评价标准
羽毛球	握拍、挥拍	初步学习挥拍动作	挥拍自然，动作协调
	发球	学会发高远球	发球5次
	规则	学习简单的比赛规则	能够说出比赛的简单规则
游戏	跑的游戏：叫号追逐、贴药膏、障碍跑接力赛	学会几种游戏，发展快速奔跑、跳跃的能力，发展上肢力量	能够与同学一起共同完成游戏，了解游戏的作用
	投掷游戏：打龙尾、炸碉堡		
	球类游戏：运球接力赛、抢截球、投活动篮		
体育知识	运动安全小常识	培养学生自我保护的能力，用安全的方法运动，及时处理简单的运动创伤	对安全和不安全行为能作出区分，能够完成几种简单的运动创伤的处理
情感价值观	遵守体育比赛的规则	教导学生遵守各种比赛规则	能够自觉在各项比赛、游戏中遵守规则
	饮食、体育锻炼对控制体重的作用	学会正确的饮食与正确的锻炼方法	能够说出正确的饮食、锻炼与体重的关系
	建立自信，学会团结互助	培养学生的自信心，学会与同学协作	能够在各种练习、比赛中树立信心，能够与其他同学团结协作

表6　五年级基础性体育技能

项目	内容	目标	评价标准
队列	三面转法	熟练掌握正确的转法	熟练掌握正确的转法
	齐步走，立定	熟练掌握正确的动作	熟练掌握正确的动作
	队形变化	熟练掌握正确的方法	熟练掌握正确的方法

项目	内容	目标	评价标准
田径	400 米跑	熟练掌握正确的跑步动作及呼吸方法	男生 1.4 秒 女生 1.5 秒
	跨越式跳高	熟练掌握正确的起跳过杆及落地方法	男生 85 厘米 女生 80 厘米
	前抛实心球	熟练掌握正确的用力方法	男生 4 米 女生 3.5 米
	蹲距式起跑	熟练掌握正确的助跑、起跳、腾空、落地的技术动作	男生 2.8 米 女生 2.5 米
技巧	肩肘倒立	熟练掌握正确的技术动作	完成动作质量好，姿势正确，动作轻松、自然、协调、优美
篮球	行进间运球	熟练掌握行进间高、低运球的技术动作	动作质量好，姿势正确，动作轻松、协调
	双手胸前投篮	熟练掌握和运用正确的双手胸前投篮技术	动作质量好，姿势正确，动作轻松、协调，能在比赛中正确运用
	运球急停投篮	熟练掌握和运用正确的运球急停的投篮技术	动作质量好，姿势正确，动作轻松、协调，能在比赛中正确运用
足球	脚背正面运球	熟练掌握正确的脚背正面运球的技术动作	动作质量好，姿势正确，动作轻松、协调，能在比赛中正确运用
	脚背正面射门	熟练掌握正确的脚背正面射门技术动作	动作质量好，姿势正确，动作轻松、协调，能在比赛中正确运用
	脚背内侧传球	熟练掌握正确的脚背内侧传球技术动作	动作质量好，姿势正确，动作轻松、协调，能在比赛中正确运用

续表

项目	内容	目标	评价标准
羽毛球	正确的握拍姿势	掌握正确的正反手握拍姿势	姿势正确，动作轻松、协调，能在比赛中正确运用
	发后场高远球	掌握正确的发后场高远球的技术动作及用力方法	姿势正确，动作轻松、协调，能在比赛中正确运用
体育知识	练习运动项目的术语	了解掌握所学运动项目的基本术语	能说出所学运动项目的基本术语并理解
	安全的运动方法	说出不同环境中可能面临的危险和避免方法	了解掌握安全的运动方法，如穿着合适的服装运动，跳跃时用正确的姿势着地，摔倒时的自我保护方法
心理健康	克服困难的意志品质	敢于进行难度较大的体育活动	在教师的指导下敢于做未曾完成的动作和有一定难度的动作
	团结互助的意志品质	在比赛和游戏中加强同学之间团结互助的优良品质	在比赛和游戏中能体现出同学之间团结互助的优良品质

表 7　六年级基础性体育技能

项目	内容	目标	评价标准
队列	向后转，向左转，向右转	向左看齐，向右看齐	动作整齐
田径	站立式起跑	知道所学项目的动作术语，并能初步掌握所学的运动技能	能正确运用
	短跑（50 米）		男生 9.5 秒 女生 9.8 秒
	跳远		男生 2.89 米 女生 2.34 米
	投掷实心球		男生 5.7 米 女生 5.0 米
技巧	前滚翻	熟练运用	掌握正确的动作

续表

项目	内容	目标	评价标准
篮球	双手胸前投篮	熟练运用	正确掌握其中一种动作
	单手肩上投篮	熟练运用	
	行进间上篮	熟练运用	能在比赛中运用
足球	脚背外侧传、运球	熟练运用	掌握正确的动作
	脚背内侧踢球、射门	熟练运用	掌握正确的动作
羽毛球	发球（正手发高远球）	熟练运用	掌握正确的动作
	击球（正手击高远球）	熟练运用	掌握正确的动作
游戏	各种发展身体素质的游戏	掌握2～3种方法	能正确地运用
体育知识	有关所学运动项目的体育知识	能大概掌握所学运动项目的有关知识	在实践中能够较好地运用
心理健康		良好的心理素质	心理、身体健康

3.划分学时，保证学生"一专多能"体育技能的形成

一、二年级主要以培养学生的体育兴趣为主，在原有课时的基础上，提高了跑、跳、投所占的比例。

表8 小学一、二年级（全年）

教学内容和时数			全年时数	第一学期	第二学期
小篮球、小足球			10	5	5
体验性内容	活动方法及实用技能	走和跑	20	10	10
		跳跃	20	10	10
		投掷	20	10	10
		跳绳	10	5	5
		基本体操和队列	10	5	5
	运动参与（游戏）		20	10	10
延伸性内容	技巧		10	5	5
	武术		40	20	20
合　计			160	80	80

三、四年级增设了乒乓球和羽毛球，这一阶段为培养兴趣打基础，发现体育苗子，进行初步的体育技能训练和身体素质训练。

表9　小学三、四年级（全年）

教学内容和时数			全年时数	第一学期	第二学期
		足球	10	5	5
体验性内容	活动方法及实用技能	走和跑	10	5	5
		跳跃	10	5	5
		投掷	10	5	5
		篮球	10	5	5
		基本体操和队列	5	3	2
		乒乓球、羽毛球	15	7	8
延伸性内容		技巧	10	5	5
		武术	40	20	20
合　　计			120	60	60

五、六年级以球类运动为侧重点，同时还要注重田径专项项目的训练，这一阶段主要是提高体育技能，掌握比赛的规则和战术，提高成绩，为校争光。

表10　小学五、六年级（全年）

教学内容和时数			全年时数	第一学期	第二学期
		足球	10	5	5
体验性内容	活动方法及实用技能	跑	5	3	2
		跳跃	10	5	5
		投掷	10	5	5
		篮球	20	10	10
		乒乓球	5	3	2
		羽毛球	15	7	8
延伸性内容		技巧	5	3	2
		武术	40	20	20
合　　计			120	61	59

4. 活动课作辅助和补充，团队训练作为提高和延伸

表 11

教师	项目	学时	训练人数	目标
吴继承 余漾	篮球	60	15 至 25 人	（1）掌握基本的篮球技能与技巧 （2）校内外的比赛取得较好成绩
席勇 叶利琴	足球	60	15 至 25 人	提高技能，广州市市长杯进入决赛
喻素玲 李春魁	乒乓球	60	15 至 25 人	（1）掌握基本的技能与技巧 （2）校内外的比赛取得较好成绩
崔晓	网球	60	15 至 25 人	培养特长生，提高其运动水平
许璋国	田径	60	15 至 25 人	发展学生的身体素质，提高田径竞技水平，比赛中取得好成绩
袁宁海	武术	60	15 至 25 人	培养学生对武术的兴趣，培育更多、更优秀的武术苗子，参加校外的各项武术比赛及表演

四、督导检查

按照学校的统一部署，在学校教研室、教学处的领导下，组建由教研组长、备课组长为负责人的重点学科建设领导小组，每年从教研室至备课组从上而下进行督导、评估，每月从备课组至学校教研室自下而上进行教学常规检查，每两周进行一次教研例会，督促各年级完成教学工作任务，保证教学、训练计划的实施，制定有效的激励措施和运行机制。

思想政治课初高中衔接调查与研究

廖志妮

教政治学科，刚接手高一新生的教师无不为学生的"为什么"感到头痛。"以前我们开卷，为什么现在要闭卷？""为什么以前可以看书回答，现在你要我们背下来？""为什么以前一个单元都没有几个知识点，现在一节课就那么多？""为什么以前都没有不定项选择题，现在要有？"……诸如此类，简直就是"十万个为什么"。其实，这些疑问，反映出来的都是学生从初中升入高中之后对政治课的不适应。这"十万个为什么"与其说是疑问，不如说是遇到困难之后的抱怨、抗拒。由于没有顺利实现初高中的衔接，不少学生出现了成绩倒退、分化的现象。不少高中教师反映，学生在学习习惯、学习能力等方面都与高中政治学科要求其具备的素养之间差距过大。不管是教还是学，都由于衔接不畅而面临困难。

本文针对这一问题，围绕基本情况、学习动力、学习方法、学习习惯四个方面设计了 17 个调查问题，笔者采用问卷调查和口头访谈相结合的方法，对初三年级、高一年级的部分学生和教师展开了调查。其中，调查问卷在初三年级发放 190 份，收回有效问卷 160 份；在高一年级发放 230 份，收回有效问卷 212 份。

部分调查结果如下：

表1 高一学生适应高中政治学科学习所需时间

不到半个学期	半个学期到一个学期	一个学期	超过一个学期
26%	67%	4%	3%

表2 高一学生对高中政治学科课堂教学的看法

知识点多，内容抽象，难以接受	知识重复次数少，不易掌握	课堂交流比初中少	师生合作充分，民主氛围浓厚
42%	40%	7%	11%

表3　高一学生对高中政治学科学习难点的看法

知识点多，记忆困难	内容抽象，理论性强，课上听不懂	就算课上听懂也不会做题	同一知识点很少重复讲解
57%	15%	17%	11%

从表1看，70%以上的学生适应高中政治学科学习所需的时间超过半个学期，3%的学生甚至超过一个学期。对于宝贵的高中三年学习时间来说，要半个学期甚至更长时间来适应，这时间成本无疑是非常"昂贵"的。而不适应之处，从表2和表3看，学生集中反映在记忆的要求上。就记忆规律来说，高中学生处于理解记忆的上升期，知识只有在充分理解的前提下才能够有牢固的记忆，但高一所学知识和初三相比，容量大、难度高，每周只有2个课时，且知识点重复次数有限，理解起来更为困难。同时，学生还处在机械记忆水平的下降期，广州市中考在政治科目的考试形式上对问答题部分采用了开卷的方式，因而要求识记的内容较少，有调查显示，超过81%的初三学生最主要的学习动力在于"应对中考的需要"，没有用更高的要求来增强自己的记忆力也就不足为奇了。

表4　学生面对作业中的难题的态度

独立思考，一定要完成	作业不多就做做，作业多就算了	以前想了也做不对，不如看看同学的	空白，等教师评讲
35%	47%	10%	8%

从表4中可以看到，虽然有35%的学生钻研精神可嘉，表示会独立思考，务必完成，但是"看情况"的高达47%，抄作业的有10%，消极等待的也有8%。学习作为一项主观能动性极强的活动，学生一旦处于消极被动的状态，各方面的潜能就难以被激发，其中也包括学生的理解和记忆能力。

而学习方法方面，在"你自己有什么独到的学习方法"的调查中，只有21%的学生有符合自己的学习特点并且效果不错的学习方法，79%的学生只是按照教师的要求去做。学生平时采用了哪些学习方法呢？

表5　在政治课堂上喜欢的学习方式

主要靠自己独立思考，教师适当点拨即可	主要听教师讲解，配合独立思考	完全听教师讲解，课后背诵	我也不知道喜欢哪种方式
11%	62%	11%	16%

表6　对合作探究、自主学习等方式的评价

没有尝试过	难度太大，很难参与，多数处于"观众"的角色	尝试过，收获不大，还是更喜欢听教师讲授	能够提高我的能力，对我的帮助很大，比教师讲授更好
29%	15%	54%	2%

由表5、表6可知，学生对于合作探究、自主学习等方式的认可度并不高，"听教师讲解，配合独立思考"是最受学生推崇的学习方式，比例高达62%。课堂上，教师的讲解固然是十分重要的，但当这一方式成为学生的首选时，也正反映了学生在思维的主动性方面并不积极。无论哪一学科，知识的生成和获得都是在师生的合作中达成的，而在调查中，有54%的学生表示尝试过后还是更倾向于选择听教师讲解。学生对合作学习、探究式学习和自主学习等方式的看法应当引起我们的思考。新课程标准倡导学生"主动参与、乐于探究、勤于动手，培养学生搜集和处理信息的能力、获取新知识的能力、分析和解决问题的能力以及交流与合作的能力"。为什么学生没有将对娱乐新闻的热情"移情"到学习和钻研之中呢？孔子在《论语·雍也第六》中说："知之者不如好之者，好之者不如乐之者。"学生只有对知识产生兴趣，不以为苦，反以为乐，才能获得更渊博的知识。如果学生只是为短期目标而学习，缺乏长远驱动力和对知识的好奇心，也谈不上对合作探究、自主学习等学习方式的认可了。要改变这一现象，所需要的不仅仅是教师的努力，家长的观念和努力也是非常重要的。

表7　学生对所学知识的复习周期

当天晚自习及时复习	到了周末一起复习	等到考试前再复习	从不复习
13%	26%	51%	1%

在学习习惯上来看，不少学生没有很好地遵循和利用科学的学习规律。根据艾宾浩斯记忆曲线，24 小时之内既是遗忘的高峰期（如果不及时复习，将遗忘 75%～80% 的信息），也是记忆的黄金时间（如果及时复习，一天后能保留近 98% 的信息，一周后仍能保持 86%）。但受调查学生中只有 13% 能在"黄金时间"内及时巩固，这反映出学生对课后及时巩固和消化知识的重要性认识不足，其引起的后果正如在访谈中高中任课教师所反映的那样，"学生知识零乱，新知识快速遗忘，谈不上理解与运用"。事实上，学生即便在周末或者考前进行复习，仍不能避免陷入"学了就忘，忘了再学，再学再忘"的模式，其导致的结果是学生在学习上周而复始、原地踏步，甚至形成了"学了也不会"的错误印象，使学生学习的自信心与积极性受到打击，对政治学科知识越来越抗拒。

综合本次调查结果，初中学生升入高一年级，在心理、知识准备、学习方法、学习习惯、学习兴趣与动机激发等方面都不同程度地存在问题。要解决这些问题，我们需要针对学生的内因和初中、高中政治学科学习要求与学习方式衔接欠妥构成的外因双管齐下。就外因来说，由于笔者没有从事高中教学的经验，对于高中教学在衔接方面的建议，主要来自对多位资深高中教师的访谈。

建议一：多了解初中教材。只有知道学生在初中阶段学过什么、没有学过什么，才能够在宝贵的每周 80 分钟时间内做到"抓大放小"，提高效率。比如，在高一阶段所学的经济常识中，就出现了许多初中阶段人教版的现行教材里没有涉及的知识和概念。如果教师没有对这些内容进行"补课"，学生无疑会对高一的教材内容感觉艰深。学习好比登山，坡度太陡、路况艰难都容易使登山者打退堂鼓。

建议二：多了解高一学生。正如不少学生在刚刚进入初一时会困惑为什么以前小学时轻轻松松拿高分甚至满分，上了中学想拿满分却难上加难一样，学生进入高一，也同样面临学习能力和心理的双重挑战。近年来，初中阶段学生的中考平均分都在 70 分以上，甚至接近 80 分，个人成绩达到 80 分以上的学生数不胜数。而进入高中之后，学生怀着对新阶段的向往，觉得自己已经付出了很大的努力，可是成绩却比以前低，因而容易产生挫折感，影响学习的主动性。这时候，教师如果能够在传道、授业、解惑之外，成为学生的"精神导师"，在必要的时刻给予学生支持和鼓励，培养学生面对困难时不轻言放弃的精神，无疑对学生度过"登山"的困难期有着举足轻重的作用。除了了解学生的心理状态，教师还需要了解学生的学习能力。对于初中阶段储备能力有所欠缺的学生，要适当降低其"登山"的"坡度"，或是为其提供"登山梯"，在学习目标上要由易到难，并给予学生更多学法上的指导，这些做法都能够帮助学生更好地实现初中到高中的衔接。

要享受"登山"的乐趣，选择合适的"山峰""山脉"固然重要，但更重要的还是扎扎实实增强"登山者"的"体能"和"登山技巧"。实现这一目标，在初中阶段是大有可为的。初中阶段，特别是初一、初二阶段，课堂教学知识容量小，课时充裕，可以在学生的学习动机、学习习惯、学习方式等方面帮助学生登上更高的平台。

根据前文所述，目前大部分初中学生的学习动机停留在短期的考试，对自身的要求也仅仅是达到中考的要求即可。而广州市中考中政治学科的问答题部分采用开卷答题的形式，不少学生的理解是"知识不需要记忆，考试的时候只要把课本带进考场就可以取得满意的成绩"。但事实上，一方面，中考试题越来越生活化、灵活化，如果学生没有对知识的牢固记忆和充分理解，即便翻阅课本也往往是答非所问，"抄得多，得分少"；另一方面，由于忽略记忆力的锻炼，导致学生记忆水平不高，而高中阶段考试又采用全闭卷答题的形式，加之知识量骤增，难度加大，学生就会对高中学习难以适应。那么，该如何在初中阶段提高"登山者"的"体能"呢？

表8　初三学生对初中阶段采用全闭卷形式考试的看法

没有任何影响	我会用更多时间培养自己的记忆习惯，提高记忆水平	我会用更多时间提高自己的答题能力	从初一开始就学习困难
20%	40%	34%	6%

表9　高一学生对初中阶段采用全闭卷形式考试的看法

没有任何影响	我会用更多时间培养自己的记忆习惯，提高记忆水平	我会用更多时间提高自己的答题能力	从初一开始就学习困难
16%	57%	21%	6%

建议一：初中阶段采用闭卷的考试形式。从表8、表9反映的信息看，高一学生认可初中阶段采用闭卷形式的学生比例有所上升，认为这一形式能够起到"我会用更多时间培养自己的记忆习惯，提高记忆水平"的效果，这一调查结果和表3中57%的高一学生反映学习困难在于记忆的困难惊人的一致，这不能不引起我们的思考。

建议二：培养学生科学的学习习惯。英国作家萨克雷说："播种一种行为，收获一种习惯；播种一种习惯，收获一种性格；播种一种性格，收获一种命运。"行为的播种，始于幼儿期，初中阶段虽然已经不是培养良好学习习惯的最佳时期，但"亡羊补牢，时犹未晚"。教师可以充分利用初中阶段课时较为充裕的有利条件，培养学生独立思考的习惯、"今日事，今日毕"的习惯、遇到难题不轻言放弃的习惯。这些良好习惯的作用，虽然未必马上体现在该学期、该学年的考试成绩中，却能够让学生在高中学习甚至终身学习与工作、生活中获益良多，这也是教育的目的。

建议三：提高学生的学习能力。新课标对培养学生的搜集和处理信息的能力、获取新知识的能力、分析和解决问题的能力以及交流与合作的能力高度重视，而这些能力的培养在知识容量较小、学生较为活跃的初中阶段有着主观和客观两方面的有利条件。例如，在课堂上教师可以通过小组合作培养学生的交流与协作能力；通过选择学生力所能及的内容，由学生利用周末时间进行资料的搜集和整理，担当"小老师"，培养学生搜集和处理信息的能力、获取新知识的能力和表达能力。另外，当教材相对浅显时，教师还可以引导学生浏览教材、细读教材，在这一过程中培养学生基本的理解和推测能力。

建议四：激发学生的学习动机。学生的学习动机和原有的知识基础有关，和学习目标是否恰当有关，和自控力、学习责任感有关。有些智商高而学习散漫的学生能够在初中阶段凭着"小聪明"取得不错的学习成绩，但是在高中阶段，则会因为自己缺乏目标、缺乏自制力和责任感而成绩下滑。根据耶克斯-多德森定律，当难度水平在50%时，参与者能够获得最佳的动力水平。因此，在初中阶段，教师不妨通过制订难度适中的目标和奖惩机制激发学生学习的内在动力和荣誉感，让学生体验学习的乐趣，为学习提供强大而持久的动力。

总之，只要我们能够同心协力、海纳百川，综合运用各种科学方法，就一定能够帮助学生攀上人生新的"高峰"，为学生的发展提速，让学生成就更优秀的自我，实现广外外校的办学目标。

附录：广外外校思想政治课学习衔接情况调查问卷

各位同学：

为了解我校学生思想政治学科初中到高中阶段的学习衔接情况，以便帮助学生降低高中学习适应的难度，促进学生顺利成长，特开展此次调查。

本次调查严格按照《统计法》的要求进行，无需填写姓名，只需根据自身情况如实填写本问卷即可。你的参与将为更多学生的学习阶段过渡提供帮助。

衷心感谢你的支持与协助！

你所在的年级是：A. 初三　　　　B. 高一

1. 你在初三阶段的学习动力最主要的是：

A. 应对中考的需要

B. 为高中阶段的学习打下更好的基础

C. 满足父母的期望

D. 提升综合素质，是考试之外的自我成长的需要

2. 你认为目前所学思想政治学科内容的难度：

A. 非常困难

B. 比较困难，但经努力可以学得很好

C. 适度，稍加努力就能学好

D. 难度很小，不用努力也能学好

3. 你认为学好目前知识最重要的方式是：

A. 积极背诵　　B. 加强理解　　C. 多做习题　　D. 做好笔记

4. 你认为初三所学思想政治学科内容的难度：

A. 比较简单　　B. 难度适中　　C. 比较困难　　D. 非常困难

5. 你认为学好知识最重要的方式是：

A. 积极背诵　　B. 加强理解　　C. 多做习题　　D. 做好笔记

如果你是高中学生，请回答：

6. 你认为初三所学内容和现阶段所学内容之间的关系：

A. 没有联系

B. 有联系，但不多

C. 内容一致，但难度稍有增加

D. 内容一致，但难度加大很多

7. 与初中相比，你认为高中思想政治课堂的最大特点是：

A. 知识点多，内容抽象，难以接受

B. 知识重复次数少，不易掌握

C. 课堂交流比初中少

D. 师生合作充分，民主氛围浓厚

8. 在高中学习中，最大的难度在于：

A. 知识点多，记忆困难

B. 内容抽象，理论性强，课上听不懂

C. 就算课上听懂也不会做题

D. 同一知识点很少重复讲解

9. 适应高中政治学科的学习，你需要的时间是：

A. 不到半个学期

B. 半个学期到一个学期

C. 一个学期

D. 超过一个学期

10. 在下一阶段学习中，你希望：

A. 有更多时间做好课前预习

B. 有更多时间加强记忆

C. 有更多时间提高答题能力

D. 更多关注社会，学以致用

11. 如果对低年级同学提供学习建议，你认为哪些是有效的：（可多选）

A. 扩大知识面，健全对社会的认知

B. 养成严谨记忆的习惯，减少衔接困难

C. 提高思维能力，因为这是贯穿整个学习过程的

D. 请私人家教或者参加课外补课

12. 一般情况下，对于当天所学的知识，你的复习时间是：

A. 当天晚自习及时复习

B. 到了周末一起复习

C. 等到考试前再复习

D. 从不复习

13. 遇到作业困难的情况，你的做法是：

A. 独立思考，一定要完成

B. 作业不多就做做，作业多就算了

C. 以前想了也做不对，不如看看同学的

D. 空白，等教师评讲

14. 你认为如果初中阶段采用闭卷的考试方式，那对高中学习的影响会是：

A. 没有任何影响

B. 我会用更多时间培养自己的记忆习惯，提高记忆水平

C. 我会用更多时间提高自己的答题能力

D. 从初一开始就学习困难

15. 在思想政治课堂上，你喜欢的学习方式是：

A. 主要靠自己独立思考，教师适当点拨即可

B. 主要听教师讲解，配合独立思考

C. 完全听教师讲解，课后背诵

D. 我也不知道喜欢哪种方式

16. 对于合作探究、自主学习这种学习方式，你的情况是：

A. 没有尝试过

B. 难度太大，很难参与，多数处于"观众"的角色

C. 尝试过，收获不大，还是更喜欢听教师讲授

D. 能够提高我的能力，对我的帮助很大，比教师讲授更好

17. 在本学科中，你自己有什么独到的学习方法吗？

A. 没有，教师怎么要求我怎么做

B. 没有，教师的要求我已经无法达到了

C. 有，效果不怎么好

D. 有，效果很好

如果在上题中，你的情况为"D"，请简单介绍一下你的学习方法：

_____

_____

再次感谢你的参与与支持！

小学生习作"六步评析法"

项恒鹏

不知从何时起,"精批细改,全批全改"成了语文教师习作评析的尺码。几十本作文交上来,教师要抓紧时间批改,字字琢磨,句句推敲,作文本上画满了红线、红圈。然而,学生却不领情,作文本发下来,有的学生还会看上一眼,有的学生则直接就扔在一边,教师的一番心血随即付之东流。

"善歌者使人继其声,善教者使人继其志。"在平时作文评析中,我粗浅地尝试了"六步评析法",即"激思自评—示范选评—赏析互评—推优组评—悟得班评—深度自改"。改变了以往"先改后评"的滞后做法,自始至终贯彻"先评后改"思路,强调学生对作文语言阅读的直觉和感悟,让学生把握习作评析的要求,禁写笼统抽象的套话空话,不设条条框框,学生可自由发挥、创造,写出独具个性的评语,以读悟写,以评促写。

一、激思自评

"今天,老师要问你们一个超级难的问题,需要发挥你们天才般的奇思妙想,请看题!""这幅美丽的画卷给你带来什么样的体会?""下面,我们慢慢地闭上眼睛,听一段美妙的音乐。""有一段精彩的视频在与我们约会,请看大屏幕!"通过与本次作文有密切关联的一个有趣的问题、一幅美丽的画卷、一段美妙的音乐、一段精彩的视频等学生喜闻乐见的形式,让学生获得眼前一亮、精神一振、耳目一新的冲击力,激发了学生评析的兴趣与欲望。此时,教师应因势利导,温馨提示学生当自己所写文章的第一位读者,朗读自己的习作,拿起手中的红笔,把错漏的地方悄悄地改过来。"通过刚才的'思维体操',你受到了什么样的启示?获得了怎样的灵感?如何拓展了思维?还有哪些意外的收获?请快速为你的文章增添一些精彩、生动之处,并为自己的文章定个级别吧!"让学生在写作提纲下面写上自评级别,级别有金奖、银奖、铜奖。

如果在自评环节中，学生没有能力达到更深层的评析，或处于欲言而无法准确表达的状态时，就需要主动寻求"外智"，即学生的"激思自评"环节已经变成了一种由教师点化的"示范选评"活动。

二、示范选评

所谓"示范"可分为两个层次，即选出局部有亮点的优秀习作和整篇文章都优秀的榜样之作。选评这两大类学生习作的目的，是让学生在接下来的评析中"评有尺度，议有分寸，改有方向"。选评时，要把握好两个层面，第一是技术性层面——让学生学会用修改符号修改习作（错别字、病句、标点、格式等），应有严格细致的规定，圈点批注按统一的符号进行。第二是文学层面——针对本次习作要求写评语。例如，合格习作要求——想象要丰富、合理，内容新颖奇特；内容要具体，抓住事物的特点，用一些修辞手法；要写得有趣，语句要通顺，没有语病。优秀习作要求——叙述有顺序，取材很新颖，表达有个性。选出两大类型的优秀习作，教师进行现场示范点评（包括旁批、总评等）。提示学生，禁写笼统抽象的套话空话，强调学生对作文的阅读直觉和语感，并引导学生在此基础上进行理性分析，形成"评析语言"。

三、赏析互评

互评是"六步评析法"中最关键的一步。学生在互评时，教师要及时巡视指导。在实际教学中，小技巧特别多，教师要依时依境灵活决断，了然无痕地参与其中而又不干涉学生的自主权。总之，教师要有足够多的"方法"把学生"扶上马"，再"送一程"。

我针对互评这个环节编了一个顺口溜："快读错字病句消，慢读标划旁批巧。细读全文总评妙，凤头豹尾中熊腰。"这样，学生通过"一次快读、一次慢读、一次细读"三次阅读，一篇习作就批改好了。一次快读，解决了习作语言的规范性问题，让学生在"快读"中运用"删除符号""替代符号"

"调换符号"等修改符号，订正习作中的错别字，修改病句，让习作的语言规范起来。一次慢读，体现了个性化欣赏，评改人把习作中的好词佳句找出来，教师要告诉学生标词的小技巧，例如，标词犹如"风火轮"，在好词的底下连圈几个小圈；画句不要"惊涛骇浪"，只要"微波粼粼"，发现了佳句，就在句子下面划上匀称的波浪线，力求美观。写旁批时，教师要鼓励学生发散思维，留下自己独特的感悟、独到的见解，并力求真实和个性化。这里也有一些小技巧，例如，倡议一篇习作中旁批不得少于 5 处，其中两处旁批不得少于 20 字，避免了个别评改人的偷懒行为。一次细读，要求从大处着眼，从小处着手，写出纵览全文的有点、有线、有面的总评（尾批）来。这样，通过个人互评赏析，让学生充分发挥自主权，人人都是评价者，人人的作品都被别人评价。

四、推优组评

一个人的眼界是有限的，"兼听则明，偏信则暗"。为了公平、公正地在小组中推荐出优秀习作，人人都有推荐权，人人都来做"伯乐"。每名学生都把自己的作文交给小组内其他同学看一看，让同学提出宝贵的意见；自己也欣赏一下同学的作文，看看有哪些可借鉴之处。确定小组及中心发言人，四五个人为一组，小组交叉批改，然后每组选出 1～2 篇有代表性的作文向全班推荐，并由中心发言人阐述评析意见。选择优秀作文的标准，从十个方面入手：一看格式是否正确；二看文面是否整洁；三看有无错别字；四看有无病句；五看标点有无明显错误；六看文章中心是否鲜明集中；七看选材是否围绕中心、是否符合生活实际、是否具有典型性；八看文章结构层次是否清晰，过渡是否自然，开头和结尾是否照应；九看表达方式是否恰当；十看语言是否简练准确、生动形象。推荐精彩佳作或片段，全班同学共同赏析，评奖项。评语就是最好的颁奖词，获奖者本人全班诵读作品。因课堂时间有限，现场诵读 1～2 篇，其他优秀习作复印后挂在教室的"文学园地"中，供大家赏析。通过小组评析，以小组的形式交流、互相借鉴、互相提高，形成积极"评析鉴赏"的氛围，推荐优秀作品在全班诵读，让学生受到感染。

"佳作好成，知音难觅。"每一件作品都是小作者自己最心爱的宝贝。在这个组评环节，我通常会设置两个奖项，即"创作奖"和"伯乐奖"。推荐出来的优秀习作被授予"创作奖"，精彩中肯的评语被授予"伯乐奖"。每堂作文评析课，"推优组评"环节都能把课堂氛围推向高潮。每一次作文批改，都使程度不同的学生有所收获。差的作文可以"改重于评"，尽量保留作文的主要内容；好的作文可以"评重于改"，用热情的语言指出写得好的地方，扬其所长。教师要恰当掌握介入的时机，要让气氛热烈的课堂迅速安静下来，也有一些小技巧，找一些关于评析的名言，如"两句三年得，一吟双泪流""他山之石，可以攻玉""吟安一个字，捻断数茎须""笔落惊风雨，诗成泣鬼神""精神到处文章老，学问深时意气平"，等等。教师说上句，学生对下句，只要对上三两句，课堂就会迅速安静下来，为顺利进入下一个环节做好铺垫。

五、悟得班评

通过悟谈收获、总结、回顾本节课的所得，回想一下本节课我们学习了哪些内容（可以通过浏览幻灯片上的内容进行回顾），让学生自由谈一谈在本节课有哪些收获。采访几位获奖的学生，听听学生们有什么获奖感言。例如，在文章结构上有收获的同学，学会了怎样写好开头、结尾等。如果把开头比作小而美的"凤头"，那么结尾就是短小精悍的"豹尾"；如果把开头比作一声爆竹炸响，那么结尾就如古寺的"撞钟"，余音绕梁；如果把好的开头比作向我们款款走来"一见钟情"的美，那么结尾就是她背影远去时"回眸一笑"的美。可以多方面、多角度地谈，让其他同学也受到启发。

六、深度自改

"文章不厌百回改。"学生深度自改是一种较高层次的写作能力。通过"自评""范评""互评""组评""班评"五个步骤，让学生细读评语，听取同学提出的合理化修改意见，深度修改自己的习作，养成修改作文的良好习惯，在自我修改和相互修改的过程中提高写作能力。教师也要做好反馈评析的活动，及时指出深度自改中存在的优缺点，使学生习作评析逐步走向自主规范的新台阶。

小学英语听力的学习障碍及应对策略

杨 洁

　　小学生的听力理解受他们拥有的词汇量、英语阅读能力及母语思维等诸多因素影响，因此，在英语听力训练中，我们必须引导学生突破语音、语义、心理及文化理解等方面的障碍，通过预测、猜测、抓全文中心思想、听说并进及丰富语言输入等有效策略来提高学生的英语听力水平。

　　我校六年级采用的是广州新版英语教材《Success with English》中的初中一年级上册，这套教材对听力要求较高，也对教师和学生提出了新的挑战。在小学与初中衔接阶段，我们应该努力提高学生的英语听力水平，为学生初中英语的进一步学习和英语综合水平的提高打下良好的基础。在现代英语教学中，听力不仅是重要的语言技能，也是学生学习的难点，一直备受教育界关注。在英语听力训练中，是哪些因素制约了学生英语听力的学习并导致他们学习上的停滞？又普遍存在着哪些听力障碍呢？带着这些问题，笔者对听力教学过程进行了一些研究和探讨，试图揭示其中的奥妙和规律，在英语教学中采取适当的教学策略，不断提高学生的英语听力水平。

一、影响学生听力理解的诸多因素

1. 学生拥有的词汇量

　　也许有人认为，听得越多，听力理解能力越强。不可否认，多听，的确是提高听力理解能力的一种积极手段，但听力水平的高低不完全在于听的次数多少，也不完全在于听的内容长短、难易如何。英语听力水平是一个人英语知识的全面体现，而所有英语知识的基础便是词汇。词汇量在英语学习中起着至关重要的作用，它是一切训练的基础，听力自然也不例外。听力理解中的每一个对话、语段、语篇都是由句子组成，而句子的基本单位正是词或词组。在听的过程中，我们能模仿听到的发音，但如果不掌握一定的词汇量，就无法与其代表的符号——词联系起来，也就无法得知符号代表的事物——意义。因此，从理论上说，词汇量的大小在一个侧面决定了听力理解的程度。

2. 学生的英语阅读能力

阅读能力直接影响着听的能力。阅读对学生来说是一种较大的语言输入来源，它不但增加了学生接触语言的机会，丰富了学生社会文化方面的知识，而且大量的阅读拓宽了学生的词汇量和背景知识量，这三点对听力理解无疑是至关重要的。所以，学生的阅读量越大、质量越高，其英语整体水平也越高，而听的能力正是其英语水平的体现。

3. 学生的记忆能力

听并非是被动消极的，它不是一种单纯的语言信息解码过程，而是一个主动积极地对信息进行认知加工的心理语言过程。心理学家发现，人的记忆力有一个从不稳定到相对稳定的过程，即"遗忘发展的速度是先快后慢"。也就是说，最初获得的信息只有在大脑中停留一段时间并转几个圈后，才不至于很快忘却。所以，学生在听音时，既要让大脑不断吸收、判断和储存信息，又不能让听的过程中断，既要集中精力听，又要注意用心记，只有这样才能更好地理解全文。

4. 学生做听力训练时对书本的依赖性

有的学生在做听力训练时总是离不开书本，或是听前浏览一遍，或是边听边看，以为这样有助于听力理解。结果，离开了文字，还是寸步难行。其实，这样做妨碍了语音、语调等信号与意义建立直接联系，反而不利于听力水平提高的。所以，要提高听力理解能力，就要摆脱对书本的依赖性，集中精力靠听觉而不是视觉去弄懂材料的意义。

5. 学生母语思维的干扰

英美口语的语速有时候是很快的，所以，听者必须有很快的反应能力，要直接用英语来分析、理解材料的意义。如果先把英语译成汉语再理解，就很难跟上原有的语速，顾此失彼，放慢学习进程，反而不利于听力水平的快速提高。所以，要鼓励学生多用英语思维，排除母语思维的干扰。

二、学生在英语听力训练中必须突破的主要障碍

1. 语音障碍

英语语音知识主要包括失去爆破、连读、失音、句子重音及语调等方面的内容。

(1) 失去爆破：Good morning，boys and girls！（Lesson 1）

(2) 连读：get up，wake up，half an hour（Lesson 10）

(3) 失音：A good beginning helps to make a good end.（Lesson 1）

(4) 重音：I can put my shoes on before the bus comes.（Lesson 6）

(5) 语调：Isn't there any sugar？（Lesson 14）

此外，也有英音与美音的差别，例如：grass/a:/（英音）grass/æ/（美音）。对于语音方面的听力障碍，只有做到认真听，注意模仿，用心记忆，并进行纠正，坚持反复训练才能逐渐突破。

2. 语义障碍

语义即整篇听力材料的含义，它需要学生根据已有的语言知识、文化背景知识以及母语知识，并充分利用推测、归纳、分析及概括能力来积极思维，进而理解通篇材料。例如，听文章的题目判定文章的题材，听到开头几句话猜测文章的背景和叙述范围，从第一段的叙述推断其后面情节发展的大致脉络。突破此障碍需在大量听的实践中不断地进行。

3. 心理障碍

听的过程也是个极其复杂的心理过程，听的时候人的情绪状态是影响听力的一个主观因素。当学生不具备良好的听的动机或自信心的时候，他们的注意力往往容易分散，从而干扰听的过程，所以，集中注意力对听力理解起很大的促进作用。教师在帮助学生突破心理障碍时要注意三点：

(1) 训练学生的听力材料要遵循"循序渐进，由浅入深"的原则，即由词的训练到句的训练，再到文章的训练。当然，在更高的层次，可以鼓励学生收看英语广播或英文电视节目。

(2) 听力训练的过程就是练功夫的过程，除了需要科学的方法外，还要鼓励学生培养持之以恒的精神，不能指望一朝一夕就能获得成功。

（3）学生在学习中也许会遇到许多难题，如语速太快、噪音太多等，听得模模糊糊、不知所云。其实，这些都是正常的现象，要鼓励学生在心理上有足够的准备，满怀信心，不至于在遇到困难时手足无措。

4. 文化理解障碍

语言是文化的载体，语言理解离不开对文化的了解，因为语言的核心是语义，而语义直接与一定的社会文化背景相联系。换句话说，一个人的英语听力水平与其知识面的大小有着密切联系。因此，学生课堂学习的各学科知识和课外习得的社会科学、自然科学知识，以及对这些知识的理解能力等，都对听力水平起着关键性的作用。要突破文化理解障碍，就要鼓励学生多读书，扩大知识面。

三、促进学生英语听力水平提高的有效策略

高效听、说的能力不是与生俱来的，需要后天的学习和训练。对一些听力水平相对较高的学生进行调查得知，他们常用的听力方法有以下几种。

1. 预测

预测，也就是通过想象、推理对将要听到的材料预先作出判断，这种方法能有效地发挥个人的主观能动性。例如，当得知将要听到的听力材料的题目是"traveling"时，学生可预先想象自己出门旅游，乘坐某种交通工具，到达某个国家或景点，那里的季节、天气如何，等等。然后在听的过程中再看你的想法同所听的材料有哪些异同，从而达到理解的效果。有关实验表明：把听力水平基本相同的人分成两组，A组听写一篇短文，而B组听写那篇短文打乱后不成文的词汇堆砌，结果B组比A组差了很多。因为B组完全依赖语言信号，而A组根据已知信息对未知的语言材料有了预测。所以，预测对听力理解在一定程度上有很大帮助。

2. 猜测

猜测，即对听到而又一时不理解的语言信号进行合理的推理。由于语言信号的出现都是一现即逝的，有的地方会很快，有的地方会含糊不清，还有些地方夹杂着许多噪音。同时，说话者的口音不同，文化背景和语言表达方式不一样，这些因素也会给听力理解带来极大困难，因此，有时我们就需要

运用自己获得的信息进行快速判断和猜测。例如：当学生听不懂"practices"时，联系上下文"He never practices. He plays the piano very badly."（Lesson 11）便可猜出"practises"就是"练习"的意思。

3. 抓全文中心思想

听的主要目的就是弄懂听力材料的基本思想，所以在听的过程中尽力去理解全文的主要内容是很关键的。因此，我们听的时候就应时刻想着这个问题——"What's the main idea?"边听边寻找答案。如听一篇人物介绍，就要听明白主人公是谁，主要有哪些情节；若听小故事，只要了解故事发生的时间、地点及主要过程就行了。有很多学生存在这样的心理，就是希望把材料中的每个词、每一句话都听懂。结果怎么样呢？由于他们把注意力放在词句上，获得的只是零零碎碎的信息，听完后不知道自己听的是什么内容，抓不住中心思想。而战胜这种心理的唯一办法就是尽力发现材料的内在联系，找出主干，这也是决定一个人的听力水平能否尽快提高的关键所在。

4. 听说并进

"听说"包括两层意思，听为了理解，说为了表达。按照唯物辩证原理，听和说是对立的统一，它们既相互制约，又相互促进和提高。听的能力增强了，为流利而准确的表达创造了良好的条件，而说的能力提高了，又反过来促进听力水平的提高。因此，在练习听力时，也要多讲多说，反复实践。

基于以上方法，在听力教学过程中，我提倡学生通过回答下列几个问题来了解自己是否掌握了听力技巧：

（1）在听某段材料前，你是拿来就听还是根据已知信息尽力预测将要听的内容？

（2）当听得不是很清楚的时候，你是尽力去猜呢，还是马上去查资料？

（3）你是力求听懂每个词、每句话还是理解材料的主要内容？

（4）听完后你能从头到尾复述一遍吗？

实践证明，上述方法取得了较好的效果。通过有针对性地克服听力过程中的各种障碍，学生的听力水平在一定程度上都得到了提高。

5. 丰富语言输入策略

语言教学是教与学双方积极思维，教师根据教学状况不断作出新的决策的创造过程。语言的输入主要靠听和读，丰富的语言材料的输入对学习者提高听、读能力是一个重要策略。具体来说，在听力教学过程中，教师的一个重要任务是广泛收集和选择适合学生且不局限于教材、语言地道、准确的多种听力材料，为学生提供尽量多的接触真实语言的机会，通过大量的听、读活动训练学生的听力技巧。比如，在完成正常教学任务的情况下，教师应要求学生每天安排适当的时间听录音或广播，长期坚持。在课堂教学中，教师尽量为学生提供听力材料，还要注意选材的趣味性，适当控制材料的难易程度，训练中不必要求学生完全听懂所给材料。

总之，要真正掌握一门外语就必须注重听力训练。教师在教学中应采取有效的教学监控手段，根据教学要求和学生自身状态，激发学生的自控机制，注意"授人以渔"，引导学生在学习过程中不断改进学习方法，逐步克服听力训练中的各种障碍，从而不断提高学生的英语听力水平。

【参考文献】

[1] 张大均. 教与学的策略 [M]. 北京：人民教育出版社，2003.

生本与生成
高效教学的两轮驱动

第二辑

生本与生成教学研究

　　在构建"生本·生成"课堂教学模式的过程中，广外外校教师把理念化作信念，把信念化作行动，积极研究国内外优秀的教育教学理念，吸取各家的长处，探讨符合学校实际、有利于学生发展的教学方法。本书第二辑主要内容是广外外校教师对国内外符合"生本·生成"理念的教学方法的研究。

数学教学中学生合作学习能力的培养

余同泽

合作学习是新课程改革倡导的三大学习方式之一，自开展生本教育课改以来，合作学习已成为学生学习的主要方式。合作学习是指学生在小组或团队中，为了完成共同的任务，经历动手实践、自主探索和合作交流的过程，有明确责任分工的相互性学习。21世纪的人才，必须具有合作的能力，才能够在合作中取得成功。目前，我国小学低年级的学生大多是独生子女，在家庭生活中缺少与他人相处和合作的机会，容易形成孤僻、偏激的性格，不利于形成与他友好合作的品质。因此，与人合作，是小学生步入学校和适应社会需要解决的第一个问题。怎样才能使低年级学生的合作学习更有效呢？下面谈谈我在数学课堂教学实践中的一些做法和体会。

一、培养学生良好的个体学习习惯

合作学习，是在学生个体独立探索的基础上展开的学习活动。因此，要引导学生进行小组合作学习，首先要培养学生良好的个体学习习惯。

1. 培养学生"说"的习惯

在教学中加强"说"的训练，培养"说"的习惯，有利于学生学习信息的反馈，能使教师及时掌握学生对问题的理解情况，便于教师有针对性地采取措施，同时，也有利于培养学生的口头表达能力，促进学生的思维发展。

（1）教师运用多种形式，让学生大胆练"说"，让学生有敢说的勇气。班级里，总有一些胆大敢说的学生，也不乏胆小怕言的学生，我时时以敢说者带动、激励怕言者。教学中，对于那些爱探索、肯带头的学生，我都给予及时的表扬："×××同学胆子真大，回答问题时声音真响亮。""×××同学真爱动脑筋。""你说得棒极了。"对于那些不善于发言、怕发言的学生，则投以期待的眼神和鼓励的目光，并给予适当的点拨、适时的引导，增强他

94

们"说"的勇气和信心，只要他们能开口，哪怕声音再轻，说得再离谱，我也会鼓励，让他们感到自己也能说，即使说错也没关系。对于一年级刚入学的学生来说，教师能表扬他、鼓励他，他会觉得非常开心、非常光荣，由此也增加了他们"说"的勇气和信心。

（2）给予"说"的方法，使学生会说。学生虽然有了"说"的兴趣和欲望，可是由于知识和语言表达能力的制约，有的学生想说但不知怎样说，有的学生说起来东扯一句，西拉一句，无法把想说的话很好地用语言表达出来。因此，教师要教给学生"说"的方法，使之在愿说的基础上会说。教师的语言应该是学生的表率。因为儿童具有很强的模仿力，教师的数学语言直接影响着学生的数学语言，而学生的一切思维活动都是依靠语言这一刺激物进行的，学生数学语言的发展又很大程度依赖"说"的能力的发展。因此，教师应从低年级开始，在课堂教学中精心设计问题，用准确的数学语言讲解，以引导学生学"说"，训练学生"说"的条理性。在我们的课堂上，有些学生的回答非常出色、到位，但是有相当一部分学生不会倾听同学的回答，没有好的倾听习惯，结果错过了一次次好的学习机会。因此，我们要告诉学生："三人行必有我师。"同学之间亦有"师"者。倾听他人的回答，不仅是一种礼貌，更是学习他人长处的有效途径。通过一段时间的学"说"训练，学生已具备一定的数学口头语言表达能力，但此时就脱离教师的引导还是不行的，我们从学生课堂中的表达不难发现，学生的语言表达还存在用词不当、句意不连贯等毛病，教师必须给予适当点拨，学生的语言表达才能准确连贯。例如，学过了长方体和正方体的初步知识后，有的学生这样叙述正方体和长方体的关系："正方体是长方体。"这样说就不准确，教师应对"特殊"二字进行点拨，使学生知道正方体是一种特殊的长方体。

（3）辅以"说"的策略，使学生善说。用出声的外部语言表述操作活动，是智力活动形成的五个基本阶段之一。著名教育心理学家皮亚杰认为，儿童的智力来自于动作，而动作的发展取决于生理成熟和物体操作。教师可以在操作中引导学生边操作边口述操作过程，让学生借助语言把思维过程明确、清晰地表达出来。例如，在教学"同样多、多些、少些"时，首先让学生用学具摆一摆，即先摆出 3 个三角形，再摆出和三角形同样多的圆形。许多学生很快摆出 3 个圆形，然后让学生想一想，即启发学生思考刚才摆的过程："你为什么要摆3个圆形？"学生就可借助刚才的动手操作，组织简单的语言："一个对一个地摆就是同样多。""同样多是一样多。""三角形摆3个，圆形摆3个。"这样，使学生的感性认识逐步抽象化，能借助较简单的语言把思维过程表达出来，既理解了"同样多"的含义，也训练了学生的语言表达能力。这种手到、脑到、口到的方法，有助于学生理解和掌握知识，有效地促进了学生在动手操作中语言表达能力的训练，也增强了学生思维能力的培养，达到了数学课的最终目标。

2. 培养学生"听"的习惯

学生的说是以听为起点的。在一年级的数学教学中，要让学生特别是中等生和后进生会说，培养学生良好的"听"的习惯显得尤为重要。认真倾听是良好学习习惯的重要组成部分，也是人与人交往中体现一个人良好修养的重要标志。学生在课堂上认真倾听，倾听教师的讲解，倾听同学的发言，在听的过程中积极主动地参与教学活动，做到多思、多讲、多说，这样，既保证了课堂教学活动的有效进行、活而不乱，又促进了学生健康全面的发展。

（1）培养学生认真倾听教师的讲解的习惯。课堂教学是习惯培养的基本途径，在课堂教学中，教师要引导学生认真倾听教师的讲解。爱学生是教育学生的前提，教师只有爱每一个学生，才能得到学生的尊敬和爱戴，学生才愿意接受教师的指导和帮助。小学阶段的学生年龄小，依赖性强，他们非常渴望教师像妈妈一样爱他们、关心他们，也非常想成为教师眼中的好学生。学生们往往因为喜欢哪位教师，就喜欢听他的课，就喜欢听他的话。所以，在教学中，我努力做到爱每一个学生，关心每一个学生，用亲切的眼神、细微的动作、和蔼的态度、热情的赞语，蹲下身子和学生交流，发现学生的闪光点。当发现学生认真听讲、用心思考、回答或提出各种问题时，我就用真诚的话语鼓励他们，学生们学得非常轻松，认真倾听这个好习惯在不知不觉中得到了培养。数学新教材引入了许多学生们喜爱的卡通形象和童话故事等富有浓郁的生活气息的内容，在教学中，我充分利用教材资源，创设生动有趣的学习情境，激发学生的学习兴趣。在教学一年级下册"愉快的周末"时，我觉得套圈活动中让学生通过观察图直接说出套3个圈最多能得几分，对一年级学生来说是很困难的，因此我设计了套圈游戏，让学生在游戏中去体会，套3个圈最多能得几分，这样学生很快就理解了这个难点，克服了学习中的困难，体验到了成功。学生自信心增强了，注意力集中了，认真倾听的好习惯也培养了。

（2）培养学生认真倾听同学的发言的习惯，提高学生合作交流的能力。课堂上，我根据教学内容，经常组织学生通过竞争，轮流当"小老师"，并大胆放手，让"小老师"给同学们讲课，提出自己的意见，并及时帮助同学纠正错误，并对负责任的"小老师"给予表扬鼓励，这样，既培养了学生的竞争意识，也让学生在帮助其他同学的过程中增强了自信心。在这样的活动中，当"小老师"的同学讲得非常认真，听的同学也非常认真，学生的学习积极性被充分调动起来。小组合作学习营造了和谐民主的课堂氛围，为学生提供了主动参与的机会，使每位学生都有平等的机会在小组中讨论并解决问题。学生在讨论中自由发言，遇到困难时可以请其他同学帮助，学习别人的优点。互学互练、互查互评的活动，让全体学生获得了更多自我表现的机会，思维真正活跃起来。小组合作学习不但可以充分展示每个学生的才能，使不同层次的学生获得不同程度的成功，而且能使学生注意力持久、倾听认真。

（3）实行奖励机制，适时恰当地评价学生。很多学生上课不认真听讲，学习习惯很差，这是由于教师平时只顾完成教学任务，而没有注意强化学生的好习惯。当教师对待上课认真听和不认真听、对待好习惯和不良习惯没有明显差别时，学生的不良习惯就会增多。因此，我在教学中注意观察，及时对好习惯进行鼓励、表扬，给予正强化，对于不良习惯及时给予纠正，必要时还给予适当的惩罚，以促进学生形成良好的学习习惯。

二、培养学生群体合作的学习习惯

进行小组合作学习，还要培养学生群体合作的学习习惯。群体合作指围绕明确的学习要求，共同探究，使每一个学生在完成个人学习目标的同时，通过合作学习实现小组整体目标，达到预期学习要求。通过教学实践，我觉得要培养以下两个学习习惯。

1. 培养组内学生共同探究的习惯

萧伯纳有一句话："你有一个苹果，我有一个苹果，我们彼此交换，每人还是一个苹果；你有一种思想，我有一种思想，我们彼此交换，每人可拥有两种思想。"

新课标指出，有效的数学学习活动不能单纯地依赖模仿与记忆，学生合作交流是学生学习数学的重要方式之一。在数学课堂中开展合作交流，既可营造一种学生参与教学过程的氛围，使学生能够主动思考，主动发表意见，充分发挥认知能动性，又可活跃学生思维，使学生从那些不同的观点和方法中得到启发，从而对问题的理解更丰富和全面，还可弥补教师不能面向每个学生进行教学的不足，通过学生之间的互动，形成知识技能的互补，达到"人人教我，我教人人"的目的。一年级刚入学的新生，他们喜欢按自己的意愿活动，缺乏集体观念和合作精神。因此，在教学过程中，创设合作交流的机会，培养学生合作学习的习惯，对于学习起始阶段的小学生来说显得尤为重要。

新课教学时要鼓励学生在独立思考的基础上共同探究、展开讨论，小组成员各抒己见，让学生享受到合作的乐趣。小组合作学习顺应了素质教育的需要，良好的个体学习习惯和群体合作学习习惯的养成，有利于培养学生的合作意识和交流能力。同学之间的互相启发，使得学生可以通过小组讨论的形式吸收营养，集同学的智慧于一身。而教师让学生分组汇报时，汇报的学生需要把全组的意见加以综合、整理，在这一过程中，学生思维的广阔性、条理性都得到了训练，得到了提高。

2. 培养组内学生相互竞争的习惯

教育心理学研究表明，人的智力因素并不是教育成功的唯一标准，非智力因素和情感也起着不可忽略的作用。教师在课堂上引入竞争机制，培养竞争习惯，既为学生创造了展示自我的机会，也促进了各组学生之间的比、学、赶、超。例如，在教学"十几减 8 时"，我就创设了一个各组之间相互竞争的氛围。

$11-8=3$　　　$12-8=4$　　　$13-8=5$　　　$14-8=6$
$15-8=7$　　　$16-8=8$　　　$17-8=9$　　　$18-8=10$

"观察这 8 个算式，你发现了什么秘密？小组交流，比一比，哪一组发现的秘密多。"教师的话音刚落，情绪高涨的各组学生已围在一起发表自己的看法。各组交流时，小组长们都争着第一个发言，有的组长说组里发现了

3个秘密，有的组长说发现了4个秘密，还有一个组长说发现了5个秘密。于是，我让发现秘密少的组开始汇报。"我们组发现的第一个秘密是减号前面的数一个比一个大1，第二个秘密是减号后面都是8，第三个秘密是算出来的得数也是一个比一个大1。"接着，我请发现4个秘密的小组补充。有的说："我们发现减号后面的数和等号后面的数加起来正好是减号前面的数。"有的说："我们发现当减号后面的数都是8时，减号前面的数越来越大，得数也就越来越大，减号前面的数越来越小，得数也越来越小。"最后，发现5个秘密的小组还补充道："我们发现把减号前面这个数的十位上的1和个位上的数加起来，就是减去8的得数。"交流结束，我先肯定了各组的积极思考，更突出表扬了发现"当减号后面的数都是8时，减号前面的数越来越大，得数也越来越大，减号前面的数越来越小，得数也越来越小"这一秘密的小组。竞争给学生的思维带来了活力，学生们从中了解了有趣的规律，同时也提高了创新热情和创新意识。

小组合作学习顺应了生本教育的需要。良好的个体学习习惯和群体合作学习习惯的养成，有利于培养学生的合作意识和交流能力。"不积跬步，无以至千里。"要使学生养成良好的数学学习习惯，必须从点滴做起，而且养成良好的学习习惯，学生必将终身受益。

【参考文献】

[1] 陶行知．陶行知全集［M］．长沙：湖南教育出版社，1984.

[2] 郭思乐．教育走向生本［M］．北京：人民教育出版社，2001.

[3] 郭思乐．教育激扬生命［M］．北京：人民教育出版社，2007.

[4] 叶澜等．教师角色与教师发展新探［M］．北京：教育科学出版社，2001.

用生本理念呈现物理之美

丁长智

一、对物理的理解

物理学是研究自然界基本规律的科学，它的英文词 physics 来源于希腊文，原意是"自然"，而在中文中，"物"指物质的结构、性质，"理"指物质的运动和变化规律。物理学既是一门实验科学，又是一门具有严密逻辑体系和数学表述、推理的理论科学。物理学从萌芽到近现代的发展，都以它丰富的方法论和科学观以及充满哲理的物理思想影响着人们的思想、观点和方法，因此，物理学又是一门带有方法论性质的科学。中学阶段所学物理知识承载着伽利略、牛顿、爱因斯坦等物理学家几千年的探索精华，不论是初中物理还是高中物理都汇集了力、热、点、光、原等核心内容，力图呈现比较完整的物理知识体系。

从教十多年，笔者逐渐发现物理并不是生硬的概念和规律，不是枯燥、繁杂的运算，其中也有各种令人感动的美。

二、对生本理念的理解

生本理念是"从教材出发转化为从学生出发"。这种新理念正逐步走进校园，走进师生生活。在全新的教育理念下，教师的教学方式和学生的学习方式都发生了很大的变化。课堂上，学生是学习的主人，是主动求知、主动探索的主体；教师是教学过程的组织者和服务者，真正实现教师的教是为学生的学服务，教师教的过程是顺应学生学的过程，教师教的效果是体现学生学的效果。在整个过程中，教师是在用心灵感动心灵，用生命点燃生命，用灵魂唤起灵魂，用智慧培育智慧。

三、探索用生本理念呈现物理之美

笔者清晰地记得，自己读书期间物理成绩并不突出，在初二时还考过全校倒数，在高中期间物理也成绩平平，最后竟然成为一名物理教师。怎么办？回忆当初我学物理之苦，便觉得再也不能让我的学生重蹈覆辙了。于是，我尽心尽力钻研物理学科的教学，逐渐在物理的世界里找到了乐趣，觅得了方法，在物理中发现了很多"美"的元素，现在只要讲起物理就很兴奋。从教之初，我还有一些迷惑：怎么讲如此美的物理竟然还有学生昏昏欲睡？苦口婆心地劝说、罚站、责骂……效果仍不明显。于是，我反思并学习物理大师的教学方法，才逐渐悟到：我只顾自己在课堂上尽情享受，忽视了学生的体验和感受。我呈现在课堂的物理只有晦涩难懂的概念、抽象莫测的规律、繁杂头疼的运算。我眼中那么美的物理仅仅是我的领悟和体会。反思过后，我在课堂上渐渐增加了学生的活动，只要学生能做的尽量让学生做，学生能说的尽量让学生说，学生在课堂上快乐了，思维也灵活了。下面分享一下我在课堂教学中用生本理念呈现物理之美的做法。

1. 让学生在日常观察中体会物理的自然美

物理学首先体现的是自然美。自然美随处可见：声音，如回声、共鸣、音乐声；色彩，如光的色散、干涉图像、衍射图像、稀薄气体放电；还有海市蜃楼，日食，月食……无不体现物理学的自然美。

这些自然美需要学生亲自去观察才能体会，如果离开了学生的亲眼所见和亲耳所听，即使教师描绘得天花乱坠，学生也是一脸茫然。因此，在教学此类知识时，创造条件（如室外观察、小实验等）让学生去观察体会是首要的选择。当学生感受到了其中的美妙，自然会产生浓厚的兴趣而渴望揭示其原理。比如，讲到光的色散问题时，我让每组学生用小镜子和一碗水在太阳底下对着墙观察，这样，学生观察到了漂亮的七色光，这种感受是与只听教师描述不可比拟的。学生对光反射、全反射、折射、折射率的研究兴趣非常浓厚，室外观察看似多花了时间，实际上激发了学生的兴趣，引起了学生求知的欲望，学生的学习效率更高了。

2. 让学生在知识体系的主动构建中感受物理的形式美

物理学的结构和形式是很美的，许多科学家都感叹这种美，追求这种美，美成为物理学发展的一种动力。自然现象纷繁复杂，但表面上无序混乱的现象中包含着有序的规律。

（1）简洁之美。地上机械运动的万物，茫茫宇宙中的无数繁星，都被统一在 $F=ma$ 这样一个如此简洁的式子中；麦克斯韦的电磁理论、能量的转化和守恒定律、德布罗意的物质波理论、爱因斯坦的质能方程，无不使人感受到物质世界的相互联系和统一之美。

（2）和谐之美。物理学的理论是和谐、自洽的。匀速运动、圆周运动、简谐运动、共振、太阳系行星的轨道排列、原子内电子的分布……都给人以和谐的美感。同一物理现象可以用不同视角、不同的物理理论和物理方法分析解决；一题多解，多角度地分析处理问题，得到同样的结论。这些都能给人和谐的美感。

（3）对称之美。物理揭示了自然界物质的存在、构成、运动及其转化等的对称性及其产生的美感，即物理学的对称美。从伽利略和牛顿开始，整个物理学就建立在对称的基础上：运动与静止、落体与抛体、匀速与变速、地球与天体、引力与斥力、变力与恒力、反射与折射、平面镜成像、光路可逆、正电与负电、S 极与 N 极、电场与磁场、粒子与反粒子、物质的波动性与粒子性，等等。当 19 世纪数学的对称理论（群论）创立后，对称思想就被物理学家自觉用于物理学的研究中，并把追求理论的对称美作为一种物理研究的途径。

学生如果在物理学习中始终处于被动接受的状态，被教师牵着鼻子走，被教师逼着做题，就无法发现物理的形式美。因此，让学生主动学习，自主构建物理知识体系是前提。学生先学、先实验、先感知，然后小组交流、班级交流，一个一个知识点慢慢学习，长久下来，学生将自主建立起整个物理的知识体系。这些知识不是教师灌输的，学生很容易体会其中的简洁、和谐、对称之美。

在高一物理力学教学中，我始终坚持郭思乐教授"先学后教"的思想。大部分新课的模式都遵循"前置性作业—交流总结—作业评讲"，作业评讲的内容就是已完成的前置性作业，这样就克服了学生作业负担过重的问题和前置性作业与后置作业的矛盾。刚开始，学生很不习惯，但在我的坚持引导下，学生渐渐尝到了甜头。学生有了自己充分阅读教材、独立思考、合作交流的时间，在愉快的学习过程中消化了一个一个物理知识点，而且整个力学体系学完之后，我再让他们把两本教材宏观整合，有的学生已经能够真正悟出力学中的简洁之美了。

3. 让学生在阅读、再现中感悟物理学家的人格美

在物理学发展史上，物理学家对科学的不懈追求和为捍卫真理而献身的精神无不显示出他们的人格美。亚里士多德曾经说过："吾爱吾师，吾更爱真理。"布鲁诺面对烈火，喊出"火不能把我征服，未来的世界会了解我，知道我的价值"。自学成才的法拉第，家境贫寒，只读过两年小学，当他成名后，各国赠送他的各种头衔多达几十个，他却把荣誉和奖章都收起来，有人问他为什么，他说："我从没有为求得这些荣誉而工作。"朴实的话语表达了他淡泊名利、不图虚荣的人格美。

物理离不开阅读，整个物理知识体系的形成也贯穿着诸多物理学家失败、成功的历程。让学生广泛阅读物理学家的事迹，或通过小实验再现物理学家的探究过程，能让学生亲自体验物理学家严谨、科学的态度和执着追求真理的坚强毅力。这种求真务实的人格美也是学生一生的财富。

【参考文献】

［1］郭思乐．教育走向生本［M］．北京：人民教育出版社，2001.

［2］理查·费曼．物理之美［M］．台北：天下远见出版有限公司，2006.

中学物理生本课堂的教学探索

刘　丹

中学物理组全体教师贯彻落实新课标精神以及学校学部的各项工作举措，继续大力推进生本教学，紧紧围绕生本教育的中心内容，积极探索生本课堂教学实验。一个学期以来，我们组的教师都在一种充满激情和使命的状态中发奋工作，通过不断地进行课堂教学实验，积累了一些经验，并取得了阶段性成果。虽然遇到些许困惑，但值得推广的带有本学科特色的生本课堂教学模式也不少，现将物理组本学期的生本课堂教学实验工作总结如下。

一、认真学习生本理论，为课堂改革打基础

郭思乐教授的生本课堂正式走进我校已近两年，从最初在小学部试点，到在中学的部分年级进行尝试，如今已在全校铺开，进入了全面推广和实施阶段。为了尽快适应新形势、新要求，接受新理念、新挑战，我组全体教师都满怀激情地投入到了这场空前的课堂改革中。为了领会生本精髓，我组采取自学与集中学习相结合的方式，除认真学习郭思乐教授所著《教育走向生本》外，还通过听取专家讲座和校领导的报告、参加生本教育论坛和培训等多种途径丰富和提高对生本理论的认识。大家在学习中逐步统一了思想，在交流中逐渐转变了观念，对生本教育有了更深的认识和理解。

二、积极开展研讨交流，大胆尝试生本实验

在学习和研讨中我们发现，生本教育的精髓就是一切为了学生，高度尊重学生，全面依靠学生。生本教育实施的关键是把主要依靠"教"转变为主要依靠"学"，操作原则是把设计教学从"为教师好教"转变为"为学生好学"，操作技能是"先做后学，先学后教，以学定教，多学少教，及时训练"。

一个学期以来，我们按照中学教学处的统一安排，以课堂教学为切入点，大胆开展生本课堂教学模式的探索和研究。全组教师参与实验的积极性非常高，在日常的教学中，大家大胆尝试模仿生本课堂，创造性地进行生本实验，实验效果也初步显现。在此基础上，学校还要求每两周推荐一位教师上组内示范课，全组其他教师跟进参与听课、评课、反思、研讨、小结全过程。有了这个平台，每位教师都不愿错过这样一个尝试学习的好机会，个个摩拳擦掌、跃跃欲试。通过推荐筛选，我们最终确定陈险峰、蔡新军、马锡培、陈益民、郭秀峰、钟笑六位教师上组内生本交流课，周池平老师则代表全组参加校际优质课比赛。各个备课组对此高度重视，课前进行研讨交流，集体备课。备课过程中特别重视"备学生"，设计有效的问题，引导学生自主参与课堂学习，充分体现生本教育理念。如此一来，上课的教师收获最大，其他教师由于全情投入，也有身临其境的感觉。我们根据实践过程中的困惑和发现的问题，积极探究改进措施，不断积累生本教育实验中生成的有效经验，总结出一些具有学科特色的符合课型的生本课堂教学模式。

三、倾力打造生本课堂，不断总结逐步提升

虽然生本教育教无定法，生本课堂无模式，但每个学科有每个学科的特点，即使是同一学科也存在不同的课型，因此，在教学时不应简单照搬同一种教学模式。针对不同的课型，该交流的还是要交流，该探索的还是要探索，该验证的还是要验证，该体现思想方法的还是要体现思想方法，生本课堂应该采用多彩的教学方式。即使是相同的教学方式，也应该有不同的变式。但不管采用何种方式都须记住：生本是理念，开放是本质，获得发展是结果。在本学期的生本课堂教学实验中，本组几位教师的生本实验展示课有很多地方都可圈可点，并且各具特色。归纳起来主要有以下几种教学方法：

1. 探究性实验教学法

探究性实验教学是探究性学习的一个重要组成部分，是初中物理教学中重要的有物理学科特色的课型。科学探究实验活动是学生积极主动地获取物理科学知识、领悟科学研究方法的一种主要形式，它符合学生的身心发展和认知规律，对于培养学生的观察能力、实践能力和思维能力都是极为有益

的。另外，它还能不断提高学生独立获得科学知识的实践能力，对更好地促进学生科学素养的形成具有重要的意义。而传统的实验教学模式则比较僵化，且教学方式呆板，没有给学生思维发展留出足够的空间。因此，如何在探究性实验教学中体现生本理念，也是我们生本课堂教学实验的一个重要课题。

郭秀峰老师生本交流课实例分析（初中物理典型课例）

［教学流程］

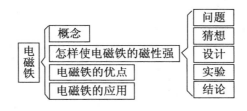

图1

［设计思路］

让学生通过"提出问题—猜想与假设—制订计划与设计实验—进行实验与收集证据—分析与论证—评价—交流与合作"等科学探究环节，在具体的实践过程中构建知识。

［教学评价］

教师巧妙地提出问题，对学生猜想进行点评，对探究实验的方法进行指导，组织学生互相评价，引导学生进行归纳。

学生思考问题大胆猜想；生生、生师交流提炼正确因素；小组合作制订实验方案；相互评价得到最佳方案；合作完成收集实验证据；分析讨论实验结果；小组派代表展示，小组间评价交流。

2. 问题探究式教学模式

问题探究式教学模式是以解决问题为中心，注重学生独立钻研，通过发现问题、分析问题、创造性地解决问题等步骤让学生掌握知识、发展能力。因此，教师无论在教学的整体过程中，还是在教学过程中的局部环节上，都应重视问题情境的创设，注重引导学生的思维活动，激发学生的内在驱动力，使学生进入探索者的角色，真正参与到学习活动中，掌握知识，提高能力。

周池平老师优质课实例分析（高中物理典型课例）

[教学流程设计]

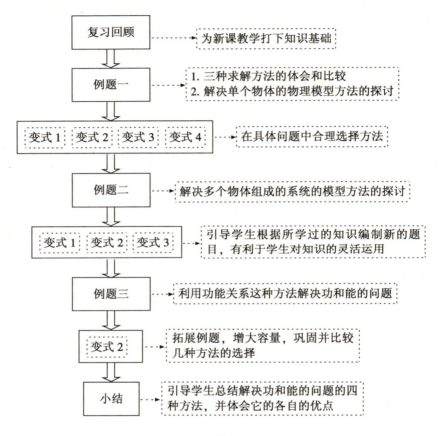

复习回顾 ----→ 为新课教学打下知识基础

例题一 ----→ 1. 三种求解方法的体会和比较
2. 解决单个物体的物理模型方法的探讨

变式1 变式2 变式3 变式4 ----→ 在具体问题中合理选择方法

例题二 ----→ 解决多个物体组成的系统的模型方法的探讨

变式1 变式2 变式3 ----→ 引导学生根据所学过的知识编制新的题目，有利于学生对知识的灵活运用

例题三 ----→ 利用功能关系这种方法解决功和能的问题

变式2 ----→ 拓展例题，增大容量，巩固并比较几种方法的选择

小结 ----→ 引导学生总结解决功和能的问题的四种方法，并体会它的各自的优点

图2

[评课]

（1）教学设计经过精心准备，思路清晰，重点突出，能够提高学生的学习、归纳和综合能力；教案设计科学合理，符合学生的学习习惯和认知规律，也能让学生体会到学习的乐趣。

（2）教师在课堂上组织能力较强，能把控整个课堂的节奏。在整个课堂教学活动中始终以学生为本，教师充当配角，体现了学校生本理念的课堂教学要求。

（3）本节课最大的亮点是通过小组合作学习，由易到难解决了设置的问题，通过一题多变的方式让学生在解答完一组题后进行体验和总结，效果明显。学生通过小组合作的方式学习，也在一定程度上关注了全体学生，提高了学生合作、交流的能力和意识。

（4）小组汇报的学生表达能力较强，极大地增强了学生的信心，促进了学生的成长。

（5）高一物理生本课堂经过一学年的努力已经有了一定的成效，但尚有很大的提升空间。比如，教师的讲解还是多了一些，可以让学生说得更多；小组间的互相评价不足，学生的表达欲望还有待进一步激发。

3. 有效复习教学和生本复习教学

（1）学生自"教"法

当学生进行章节复习时，可能有的学生对知识点会有些印象，有的学生则知其然，不知其所以然。面对这种情况，陈险峰老师在生本实验课中，尝试让学生来讲复习课，让学生真真正正成为课堂的主人，让学生当学生的"老师"，在讲台前进行讲解。在学生"讲"课的过程中，允许下面的学生提出问题，发表自己的看法，教师创造条件让学生作答，还学生以自我发展和自我提升的空间；在重难点突破和理解上，教师跟进并给予学生提示；学生互动讨论时，教师给予恰当的提示和提醒，让学生在课堂上体会到自我实现的快乐，真正做到以学生为本，教师为引导。在这样的学习环境中，学生的思维更为活跃，课堂参与意识更为强烈，乐于接受知识，掌握得也更为牢固。可以肯定，通过这样的学习过程，大部分学生不仅可以牢牢掌握知识，更重要的是获得了探究学习的一般方法。

［评课］体现"四个突出"

①突出学生。陈险峰老师的生本实验课完全改变了传统教育中"教师讲学生听"的现状，使得教学在教师的指导下，充分发挥出了学生的主体作用。陈老师讲课的时间不超过 5 分钟，其余时间都交给了学生。学生主讲、小组讨论、上台发言、交流体会、自主学习，所有的学生都被调动起来。课堂上，教师要做的事情就是：积极地旁观；给学生以心理上的支持，创造良好的学习气氛；注重培养学生的自律能力。教师的角色是谦虚的倾听者、得体的点评者和得法的组织者，同时，教师又以同伴身份参与学生的活动。

②突出学习。提高学生积极性的方法是把学习还给学生，让学生学会学习比学到知识重要得多。"授之以鱼，不如授之以渔。"这节生本课堂教学做

到了这一点，整个教学过程处处突出学生的学习、质疑和探究。

③突出合作。全班分成若干小组，每小组4人，无论是课前准备还是上课时的学习过程中，每位学生都必须在小组内充分发挥应有的作用。

④突出探究。生本教育强调让学生主动地进行学习，低起点、深探究。让每个学生都有话说，让每个学生都有收获，让学生的潜能得到发挥与拓展。

（2）小组协作学习法

协作学习是一种以小组的形式组织学生学习的策略，协作学习的基本模式有：学案自学、合作讨论、问题解决、归纳小结、练习巩固。蔡新军老师的生本实验课堂就强调小组协作学习，每4个学生组成一个学习小组，课堂教学自始至终以小组的形式出现，包括小组协作回答问题、提出问题、解决问题和讨论问题等，从而充分培养学生的团队合作精神和协调能力。

蔡新军老师生本实验课分析

①以生本理念设计教学：

a. 根据层次、能力、成绩的差异对学生进行分组；

b. 把教学的主要内容"密度的测量"，分解设计成若干个子问题形成问题链，并做成专题学案，为"先学后教，少教多学"提供支持。

②以生本理念指导教学：

a. 教师提出问题后，以小组为单位进行思考和讨论，并解决问题；

b. 先让各小组展示问题的答案，将关键问题、易错问题、不同的观点交给各小组进行讨论，教师只在关键处根据情况适时进行点拨。

［评课］

本节课最大的特点是展示生成，而非生成展示，即所有的教学内容都是在课堂上进行和完成的，课前工作只是分组。教学效率提升较明显，得到物理组教师的肯定。学生分组设计合理，让人耳目一新；教学设计新颖多样，以学生为本，充分体现了生本教学的理念；课堂上给学生自由展示的平台，开阔了学生的思维，激发了学生的兴趣。课堂摇号的形式新颖，让学生有新鲜感，值得借鉴。师生互动较为自然得体，学生侃侃而谈，在辩论中找到学习的乐趣，实现自我价值。

（3）讨论归纳学习法

生本教育理论认为，讨论应是课堂教学的常规，课堂上的很多教学内容可以通过讨论探索的形式获得，而讨论的形式是多种多样的，可以是小组讨论、师生讨论或生生讨论。在整个教学过程中，学生作为学习探究的主体可以尽情遨游于知识的海洋，这一学习方法可以激发学生的学习兴趣并使之真切体验到学习的成功和喜悦。

陈益民老师的生本实验课分析

课堂教学流程：典型例题—学生讨论—方法归纳—实战练习

课堂教学亮点：

教师通过教案引导学生课前自学，在上课前几分钟，通过讨论归纳几种常用方法，完成几道典型例题，最后引导学生进行方法提炼。由于这时学生手握解题的"法宝"，已经跃跃欲试，教师及时让学生投入了实战。但学生的学习并不会都是一帆风顺，这时教师又让学生讨论，这时的讨论是学生的迫切需求。几轮下来，教师一直在调控着学生讨论的节奏，让学生不断体验到成就感。

（4）高三复习课中的生本教学

这是第二轮复习中的习题课，在备课时我们注意教学设计的低起点：面向全体，基础切入（充分考虑问题的浅入深出和深入浅出）；教学思想的高观点：整体把握，系统定位（教学是一项系统工程的观点和思想）；教学生成的高目标：思维能力、知识结构的高度（没有思考就不可能深刻）。在教学过程中教师充分发挥课堂教学的驾驭能力，以精选的优质例题使教学准确、有效（精练、巧练，把握练的科学性）；用恰到好处的启发使学生在课堂上思维活跃，形成了良好的学习氛围（启发是互动的钥匙）。由此，在课堂上，在教师和学生、学生和学生、学生和文本的互动中达到了展示和生成的境界，课堂成了"在生成中展示，在展示中生成"的场所，在这样的教学情境中，我们能够真正地感受到学生的成长……这里应该强调的是，"在生成中展示，在展示中生成"不应该仅限于课堂上，也可以在课堂外，可以在教师和学生之间，也可以在学生与学生之间互动，甚至可以是学生与自己的对话与讨论，这样才能真正地体现出生本教学理念。

我们在用牛顿定律推导动能定理和动量守恒定律的过程中，让学生比较力学三种方法解题的差别。在学习例题 1 的时候，要求学生议论关键的物理情境在复杂例题中的应用，这样在我们引入例题 2 时，研究对象就由 2 个增加到 3 个，研究过程由单一变得复杂，从而让学生进一步体会在解决物理问题中，研究对象、研究过程、研究方法的选取和把握。在此基础上，我们又让学生看图 2 说明，如果上题给出的数据不变，要求学生根据图 2 编题，学生很快就提出："m 上升的最大高度是多少？"教师请学生做小结后，立刻提出"如果弧面是粗糙的，上升的最大高度只有 0.3m，通过对克服摩擦力做了多少功？""能否用功的公式求解？为什么？""解决问题的方法与刚才有什么区别？"等一系列问题，学生通过讨论得出，只要把机械能守恒定律换成动能定理，就可以顺利解决摩擦力变力做功的结论。

然后我们又把问题从纯粹的力学综合拓展到力学与电学的综合，从而拓宽学生的思路，并比较其中的共性与个性，最后让学生分别比较例题 1 和例题 2、例题 4 和例题 5 的物理过程，学生很快就想到了用热力学第二定律解释物理过程中可逆和不可逆的差别，并能用热力学第二定律加以解释，实现了教学设计的目标，也充分地展示了学生在课堂上的生成能力。

课后，我们安排学生根据给出的图形自己编题，这一开放性的思考，充分调动了学生思考的积极性，如高三（2）班的邬嘉华同学就一次又一次地改编自己的习题，并与同学、教师讨论。这种教学安排不但提高了学生的学习兴趣，也大大提高了学生的自我学习、生成的能力。

这里应该强调的是，例题教学是高考复习中的一个重要环节，是提高复习效率、培养学生思维能力的关键。那么，怎样做好例题教学，如何在例题教学中贯彻新课程的理念呢？首先，要选好例题，选题要"精"，选题要符合科学性原则，例题的内涵要丰富，要有拓展的广度和深度。其次，在例题教学过程中，不但教师要讲，学生也要讲，要让学生参与到复习教学中，结合例题教学讲解物理概念的科学性、准确性，讲物理公式和定律的适用条件、适用范围，以及什么情况下严格适用，什么情况下近似适用。在讲解的过程中，教师要让学生互相议论和交流，这种议论和交流可以在学生和学生之间进行，也可以在学生和教师、学生和课本之间进行，可以在课内进行，也可以在课外进行。学生在议论中思考、在思考中议论，在议论和思考中练习、体验、感悟，并且实实在在地经历物理知识和能力的形成过程。学生通过这样的经历、体验和感悟不断提高自己的思维能力和用数学解决物理问题的能力。再次，是要变，即对精选的例题要能做到一题多解、一题多变，从而使例题成为综合知识、优化组合和提高能力的载体。在多解、多变的过程中，要把教师和学生的情感都揉进例题教学的双向活动之中。在这个过程中，教师要以引导为主，注意创设情境，用问题驱动形成良好的学习氛围，从而在"引"的过程中充分发挥教师的主导作用，并且让教师感受到"引"的快乐，逐步达到享受教学、快乐教学的状态；学生则要牢牢抓住一个"议"字，强调在议论中思考，在思考中议论，思考即是无声的议论，议论即是有声的思考。"议"和"思"的过程很好地体现了学生的主体作用。教师要善于把"引"和"议"恰到好处地结合在教材的知识结构和学生认识程序的结合点上，从而激发学生"变"的兴趣和创造的欲望。同时，教师还要鼓励学生从不同的角度去观察、思考、分析，包括从语文、数学、物理的角度分析问题。而从物理的角度分析时，还可以以动力学、能量守恒、动量守恒的观点去观察、思考、分析，把学生学到的知识结构化、立体化，通过课堂上的"精讲多练""精讲精练"和"精讲巧练"以及师生互动，来切实提高学生的物理学习能力。

四、生本课堂教学实验过程中的困惑和思考

（1）生本教育的根本原则是先学后教，所以学生的自学过程就很重要。由于现行的教材不是很适合学生自学，"学案导学"课堂教学模式就成为我们生本课堂教学实验的重要方式，采用这一模式的目的包括两方面：一是使问题更有针对性和指导性，引导学生进行学习和讨论；二是弥补教材不易自学的缺陷。

（2）如何顺利完成教学进度？这是生本实验过程中教师遇到的主要问题，也是进行生本实验教学的顾虑所在，而如何处理好这个问题，是生本课堂教学常态化和持续发展的重要因素。有教师建议通过加大对教材内容的整合力度解决教学进度问题，这一建议值得探讨。

（3）学生完成前置性作业的可行性。学生每天都有课后作业，大部分学生完成作业后，没有多余时间完成前置性作业。我们组教师实施生本教学实

验后，认为可以用课堂自学来弥补这一点，这样更容易实现生本教学的常态化。

（4）如何改变学生的学习方式？长期的"师本教育"使学生在课堂上养成等、靠、要的习惯，不习惯主动获取知识和技能。如果教师在学生不会自主学习的情况下贸然完全放开，就会出现"一节课学到的知识很少"的现象。这种情况下，我们认为学生学习习惯的转变需要一个过程，应该先推动学生在自主学习形式上进行改变，再促进学生在自主学习实质方面进行转变。

抛锚式教学在初中生物教学中的实验研究

王　强

抛锚式教学又叫作"基于问题的学习",是建构主义学习理论的重要教学模式之一。建构主义认为,学习者要想完成对所学知识的意义建构,即达到对该知识所反映的事物的性质、规律以及该事物与其他事物之间联系的深刻理解,最好的办法是让学习者到现实世界的真实环境中去感受、去体验。抛锚式教学要求建立在有感染力的真实事件或真实问题的基础上。确定这类真实事件或问题的过程被形象地比喻为"抛锚",因为一旦这类事件或问题确定了,整个教学内容和教学进程也就确定了。抛锚式教学的一般模式是"创设情境—确定问题—自主学习—协作学习—效果评价"。笔者试图在新课改的背景下,运用抛锚式教学改变学生的学习方式,提高教学质量。

一、研究方法

本研究把七年级生物学的部分教学内容编排为 12 个教学专题:①不结种子的植物;②细胞真奇妙;③方兴未艾的芽苗菜;④春华秋实,为什么;⑤能量,能量!——光合作用和呼吸作用;⑥近视的原因和预防;⑦血液里有些什么;⑧输送血液的泵——心脏;⑨营养和膳食;⑩我从哪里来;⑪哦,青春期;⑫人类的起源。在经典的抛锚式教学流程的基础上,结合本校实际,将教学流程设计为"创设情境,提出问题——课堂讨论,明确问题—分组探究,尝试解决—小组交流,信息共享—教师小结,系统提升"。

本研究采用对比实验法,根据学生的入学成绩,选取无显著差异的两个班作为实验班和对照班。实验班实施抛锚式教学,对照班采用传统的讲授式教学。通过学业水平测验和各项能力分项检测,测量实验班和对照班的学业水平和各项能力的发展状况,并通过 Z 检验和 T 检验分析实验班和对照班在这两个方面的差异显著性。

二、研究结果和结论

研究采取调查问卷和测试的方法，对学生的知识的综合运用能力、合作交流能力、元认知监控能力、学业成绩等四项指标进行测评，结果如下。

1. 知识的综合运用能力

实验班学生在解决需要综合应用多个知识点的问题时，比对照班有明显的优势。由于抛锚式教学模式中的问题是开放的、结构不良的，问题的解决需要对多个知识点进行综合运用。学生在抛锚式教学中，对所学知识进行了多次整合，因而表现出了在知识的综合运用能力方面的明显优势。

2. 合作交流能力

实验班学生在对生物学问题的交流能力方面明显优于对照班。在抛锚式教学中，学生是学习的主体，教师是学生学习的促进者，知识、能力、情感态度和价值观的生成在很大程度上依赖于教师和学生之间的丰富、深刻、频繁的对话。在分组探究阶段，小组的成果要整合在一起形成一份交流材料，比如做一个幻灯片，小组成员需要讨论材料的顺序、呈现的方式、图片的选择以及和文字的搭配等，这样一来，在交流活动中也同时锻炼了交流方法和技巧。在该模式的小组交流环节，学生需要面对问题情境陈述自己的建议，与同学分享自己的相关知识，表达自己的困惑。

3. 元认知监控能力

元认知监控能力是指运用元认知策略监控自己的学习方法和学习进程的能力。元认知监控能力是激发和促进学生有效学习的最活跃的因素之一，它直接关系到学生学习策略的质量和效率，是决定学生学习成败的关键。调查发现，实验班学生在生物学学习过程中表现出比对照班学生更强的元认知监控能力。这说明在抛锚式教学中，学生能表现出更强的自主性和主动性。

4. 学业成绩

在整个教学实验过程中，实验班和对照班共参加了两次学校组织的统一考试。考试结果及统计分析见下表：

表 1　第一学期对照班和实验班期末生物成绩及分析

班别	平均分（$\overline{X}$）	标准差（S）	人数（n）
对照班	72.71	12.65	41
实验班	79.15	12.99	41

表 2　第二学期对照班和实验班期末生物成绩及分析

班别	平均分（$\overline{X}$）	标准差（S）	人数（n）
对照班	67.87	18.21	39
实验班	75.93	12.08	40

　　通过对两个班成绩的差异显著性分析可知，实验班和对照班的成绩差异非常显著，实验班的成绩明显高于对照班。这说明抛锚式教学能够明显提高学生的学习成绩。从实验班和对照班成绩的标准差可见，实验班学生个体之间成绩的相对差异在减小，这得益于小组合作学习时组内成员之间的互相督促和互相帮助。

　　综上所述，本研究采用的抛锚式教学模式，符合新课标"面向全体学生""提高学生的生物科学素养"和"提倡探究特性学习"的教学要求，符合建构主义主张的情境、协作、会话、意义建构的学习环境，能够适应大班教学以及学生在校时间较长、学习资源相对单调的现状，具有较强的可操作性，能收到良好的教学效果。

三、讨论

1. 工作量问题

　　诚然，在运用抛锚式教学时，教师需要做很多准备工作。首先要找到课标规定的教学内容与现实生活之间的连接点，形成一份问题陈述，然后要选择合适的呈现方式，以便在每个抛锚式教学单元开始时能够呈现问题情境并自然地将学生的学习抛锚于将要探究的问题。同时，教师还需要对每个小组的探究计划进行指导，并跟进学生的分组探究活动，指导学习小组对自己的探究方案进行适当的调整，使小组的探究活动顺利地开展。此外，教师还需要对各个小组的讨论进行监控，需要经常在元认知水平上指导学生讨论，使他们不偏离讨论的主题，并按照一定的步骤分配探究任务，完成探究计划。在小组交流汇报阶段，教师需要提前查看每组准备的交流材料，对交流内容的科学性、编排方式和呈现方式进行指导。

俗话说，万事开头难。如果一位教师尝试运用抛锚式教学，在第一轮教学中他也许会感到疲惫。但是，在第一轮教学中运用的情境和问题陈述教师还可以用于下一届学生，在第一轮教学中积累的资料和经验也可以用于下一轮教学。同时教师在第一轮教学中的经验有助于提高其在第二轮教学中的预见性，能使后续的工作变得轻松并富有活力。

在本研究中因为笔者是独自工作，工作量自然很大。如果同一个备课组的教师都运用此模式进行教学，发挥集体优势，那么每个教师的工作量就会减少，而且备课组教师的交流与合作也可以产生"一加一大于二"的效果。

2. 学生的适应问题

我们总认为学生学习太被动，实际上是因为传统的教学方式没有唤醒学生的探究激情，没有激发学生的求知欲和学习兴趣。学生在抛锚式教学模式应用之初就表现出了浓厚的兴趣和较高的学习积极性。

当然，该模式的运用对学生而言确实存在一个适应的问题。教师运用抛锚式教学时，应首先告诉学生这种模式下的学习方法和步骤，并在随后的学习中对学生的活动在元认知水平上加以监控和指导。经过几个教学单元后，一部分优秀的学生基本上掌握了这种学习方法，他们知道在抛锚式教学中的每个环节要做些什么，并成为每个学习小组的"小先生"。这时候，抛锚式教学相对于传统教学方式的优势开始显露。由于抛锚式教学可以有效地提高学生的元认知监控能力，使他们成为会学习的人和为自己而学习的人，所以随着该模式的实施，不但教师的教学会变得轻松，学生在该模式下也会表现得积极主动，学习也富有成效。

3. 问题的设计

在传统教学中，教师为展开教学而设计的问题一般是结构良好的问题。教师往往由问题的提出开始一个知识点的教学，而将问题的解决作为这个知识点教学的结束，整个过程是相对封闭的。

然而，抛锚式教学中的问题来自真实的外部世界，或者是映射真实的外部世界，是结构不良的。因此，问题的解决方法需要综合多个领域的知识和概念。抛锚式教学中的问题也不是固定不变的，而是随着新情况的出现不断发生变化。因此，学生原有的知识远远不足以解决问题，这就使得多途径收集信息和资源成为必要，也使小组的分工和协作成为必要。另外，教学过程中必须预测出问题解决的出路，明白调查方法和学习方法，能够按部就班地开展学习。

在抛锚式教学中，教师要花费大量精力思考生产生活中哪些情境可以与学生的学习内容产生联系。这些情境应该是多数学生有经验或者比较关注的，而且这些情境所引发的问题适合学生的身心发展水平，符合学生的性格特征和需要。当然这些情境引发的问题应该是结构不良的问题，这样学生做进一步研究时就会发现问题的复杂性，从而懂得解决一个问题具有多种方法。比如，当教授有关血液成分的知识时，我会把"很多人看不懂血常规化验单的困惑"这一情境引入课堂，让学生通过讨论发现问题是开放而复杂的，他们会通过询问或者上网查找的方式了解血常规报告单上的英文缩写所代表的含义。问题的初步解决反而使问题变得更复杂：这些成分或者结构在血液中起什么作用？它们的正常值是多少？除了报告单中的内容以外，血液中还有些什么？学生通过对上述问题的探究实现了对血液成分深入系统的认识，并了解了一些与血常规检验有关的疾病，这些知识丰富而且具体，是活的知识。

4. 表达还是倾听

新课标要求把课堂和学习的主动权还给学生，让学生唱主角。我们也希望学生在抛锚式教学中达到新课标的要求，于是很多教师更加关注学生的表达，却忽视倾听。我们担心课堂会冷场，担心学生没有合作学习的积极性，没有交流的欲望和勇气。事实上，面对问题学生表现得相当活跃，初中一年级的学生有着强烈的表达欲望和参与需求，问题在于他们缺少倾听的耐心。学习是一种信息输入和加工编码的过程，在讨论中信息输入的方式就是看、听、记。如果学生都忙于表达自己的见解，醉心于自己的精彩，就无法发挥个体间和小组间相互启发的作用，就不能从其他同学和其他小组学到知识。实际上，倾听和表达同样重要，它们是交流能力的两个方面。我给学生定下一条规矩，即必须安静地倾听其他同学和小组的发言，并给予一定的评价。

这是一条很重要的规则，它使学生的学习既充满热情又不乏冷静的思考，使交流规范化。

【参考文献】

［1］任长松．探究式学习——学生知识的自主建构［M］．北京：教育科学出版社，2005.

［2］何克杭．建构主义——革新传统教学的理论基础（上）［J］．电化教育研究，1997，（3）.

［3］汤丰林，申继亮．基于问题的学习与我国的教育现实［J］．比较教育研究，2005，（1）.

［4］刘儒德．基于问题的学习在中小学的应用［J］．华东师范大学学报（教育科学版），2002，（1）.

［5］桑标，王小晔．元认知与学生学习［J］．全球教育展望，2001，（12）.

化学生本教学中教师角色定位浅见

杨元辉

"师者，传道授业解惑也。"这是一种对教师职业定位的传统观点。时代在变革，当今信息社会需要的是会学习、善发现、广博通识、开拓进取、敢于标新立异、具有创造能力的人才，这就要求教师也要是一个与时俱进的职业。而生本教学理念恰恰符合这一要求，作为新时代的学校，引进生本教学理念势在必行。

生本教学改革首先是对教师角色的重新定位，而对于我这样一位老教师来说，改变多年的习惯非常不易。从听专家作报告到观摩优秀教师的生本课堂，再到在自己的课堂上进行生本教学的尝试，是一个痛苦的过程。我们有过拒绝、迷茫，也有过尝试、反思，可喜的是最后我校教师在不断摸索和研究中，终于从一开始的模式化教学走到了今天的无模式、个性化生本教学，从"东施效颦"做到了现在的"百花齐放"。

有的人认为，生本教学中教师只是旁听者，学生才是课堂的主宰，"让学生当老师，让学生教学生"，教师只是讨论中的主持人，教师应少说话，甚至不说话。这一观点本身无可非议，但是传统的"师本"教学难道就没有生本理念吗？一个教师心中如果没有装着学生，没有关注到学生的学，怎么能算是合格的教师呢？生本课堂必须要学生当"老师"互相教吗？教师不能教吗？教师讲得多了就不是生本了吗？"师本"和生本真的是绝对对立的吗？

经过几年的学习和探索，我认为在生本教学中，不同时间、不同课型以及面对不同学习对象时，教师的定位应该是不同的，也就是说生本教学没有统一的模式，在生本教学中教师的角色应该是倾听者、引导者、指导者、传授者等多种身份的有机结合。

一、教师在前置性作业中的导向作用

生本教学的原则是，学生会的不用教，学生不会的先自学。但是，如果只是单纯给出一个课题，让学生自己去学，得到的结果可能有两种：一是学了，很简单；二是学了，但没学会。应该说这两种结果都不是我们想要的。当今是信息时代，除了要求学生学习知识，更重要的是提升其学习能力和培养其思维方法，应该让学生具有对所学知识进行再加工的能力。因此，教师在前置性作业这个环节的备课并不会比以往轻松，反而要花费更多的心思。我认为教师在前置性作业的备课中，应该把握以下几个关键。

1. 题目设置要有目标性，避免大而无边，尽量做到收放自如

前置性作业是为了课堂学习和讨论更加有效所做的准备。设计前置性作业要敢于放手，让学生充分发挥想象，放手让他们查资料，了解更多信息，但是不能漫无目的，而要有侧重点，要能突出重难点问题，让学生在学习中不会感到杂乱无章。比如，在学习"使用燃料对环境的影响"时，我设置的几个问题是：（1）你对酸雨和温室效应了解多少？（2）你知道造成这些环境问题的原因是什么吗？（3）请谈谈你知道的新型能源。（4）新能源和化石燃料相比有哪些优点？课前学生按照这几个问题上网查资料、做准备，课上交流获得的知识，既让学生了解了新能源，又不至于偏离课文，最后回到对新能源和化石燃料作比较上，有利于将交流讨论上升到环境保护的高度。

2. 题目的设置要有可操作性，要尽量简单

前置性作业是帮助学生进行自学的资料，问题设置太难，会让学生觉得难以下手，失去探究兴趣；设置太复杂，或者研究条件不能达到，会失去前置性作业的意义。比如，在"二氧化碳的制取"研究中，涉及制取二氧化碳的药品的选用，如果设置实验让学生完成，就必须到实验室才能实施。但是如果先设置让学生写出所知道的能生成二氧化碳的反应，先从理论上探讨哪种反应更适合制取二氧化碳，课堂上再设置随堂实验进行探究，这样将理论和实践进行结合，学生更能体会到"在学习中思考，在思考中学习"的重要性。

3. 题目的设置一定要找到学生的兴奋点

前置性作业的设置还应该抓住学生的兴奋点，激发他们的学习兴趣。记

得有一次女儿问我一道关于如何折叠立方体的几何题，我看题目上的图案可以用折纸的形式做出来，就没有直接告诉她答案，而是鼓励她按照自己的想法动手去折纸，结果女儿很快发现了答案，并且兴奋地说："好好玩呀！"这句话从数学成绩不太理想、对数学有畏惧心理的女儿嘴里说出，不禁让我感慨："有时候不是我们的孩子不愿学，而是我们没有找到更适合他们、让他们更感兴趣的学习方法。"

比如，在"金属和金属材料"的学习中，如果我设置的题目是"写出金属有哪些化学性质"，估计学生就只能照抄笔记了。而我设置的是：请你帮助一位老奶奶鉴别一下她刚买的戒指是真金还是假金（铜锌合金）。学生们对此很感兴趣，热烈地讨论，马上想到了阿基米德的测密度法、电影中的灼烧法以及用牙齿咬，也有人想到活泼金属可以和酸反应、金属之间可以置换等方法。这时教师继续追问，这些方法中都包含金属的哪些化学性质，学生自然而然就能总结出金属的性质了。

二、教师在课堂中的引导作用

生本教学一般是在前置性作业的引导下，在课堂组织学生进行讨论、探究，并得出结论。这时教师在课堂上主要充当"倾听者"和"引导者"的角色。但是，如果学生在讨论中走弯路、遇到拦路虎，长时间得不出正确结果，教师恰到好处的点拨可以起到画龙点睛的作用。比如，在学习"根据化合价书写化学式"时，很多学生看了课本例题后，虽然能够照猫画虎用最小公倍数法写出化学式，但是有学生会问这样写的原因。这时我及时表扬了提问的学生，又用元素的"原子核外电子的得失"原理举例说明了原子之间相互化合的问题，很多学生恍然大悟，感觉知识不那么生硬了。在探究"二氧化碳溶于水"的实验时，除了课本上的实验，我鼓励学生自己设计实验来证明二氧化碳可溶于水的事实，这时很多学生因为没有弄清二氧化碳溶于水的原理，感觉有点无从下手。看出这一点后，我引导学生分析课本中实验的本质，让他们联想课本第二单元"测定空气中氧气含量"的实验原理进行思考，很快学生设计出五六种方案，包括试管内水面上升、水倒吸和气球膨胀等多个实验。这不由得让我感慨，给学生一个平台，他们就能秀出很多精彩！

三、不同课型中教师的作用不同

在实施生本教学的过程中，我们也会征求学生的意见，毕竟他们才是直接感受者。记得高中时有位学生曾对我抱怨，在学习"物质的量"时，老师让我们进行生本学习，我看了一晚上书也没看明白，可是第二天老师用几句话就讲明白了，为什么老师能够很快让我明白的问题，却要我们浪费时间去走那么多弯路呢？学生的话让我无言以对。生本教学一定要有固定的模式吗？"师本"教学和生本教学哪种是更好的教学方法呢？我认为，对于不同的学生、不同的课型应灵活应用多种教学手段，甚至可以将"师本"和生本有机结合，达到统一、和谐的教学效果。

1. 难度较大的理论课型中，教师是主导者

在自然科学的学习过程中，许多概念、理论对于学生来说是全新、陌生，甚至是抽象的。这个时候如果一味照搬生本教学方式让学生自学，学习能力较差的学生就会一头雾水，甚至打击其学习积极性。而通过多年的教学经验教师已经知道学生的症结所在，通过揣摩也知道怎样去讲学生更容易明白，更容易抓住关键，这时看似"师本"的教学模式，实际上能更加有效地启发学生的思维，引领学生走向更高一层的知识领域。如果让学生当老师，恐怕很难达到如教师一样精彩的讲解，也就很难领悟学习的魅力。

比如，在学习"溶解度概念"时，我也曾经让学生自己看书说说他们的理解，结果却不尽如人意。后来我用了如下教学方式，感觉教学效果较好。

教师提问：请设计一个实验来比较盐和糖的溶解性大小。

学生抢答：在两杯水里分别放入一样多的盐和糖。

教师追问：如果用热水来溶解盐，而用冷水来溶解糖，可以比较吗？

学生（马上补充）：都要用相同温度的水。

（解决问题一：溶解度的概念为什么要规定温度）

教师再追问：如果一杯是100克的水，而另一杯是200克的水呢？

学生（马上补充）：取一样多的水。

（解决问题二：溶解度概念要规定相同量的溶剂）

教师又追问：如果在100克的同样温度的水里加入10克的盐和糖，结

果全溶解了，能不能说明盐和糖的溶解性相同？

学生（马上抢答）：不可以，要继续加入，直到不能再溶解时，才能比较加入的溶质的多少。

（解决问题三：溶解度概念指明溶液要达到饱和状态）

教师：好，现在请同学们再看看课本中溶解度的概念是什么。

经过上述一番引导，大多数学生很快就理解了什么是溶解度，轻而易举地突破了难题。

2. 实验课型中，教师是协作者、引导者

根据新课标编制的化学教材中有很多实验探究活动，目的是让学生自己在实验中得出结论。这时教师要大胆放手让学生设计实验、动手实验，演示实验也可以让学生参与，让学生充分感受实验的趣味性，感受化学学科的魅力。此时，教师就是一个协作者，与学生共同实验、共同观察、共同讨论并获得结论，甚至可以激励学生进行大胆创新，对实验进行改进，可以鼓励学生选用家庭日用品代替实验仪器和药品，设计家庭小实验进行相同问题的探究等。例如，初中教材中的关于"自制净水器""鸡蛋壳和食醋发生反应制取二氧化碳""雪碧中气体成分的研究"等。作为化学教师，我们应注重培养学生的动手实验能力。

3. 复习课型中，教师是学生深度思考的促进者

在复习课上，学生已经具有了一定的知识积累，复习课的目的除了巩固旧知识外，更重要的是让学生形成一定的知识网络，提升其分析问题、解决问题的能力。因此，复习课中可以让学生大胆展示他们的知识总结；让学生上讲台充当"小老师"，讲解知识点或讲解典型题型；可以鼓励学生相互提出问题，在小组甚至全班讨论中得出结论。但是，此时教师一定要关注课堂资源的生成，抓住时机对课堂出现的新问题进行再提问，促进学生深度思考；在习题讲解中，教师也要切中要点，对学生讲解问题的漏洞进行剖析，对解题方法进行归纳、升华。比如，在"金属和金属材料"这个单元复习金属活动性的应用时，我先设置了"如何比较铜和铁的金属活动性"的讨论题，在学生得出方法后，我又进一步拓展为怎样比较铁、铜、银的活动性。将题目的难度加大后，我发现很多学生的思维亮点出现了，通过设计方案，他们既得出了比较三种金属活动性的方法，又归纳出了比较金属活动性的常用方法。

4. 社会实践课中，教师是激励者

新课标中要求学生要参与社会调查，了解身边的化学知识和生化现象，避免教学与生活、社会脱节。化学教学中诸如此类的课题非常多，例如"爱护水资源""燃料与热量""化学与生活"等。对于这样的课型教学，如果教师能够发动全体学生行动起来，利用网络、社区、家长等身边的资源开展有目的、有计划的社会调查，如果能让学生分工协作，并将查阅的资料整合，如果再让他们把收集到的资料以演讲、报告、黑板报等形式展示出来，甚至走进社区，就一定能扩大学生的参与面。比如，我校今年的化学社区活动，就大大激发了学生学习化学的热情，也培养了学生的信息加工能力和学以致用的本领。这时教师只要给学生以心理上的暗示和精神上的鼓舞，给予学生恰当的肯定和表扬，就会惊喜地发现原来学生的潜力是不可估量的。

生本教育的教学方法注重"以学定教"，我的理解就是"教无定法"，只有适合学生学习、有利于学生发展的教法才是好的方法。我相信生本理念是教师永远的追求，而对生本教学的探索是永无止境的。

历史生本课堂建构

吴瑞珍

心理学研究表明：我们会掌握阅读内容的 10％，听到内容的 15％，亲身经历内容的 80％。这既指出了个人知识结构的组成，也给教育者以深刻的启示：学习是一种终身行为，而在整个的学校教育阶段，我们学到的只是"怎样学会学习"，一堂课中怎样实施培养学习方法的目标是非常具体的。简·豪斯顿说过："如果孩子们跳舞、品尝、触摸、听闻、观看和感觉信息，他们几乎能学一切东西。"当然，不同学生的学习方法是不一样的。戈登·德莱顿研究指出，学生中有些人是视觉学习者，喜欢看图片和图表；有些是听觉学习者，喜欢听；有些是动觉、触觉学习者，通过运动、模仿体会学得更好；有些是'群体互相影响'学习者，在与其他人相互影响时会学得更好。这些不同的学习类型能给我们以深刻的启示：一堂课的设计一定要注意全体学生的共性和个别学生的个性，一定要坚持以学生为主体的"生本"理念。

教育是一门艺术，课堂教学更是艺术。课堂中，教师发挥主导作用就如同艺术表演的总编导，既要把握课堂的整体感，又要把握具体情节和细节。当然，学生们的学习和演员们演戏不一样，他们不会按规则表演，而是有自己的见解和个性。因此，教师在课堂上的具体做法就是不断把握时机，不断提出促进学生展开活动的问题，学生要围绕着教师的问题积极地思考、参与、表达、表现，在活动过程中实现师生之间的互动、交流，自然地完成学习任务，起到"随风潜入夜，润物细无声"的作用。

一、构建生本课堂的基本条件

首先，教师在课堂教学的地位要转变，要由过去的"本体型"向"指导型"转化，发扬教学民主，把"教堂"转化为"学堂"。教师不应长时间地"独霸"课堂和讲台，要把课堂还给学生，让课堂充满活力，让学生主动参与，通过师生互动逐步生成知识，从而完成新的人才培养模式和民主课堂模式的构建。

其次，在课堂教学进程中教师要实现由"维持型"向"创造型"的转化。教师要有一种不断超越自我的意识，要通过不断的学习，不断地更新知识、方法和理念，使教学本身充满智慧，形成独特的专业形象和魅力。教学形式也要由单一的授课向综合型的课堂形式转化，以多样化的形式切换激活学生的思维兴奋点，从根本上优化课堂结构，提高课堂效率。

最后，在教学内容上教师应该由"知识再现型"向"问题研究型"转化。我们坚决反对"照本宣科"的低层次教学，而是主张教师多方面运用科学思维、科学方法挖掘教材，准确把握每一本教材的定位，每一篇课文在书本中的地位以及每一个问题在该课文中的地位等，整体把握教材结构和课文结构，整合课程资源，形成新的认知结构，引领学生养成正确的思维方式。同时注重将现实案例引入课堂，贯彻"古为今用，洋为中用"的理念，使课堂真正成为现实社会的真实组成部分，在体现专业知识含量的同时又具有鲜明的时代感。

二、构建历史生本课堂的措施

"教"是为了"不教"，教的根本目标是为了学。如何选择教学形式和教学方法是由教学内容和学生来决定的，所以教学方法的选择必须从实际出发，既要符合学生实际，又要符合科学规律，因此我们要寻找符合教学实际的方法。在日常实践中，根据相关知识和学生状况，教法、学法的选择大体可以分为以下几类：

表1

教学内容特点	合理教法的选择	合理学法的可能
理论性强，概念抽象。例如"中国传统文化主流思想的发展演变"、"世界经济发展史"、"中央集权君主专制主义制度的形成和演变"	讲述法、归纳法、演绎法	学生拥有掌握口头信息的基础，有利于学生形成理论知识和实践知识。学生已经具有一定归纳基础，发展从个别到一般的概括能力和归纳推理能力。从概念和理论出发，发展其从一般到特殊的演绎推理能力

续表

教学内容特点	合理教法的选择	合理学法的可能
课程内容生动形象，并且有丰富的教学资源。例如重大历史事件，战争与和平等	多媒体辅助运用的直观教学法	充分利用和调动学生的视觉、听觉感官，发展学生观察力和提取有效视听信息的能力，从表象认知到抽象理解
单元小结后的探究活动课题	实践探究法	通过查找资料、阅读资料、提取相关信息的学习活动，发展学生独立思维能力和研究问题的创造精神
叙述性、故事性强的相关知识。例如介绍历史人物和历史事件的概况、表现	自主学习法	学生具备一定的经验知识和知识基础，通过自主学习完成学习任务，实现自我教育和自我提升
有关问题历史评价，学术界、史学界一些尚未形成定论的前沿问题和争鸣问题。例如历史现象的辩证评价以及历史人物的功过争鸣等	开放性和辩论法相结合	鼓励学生大胆发表自己的观点，培养民主意识和争鸣意识及相应的批判精神，掌握批判的武器

以上教法与学法的探讨纯粹属于理论分析，在实际教学过程中，我们面临的问题往往是综合而非单一的。我们坚决不能犯"形而上学"的错误，不能把任何一堂课都看成纯粹的单项任务，然后选择单一的教学方式和方法。事实上，任何一堂课所涉及的问题都是多元的，即使只有一个问题出现，这个问题本身也一定含有其产生的条件、发生发展的过程、反映出来的现象与本质及对历史进程产生的影响和作用等多方面因素，这些因素的性质同样决定了其多元化的特点。因此，我们仍然可以采用多种方式方法学习和教学，仍然可以采用多种形式实现教学状态的切换。这样做一方面能使我们努力保持课堂学习气氛的活跃，防止疲劳；另一方面可以努力抓住教育教学的本质，保证教学的创造性和科学性，最终保证课堂教学的有效性和优质性。

三、生本课堂的检测与保障

"生本"不仅仅是一种理念，更是实实在在的教学活动，它必须而且一定要能接受过硬的检测。任何哗众取宠的教学表演都无法躲过科学检测。高质量的检测是随机的检测，既有定量也有定性的检测。一般而言，我们常见的是单元检测、阶段检测和学段检测等水平性测试。当然，选拔考试才是评价教学水平的无形标杆，是检测高质量教学的真正"硬通货"。"不积跬步，无以至千里；不积小流，无以成江海。"教学活动还得从平时的细节做起。

1. 高质量的作业设计

检验教学是否体现了生本，是否有效，是否实现了高质量的目标，最直接的方法就是检查教学过程的最后一个环节——学生运用知识解决问题的能力。这是一个变思维能力为实践能力的飞跃的过程，检测这一过程行之有效的方法就是作业训练。无论是"前置性作业"还是"检测性作业"都必须做到科学、有效。这一手段不仅可以检查学生掌握基本知识的程度，同时也可以检查学生运用知识解决问题的实践能力。作业本身具有的灵活性和多样性，决定了它作为一种检测手段的必要性和重要性。教师在这一环节要精心设计，认真辅导，科学讲评，促进学生思维能力的进一步提高，保证教学的有效性和教学质量。

作业设计要具有代表性，突出针对性和深刻性。我们坚决反对"题海战术"和"地毯式轰炸"等盲目无效的重复劳动。好的作业设计要求教师精心选择并设计题目，题目不仅要具有典型性而且要有深度，要有明确的考查思维能力的目标。如作为考查学生记忆再现历史知识基本能力的选择性题型，可以通过命题中的"是什么""有什么""何时""何地"等关键词来考查基础知识，通过"根本原因""本质问题""实质问题""主要原因""说明什么""反映什么""有何启示"等关键词来考查抽象的历史思维能力。此外，材料题和问答题是历史思维力考查中的重要题型。

2. 点石成金的方法指导

行之有效的作业辅导，能使学生实现知识和思维方法的迁移。创造性思维训练不是对课堂内容的简单重复，它是学生理解有关问题，形成科学思维和认识，实现知识和思维迁移，解决与之相关的问题，由个体到一般、由普遍到特殊的一种方法迁移。

科学讲评是为学生指点迷津，重现历史思维的重要环节，也是帮助学生纠正错误，形成正确认识的再教育过程。在某种程度上，作业讲评比新课学习的作用更大，它不仅可以抓住学生存在的问题，发现其产生失误的原因，还可以针对性地强调某个问题或者某种方式，进一步加深学生对相关概念的印象和认识，促进学生提高应变能力。我们反对作业讲评直接告诉学生答案，而是要求教师引导学生探求解决问题的科学思维方法。在作业讲评中，教师通过讲评、点拨、启发、补救、校正，为学生指明方向，提高学生运用知识解决问题的实践能力，从根本上保证教学与学习的有效性。

3. 正确处理"有教无类"与"因材施教"的关系

学生群体个体发展不平衡的现状，我们无力改变，但是我们可以改变自己的教学态度。一方面，"有教无类"使得我们在常规的教学过程中可以选择适合大部分学生的"中庸教法"，这样可以适应大多数学生的学习能力，成为课堂有效性的重要保障。另一方面，我们还要在关注大部分学生的同时关注其他学生的情绪，既要让优秀生有前进的空间，也要让学习能力弱的学生保持信心，这就对我们提出了"因材施教"的要求。

秉持"不放弃任何一个学生"的理念对学生"因材施教"，是有效教学的另一个重要的保障。《孙子·谋攻篇》指出："上兵伐谋，其次伐交，其次伐兵，其下攻城。"同理，对不同的学生因材施教也大有"攻心为上，攻城为下"的上下策之分。对优秀生个别辅导时要求教师在方法和内容上注意拓展与深入，帮助他们解决的不是方法与理念问题，而是通过思考和解决难题让他们获得成就感，增强自信心。学习能力较弱的学生需要的是关心与爱护，这个时候教师要实施"攻心之术"，解决的是学生的理念与自信心问题。只有爱与不断的鼓励，才是促进学习能力较弱的学生积极进取的有效驱动力。

生本背景下的语文教学模式初探

安 蔚

不知从什么时候起，生本教学改革之风吹到了学校，身处其中的我起初有些疑惑，继而是怀疑。有人说，不敢尝试就不会有创新，就是故步自封。因此在平常的授课中，我也小小地尝试了一下，但总不敢放开，只是在课堂的某些环节中找感觉。这时，学校让我上一节生本校级研讨课。

既然是教学改革尝试，当然需要探索的精神；既然没有现成的模式可以借鉴，很多时候就要"摸着石头过河"。当我决定讲《小巷深处》之后，我很快陷入了迷惘——"生本"课应该怎么上？与备课组的教师商量之后，备课组教师一致认为"生本"课应该包括如下几个要素：学习小组、前置性作业、讨论交流、学生展示、课后反思。基于这五个要素，这堂课主要包括五个教学环节，在每个环节，还有很多需要注意和值得商榷的地方。下面就结合《小巷深处》的教学，谈谈个人对生本教学的一些体会和看法。

第一环节：划分学习小组

"没有小组合作，就没有生本"，这是生本教育理论的核心，编排学习小组，开展小组学习，实行"小组自治"，是生本教育的前提。因此，构建一个高效学习的合作组织尤为重要，我认为高效的生本课分组时应遵循以下几个原则。

1. 依据内容确定组数

本节课是围绕"为课文拟标题"这个大问题展开的。"一千个读者就有一千个哈姆雷特。"针对这个问题，不同的学生读过课文之后肯定会有不同的想法。但学生刚开始接触生本教学难免感到陌生，因此这一课我仍然按照班级平时的分组方式进行分组，全班 41 人，共分成 10 个小组。这些小组成员平时经常讨论，相互之间比较熟悉，容易交流。课堂效果也证明了这样的安排比较科学，首先小组能够很快适应，发挥团队合作的作用，此外小组讨论比较充分，可以为展示环节奠定基础。

然而，不是所有的课例都适合这样分组。比如有一篇课文，设置了可以争论的几个问题，这些问题在课堂上能够产生碰撞或争辩，那么如果分成 10 个小组就显得比较分散，不如分成三五个大组，每组潜心研究一个问题，这样课堂上的"争鸣"可能会更激烈。我认为，对于思想活跃的班级，这种大组的合作交流显得更为有力，课堂的生成会更多。

2. 分组要尽量保持实力均衡，以免造成小组之间差距过大

如果实力不均衡，弱势的组很难碰撞出思想的火花，在展示时有可能冷场或者生成过少，所以每个小组最好都有一两个带头人。我们班在划分小组的时候，就考虑了学生的成绩差异，每个小组都包含了 4 个分数层次上的成员，所以在检查前置性作业的时候，我发现每组都会出现一两个精彩的题目。注意到这一点有利于活跃课堂气氛，也能发挥优秀学生的带动作用。

3. 分工明确，通力合作

每组设一到两名组长，负责任务的分配、协调和整合，组织课上汇报，检查前置性作业。有了组长的配合，会大大节约课堂讨论环节时间，提高课堂效率。有时可以让组长对小组合作学习进行分工，根据不同学生的情况分配给他们力所能及的任务。

在教学中，通过组建学习小组、开展合作学习，在小组内针对某一问题从不同的角度、方向进行思考分析，能激发学生天生的创造意识。在此基础上，教师指导学习小组将组内不同学生的自学结果进行比较、筛选，确定最佳成果，以便进行课堂展示。小组合作学习可以让不同层次的学生都有表现自己成果的机会，让小组在愉快的氛围中进行竞争，使课堂成为一种动态生成的生态课堂。

第二环节：布置前置性作业

前置性作业是生本教育研究者经常探讨的话题，那么，如何设计生本课的作业呢？我认为它其实没有一个固定的模式，而要根据科目和课题的不同进行个性化的设计。通过这次教学实验，我发现设计语文的前置性作业需要

注意以下几点。

1. 要布置学生读课文

朗读是语文学习中最重要的一个环节，多次朗读之后，学生才能对内容有更深的感悟。教师要在课前安排好这项工作，要以自读、齐读、小组读、有创造性地读等多种形式让学生读文本，尽量熟悉课文。既可以让学生关注朗读的技巧，又可以让他们进行深入阅读，读出自己的感悟。

2. 要打破常规作业的格局，发挥学生能动性

设计前置性作业时，我把生字词预习设计成一般的填空题——给加点的字注音。后来，在其他教师的建议下，我对这一模块进行了调整，除了给加点字注音外，增加了以下问题：（1）我认为需要要格外注意的读音；（2）我认为需要格外注意的字形；（3）请你写一段文字，其中包括上面的任意四个词（用得越多越好）。这样调整后，结果大不一样，学生在预习时学会了主动查字典，找出多音字，概括出了容易写错的字，还有一些学生用了四个以上的词写了小故事（这个比造句有趣多了）。因此，前置性作业也要尽量做到"生本"，点燃学生思想的火花。

3. 问题设计要找准切入点，挖掘容易进行多元解读的知识点

让学生的阅读彰显出"个性"，课堂展示才能精彩纷呈。我认为这是对教师最大的考验。

第一次备课的时候，我设计的前置性作业有如下问题：（1）请用一句话概括本文的内容；（2）自读课文，画出让你感动的细节，并做出点评，说明感动你的原因；（3）阅读课文 1～9 段，找出你认为能体现母爱的语句，并简要说明；（4）"我"对母亲的感情有哪些变化？变化的原因是什么？（5）母亲对"我"的变化有感觉吗，从哪些词句表现出来？

试讲了一遍后，问题显现出来了，也许是我太执着于完成一节课，太执着于完成某个任务，忽视了阅读过程中的主体，忽视了阅读过程中情感的交流与碰撞。整堂课下来，依然是我在主导着整个阅读过程，并未感受到学生、教师、文本、作者甚至教材编写者之间的"思想碰撞和心灵交流"，新课标指出，阅读教学是学生、教师、教材编者、文本之间的多重对话，是思想碰撞和心灵交流的动态过程。我的"教"不应该代替学生自己的阅读。于是，我推翻了之前的设计。

修改后的前置性作业只有两个问题：（1）如果让你给这篇文章拟标题，你会给它拟一个什么标题呢？请详细说明原因；（2）选择你最喜欢的段落，有感情地朗读，并说明为什么喜欢。

授课过程中主要围绕第一个问题进行，讨论气氛可谓热烈，学生拟的标题有"爱到深处便无言""心灵深处的母爱""小巷·童年·竹棒""竹棒""内疚""比小巷深处更深的爱"等，答案各式各样。然后，我又引导学生抓住文本解释原因，教学效果出乎我的预料，备课时设置的教学目标也达成了。那些展示的学生能够带领全班阅读文本、筛选信息、把握重点词句、感悟形象；学生们也感受到了"我"对母亲情感的变化，理解了课文以人物情感变化为线索构建作品的写法。

4. 要保证前置性作业的质量，促进全员积极参与

有效的前置性作业非常重要，如果学生马马虎虎对待作业，那么课堂上的展示可想而知，因此教师要花费较多的时间检查、指导作业，参与小组学习。尤其是有一些学生会因为自卑心理、学习能力和学习态度等因素，具有过度依赖心理，这些学生是最需要关注的对象。这种关注不是一时的，而要坚持分层次、分步骤设计，更多地关注其学习状态并指导其学习方法，激发他们的学习热情，多给他们展示的机会，真正实现全员参与。

第三环节：课堂展示

展示是什么？展示是给学生提供一个成果交流、问题暴露、拓展生成的互动平台。总的来说，展示具有生成性、互动性、问题性和层次性。展示环节是课堂中最有激情和创意的环节，如果设计得好，课堂很容易形成一种"百家争鸣"的学术氛围，这种氛围会吸引每一个学生参与学习，使学生自觉而积极地投入学习，让他们爱上课堂，爱上知识，爱上学习。

《小巷深处》一文的课堂教学环节大致如下：

（1）教师简短介绍，组织教学，导入新课；

（2）学生展示前置性作业，字词小组上台展示字词探究成果，与大家分享；

（3）教师根据课文内容引出话题；

（4）学生根据话题展开讨论，小组分工协作，确定上台人数、主讲人等；

（5）在主讲人汇报展示过程中，教师适时适度给予点拨指导。

特别需要注意的是，小组展示时应力求形式多样，可以派一个代表进行展示，也可以让一个小组集体展示。展示时间约为 20～30 分钟，展示过程中，教师要走下讲台，学会倾听。在这个阶段，教师必须注意，如果介入过多，提供不必要的帮助，会让学生厌烦，打击其主动性。但教师也不能完全袖手旁观，当"甩手掌柜"，如果在展示中发现学生目标模糊或偏离了议题等问题，就要适度地提供指导和帮助。

"水尝无华，相荡乃生涟漪；石本无火，相击而生灵光。"在展示的舞台上，要鼓励学生敢于表达个性化的见解，敢于质疑，树立批判意识，进行思维碰撞。在课堂上，一些平常很少发言的学生甚至一些所谓"学困生"，也能在小组的督促下上台展示。我看到几个学生在掌声响起的时候脸上露出掩饰不住的自豪，这时我总是会用或中肯或幽默的语言赞扬他们。兴趣和动机远远胜过方法和技巧，生本课为他们提供了一个自由的舞台。

第四环节：讨论交流，答疑解惑

在汇报展示结束后，如果学生的展示没有达到预期目标，或者一些课文的重点还没有解决，此时，教师要引导学生进行深入思考。

以《小巷深处》这节课为例，在各组展示完自拟的标题之后，我又引导他们探究课文的标题。我向他们提出一个问题："这么多的标题中，你认为哪个标题最好，说明理由。"课前设计这个问题的时候，我做了多种假设，如果没有学生说课文本来的题目"小巷深处"好，我就引导学生用自设标题和课文本身的标题"小巷深处"对比，引导他们进行深度的思考。结果让我舒了口气，有学生说："我觉得课文本身的标题最好……"看来，不用我再多此一举了。

在生本课上，教师似乎都在做"倾听者""旁观者"，但我认为，学生毕竟是学生，需要有教师将他们引向更深层次的思考，从而把握重点和难点。因此，教师不但要认真听，对学生的表现给以恰当的反馈，更重要、更有难度的是教师要适时引导学生的思考方向。作为一名教师，既要引导学生细致深入地解读文本，提升其阅读水平和思想深度，又要激发学生个性化表达的热情，给予中肯性的评价，让学生对文本的理解在动态中求得平衡。生成多少东西，"钻"到什么程度，主要是由教师引导的方式决定的，一堂漂亮的生本课最重要、最难做到的恐怕也是这个。

第五环节：教师反思，拓展引导

　　课堂时间毕竟有限，如果学生仍有思想的火花没有表达出来，教师可以布置后续作业。在讲授一堂课后，教师需要及时反思学生的课堂表现，如果学生仍然有表达的愿望，就不妨让他们继续表达。对于学生掌握起来有难度的内容以及课堂上可能出现的疏漏之处，教师要适时点拨和引导。

　　此外，即使学生在学习了课文，理解了内容之后，语文学习也并没有结束。他们除了要对课文语言进行积累和运用以外，还要进行延伸性的阅读。这种延伸性的阅读，就是要求教师在课堂教学中生动活泼地向学生传授阅读方法，培养学生阅读能力，然后有目的、有计划地向学生推荐阅读书目，提倡无功利、纯心灵的阅读，提倡会选择的个性阅读。当学生学会独立阅读和独立思考之后，语文课堂会变得轻松、高效，快乐而富于激情。比如，《小巷深处》一课结束后，我就利用欣赏课介绍学生阅读同样反映"母爱"题材的《秋天的怀念》《我与地坛》等作品，学生非常喜欢。

　　一节好的生本课究竟能带给我们什么呢？通过尝试我体会到，生本课堂中的相互尊重，能建立一种民主、平等、和谐的师生关系。在同学之间，学生学会了取长补短，加强了团体合作意识。学生在自学和准备过程中养成了自主探究的好习惯，激发了表达的欲望。经过自己深入的思考，通过与同学讨论、辩论、探索最终得来的知识，加上课堂上"唇枪舌剑"的学习形式，都会让学生有非常深刻的记忆。这种记忆是自然而然形成的，比被动地接受和死记硬背效果要好很多。另外，生本课堂对教师提出了更高的要求，比如，必须对课堂有较强的控制能力，要机智、灵活；课上要对课堂新生成的知识做到及时点拨和评价，做好分析引导，出现任何情况都要心里有数；要对小组合作情况进行点评，形成正确的舆论导向和技术层面的合理建议。这些要求鞭策我们不断读书、进步。

优秀的生本课堂不是一蹴而就的，需要不断尝试和打磨，在生本教学的探索中也会有疑惑，在《小巷深处》这堂课中，我有以下几点困惑：

（1）生本课堂的最大特点就是"预习"（前置性学习）。课堂教学是否有实效，表现如何，都要看前置性作业是否完成得漂亮。在这样的课堂中，如果课前准备得不好，就意味着没有发言权，并失去课堂的主动权。积极的学生也许能收获更多，但一些基础薄弱的学生是否会更加被动呢？

（2）从教师的角度来讲，课前指导需要教师花很多时间和心思，细致地批改作业，对小组指导甚至对学生个人进行指导。那么，大量的工作该利用上课时间还是课下完成呢？从学生角度讲，语文课天天有，要学许多学科，要完成各科作业，如何保证完成前置性作业的时间？如何保证作业质量？

（3）教学中的"不确定"因素较多，在生本课堂中，学生很容易将话题"扯远"，那么，在一定的教学时间内能否完成教学目标？教学内容能否传授到位呢？

守着信念，带着疑惑，我继续在生本的路上前行。虽然前面路途艰辛，但是从生本教育的理念到成功的案例，都为我树立了自我更新教育教学理念的航标，我相信在系统理论的指导下以及不断的摸索实践中，我们能走得更远，走得更好！

【参考文献】

［1］巢宗祺，雷实，陆志平．普通高中语文课程标准（实验）解读［M］．武汉：湖北教育出版社，2004．

［2］尤立增．求真·求善·求美［J］．中学语文教学参考，2005，（12）．

［3］张海晨，李炳亭．高效课堂导学案设计［M］．济南：山东文艺出版社，2010．

"生本"识字同伴互助学习策略初探

吴孟琳

生本教育体系实验教材的特点是，不仅要在理念上强调以学生为主体，更要在实践中让学生取得真正意义上的主体地位，最大限度地依靠学生进行教学。

生本实验教材一年级语文的识字量和写字量都超过人教版教材，生本实验教材需要会认的字近 2000 个，而人教版教材只需 800 个；生本实验教材需要会写的字是 368 个，人教版教材则只有 200 多个。同样的学习时间，同样年龄的学生，要做到在识字量、写字量上增加近一倍，如果不在课堂教学上多想办法、多动脑筋是绝对做不到的。学生是教育对象更是教育资源，我们应该充分利用这一宝贵的资源。在生本识字教学活动中，我将学生看作教育资源，充分发挥同伴之间相互信任、相互依存的关系，让他们通过同伴之间互教互学，在识字中寻找乐趣，达到促进自身识字能力发展、提高识字效率的目的。我的生本识字教学以同伴互助学习为基础，并运用了以下策略。

策略一：同伴之间互教互学，达到共同提高

儿童是天生的学习者。做妈妈的都有这样的经验：孩子是伴随着不断模仿、吸收周围人的动作和语言成长的，特别是与同伴在一起时，他们相互学习、相互吸收的能力是惊人的，他们很快便能从对方身上学到一些语气、手势，甚至一些复杂的游戏……

1. 人人教我，我教人人

每个学生入学前都不是一张"白纸"，他们都具备一些知识经验，如会认、会写自己的名字，仅此一点就有了在识字方面互教互学的基础。一年级语文第一堂课是在"认名字交朋友"的游戏中展开的，这种方式既可活跃气氛，也可打消学前识字储备不足或天生胆小学生的疑虑，提高他们之间互教

互学的兴趣。

除此以外，我在语文课堂上还开发了很多适合学生互教互学的识字小游戏，例如："你一句，我一句，课文朗读对对碰"，是让学生们找到自己喜欢的同伴，你教我一句，我教你一句，两人一起学习朗读课文；"语文书叠起来，你指我认看谁棒"是同桌相互检查，学习识字；"古诗对答""课文接龙"则是同伴之间在识字的基础上，相互学习背诵古诗或课文。

每个学生学前的知识储备不一样，在教和学之间所担任的角色也不尽相同。我指导学生如何在不同的角色扮演中得到收获，做"小老师"的学生，在教别人的同时要更好地巩固自己的已有知识；而做"小学生"的学生，则在虚心向"小老师"学习的同时，养成注意倾听的好习惯。无论是认真教的"小老师"还是认真学的"小学生"，一样都会得到教师的奖励。不仅如此，我还将这种互教互学的模式延伸至课堂以外，延伸至学科以外。例如：数学课上，甲同学教会了乙同学数学题；课间游戏时，乙同学教会了丙同学跳绳；在学生宿舍，丙同学教会了丁同学叠衣服。就这样让互教互学成为学生的生活习惯。

2. 能者多劳，我是课堂"小老师"

生本教育体系强调"先做后学，先会后学，先学后教，以学定教"。每次新课我都要求学生先完成一些前置性作业，既有借助课文朗读光碟熟读课文，又有借助生字卡初步识字。而新课的每一个环节，我都会让预习充分的学生做"小老师"朗读课文，教其他同学识字读语。这样做，既提高了学生预习的积极性和主动性，又充分利用"优秀生"资源进行教学。

策略二：合理搭配小组成员，形成优势互补

无论是课内还是课外，都要充分利用"优秀生"资源进行互助学习，还要深入了解每个学生的学习能力、个性差异，让他们科学合理地搭配在一起组成学习小组，这样才能形成优势互补，达到事半功倍的效果。

学生入学后，经过一段时间的细致观察，学习能力强的"优秀生"很快就凸显了出来，学习暂时落后的学生也出现了，他们性格方面的差异也逐渐显现。这时候，教师有意识地让性格不同、学习能力有差异的学生组成学习

小组，促进他们形成学习上的同伴互助关系。这既能最大限度地利用"优秀生"资源，避免他们对简单、重复的学习感到厌倦，也可帮助暂时落后的学生尽快赶上来，同时他们在性格上的差异也能形成优势互补。除此之外，大量的中等生也要根据性格、能力结成互教互学伙伴，让他们在学习活动中相互促进，相互制约。在"优秀生"与"落后生"、中等生与中等生结成伙伴关系的基础上，小组内部的结构与交流方式如下图。

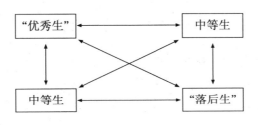

图1

在课堂教学中，我们的学习活动既有4人小组之间的合作学习，比如课文朗读、词语学习等，也有同桌之间的相互学习。识字环节中的"你指我认"，就是同桌相互检查课后生字表里的生字，将对方不认识的字圈起来。中等生和中等生做同桌可以互相教，而"优秀生"和"落后生"做同桌，"优秀生"就成了"落后生"的"小老师"，真正做到"一对一教学"，同伴之间的相互学习比师生之间更轻松、愉快。

策略三：小组之间相互竞争，促进能力发展

竞争意识是指对外界活动做出的积极、奋发、不甘落后的心理反应，它是产生竞争行动的前提。六七岁的学生早已具有竞争意识，他们为了达到一定的目标会你追我赶，相互竞争。为了增加同伴互助学习的趣味性，在常规学习中教师不失时机地引进一些竞争机制，如学习伙伴之间的竞争。这里不仅有处于同一平台的中等生与中等生之间的竞争，也有"师徒"学习伙伴之间的竞争，还有4人学习小组之间的竞争，等等。教师应抓住教育契机，为学生营造竞争的学习氛围。学生们在竞争中相互评价，在评价中看到同伴或自己的优点与不足，便会更明确地找到自己努力的方向。学生不仅会从同伴身上获得感情支持，还能在竞争中进行经验交流和尝试，依据竞争对手的看

法来调整自己。

在识字课堂上竞争的游戏有很多。同样是朗读展示，评选"金话筒"，是学生个体与个体之间的朗读竞争，而"买音箱"游戏是小组与小组之间整体朗读水平的竞争；"名师出高徒——识字能手 PK 赛"，则是两对"师徒"之间互教互学成果的大比拼。

策略四：班级内树立榜样，营造良好氛围

孩子天生是感性的，也是向善的。在学生的学习和生活中，榜样作用是很重要的。与其给学生一些空洞的大道理，不如给他们一些活生生的榜样。因为道理和规则对学生来说是一些不能触摸的东西，而身边的同龄人则有着相似的思维和经历，有更多交流的话题。当他们发现伙伴身上有一种优秀的品质和能力时，便会有地意模仿和赶超，这样就有利于他们相互促进。

1. 识字大王值周制

为了鼓励学生多识字、多阅读，我们班采用了"识字大王值周制"。这一"制度"是让那些平时识字兴趣浓、识字量大的学生做值周班长，一周之内每节课的课前三分钟由值周班长组织识字、阅读，并且课堂教学的"小老师"优先由他担任。能在班级担任值周班长是所有学生的心愿，因此值周班长就成了学生学习的榜样。

2. 故事大王上讲台

识字的目的是为了阅读，为了写作。识字教学需要配合大量阅读才能达到最好的效果。从学生们上识字课第一天开始，每学习一篇课文，我都会给他们读两篇配套的《同步阅读》的故事。刚开始时，《同步阅读》上的故事由我每天利用课前或课后时间给他们朗读，学生一边听着朗读，一边用小手指字。这样既能帮助学生复习已认识的字、词，又能认识一些新字。后来，随着学生识字量不断增加，他们跃跃欲试，想自己朗读故事了，更想在同伴们面前展示自己的朗读能力。这时，我便开始有意识地培养班级里的"故事大王"，让识字能力强、朗读大胆大方的学生，代替教师上讲台给同学们读故事。能上讲台给同伴读故事的"故事大王"，又成了让学生们羡慕的对象和学习榜样。

以"识字大王"和"故事大王"为榜样，在班级内营造良好的识字氛围，学生们的识字兴趣浓了，识字效率也提高了，阅读的兴趣也越来越高了。

同伴之间的教育资源取之不尽，用之不竭，教师可根据每个年龄段、每个学期的不同发展状况，积极挖掘不同类型的同伴资源，充分发挥其为生本识字、生本教学服务的价值，促进学生的全面发展。

【参考文献】

［1］郭思乐．教育走向生本［M］．北京：人民教育出版社，2001．

"以赏促写，赏写互动"语文教学模式研究

陈　莲

多年以来，中学语文教学积弊重重，尤其是传统语文教学忽视学生主体作用与个性发展，忽视阅读教学和写作教学，导致学生阅读面狭窄，写作能力萎缩，严重制约了语文教学的健康发展。为了革除传统语文教学的弊端，并着眼于提高学生语文素质，我在"以生为本"理念的指引下，提出了要"让教学行为的改变促进学生语文综合素质的全面提高和发展，同时，学生对学习的多元需求促进教师多元开发课程资源的能力，与自觉提升创新语文课堂教学的能力"这一双赢教学理念，开始了语文课堂教学改革的探索与实验，构建了"以赏促写，赏写互动"教学模式。

本教学模式以培养"学生审美体验"为中心，以"学生发散思维训练"为难点，以"写作图式"的不断完善为赏写目标，以深化赏析写作思维为主要环节，立足于课内文学欣赏阅读教学，延纳课外文学作品阅读，不断激发学生主动欣赏与创作的欲望，并形成自觉欣赏与创作的能力。我希望通过这种教学模式能把个体生命发展的主动权还给学生，尊重每个生命个体的独特感悟。引领学生品味经典，感悟人生，启迪灵性，积淀美好情感；引导学生与中外文化大师对话，接受精神的洗礼，形成自己的精神谱系；参与学生生命的成长，让语文为学生构筑一片属于自己的精神家园，成为照耀人生旅程的生命之光。

一、"以赏促写，赏写互动"教学模式的理论依据

1. 心理学认知的整体性

教育心理学认为，知识和技能是可以互相转化和迁移的。美国教育理论家莫里斯·L·比格认为："迁移的基本问题是：在一种学科或学习情景中获得的技能、知识、理解、行为和态度，将以什么方式到什么程度，影响在其

他学科或情景中的行为或学习。"

这个原理是指一种学习对另一种学习的影响，但文学欣赏与写作并非直接联系、影响，要经过写作图式这个桥梁才发生作用。

所谓"写作图式"，就是一个人头脑中把所欣赏的有关文章的知识经验有机结合的心理结构，是存在于作者心目中的文章的"标准样式"，是一个人对其所接触的所有文学作品的内容、形式和写法的抽象和概括。它不是先天存在于作者的大脑之中，而是存在于已有的文学作品中。作家写进作品的不仅是丰富的社会内容和他对这些内容的主观体验，还有他对文章规律的认识和理解以及其所掌握的写作技巧。读者在阅读欣赏这些作品的时候，不仅认识了作者所写的内容，而且也在头脑中形成了"文章是什么"和"文章怎么样"的知觉印象，这印象就是写作图式的雏形。随着阅读欣赏的继续，读者欣赏的文章种类和数量不断增加，他要用头脑中已有的写作图式来吸收、接纳。这些写作图式一旦在读者头脑中形成并牢牢地被固化于心理结构当中，就会成为作者写作时努力追求的目标，这种目标的指向性对写作过程中的所有行为（立意、选材、布局等）将发挥强有力的引导和规范作用，例如：决定写作的基本格局，为写作提供合适的表达方式。反过来写作图式又会不自觉地影响读者文学阅读和欣赏口味的形成，促进读者自觉地进行文学阅读欣赏，为读者的阅读欣赏提供内在的模式。

在无数次"文学阅读欣赏—写作—文学阅读欣赏"的双向迁移运动中，文学阅读欣赏和写作形成了互相补充、相互促进的良性循环。在循环的每一周期，学生头脑中的写作图式都会得到进一步改进，而且无形中也提高了学生的文学鉴赏能力与写作能力，使文学欣赏成为学生的一种自觉追求。

2. 语文学习的系统有序性

信息论告诉我们，文学阅读欣赏的过程是一个信息感知和获取的过程，而写作过程则是一个信息输出的过程。叶圣陶先生曾经说过："语文教材无非是个例子，凭这个例子要使学生能够举一而反三，练成阅读和作文的熟练技能……"文学阅读和写作，吸收和表达，一个是进，从外到内；一个是出，从内到外。倾吐能否合法度，显然与吸收有密切的关系，文学阅读欣赏得法，写作的能力亦即随之增长。叶圣陶先生的教育思想给我们以深刻的启示，要让学生在文学阅读欣赏教学中去领会写作技巧，并用领悟的知识去写作，逐步提高写作能力。朱自清先生指出，写作的训练，还是要从文学阅读欣赏说起。虽然文学作品不等于生活，是"流"不是"源"，但通过读文学作品的确可以影响写作。"熟读唐诗三百首，不会作诗也会吟"说的就是这个道理。足见文学阅读欣赏和写作之间确实有着内在的联系，两者是可以"沟通"的。

3. 文学创作的写作动机

从文学阅读欣赏中摄取的材料越多，能撞击学生心灵并与之产生共鸣的东西就越多，学生的审美诉求也就越多，表达的欲望就更强烈，但学生却不知该如何来倾诉，或者说还没有形成自觉倾诉的习惯，这就需要教师积极引导学生从文学欣赏的教学中寻找那种特殊的"语感"，寻找学生的"敏感点"，引导、激励学生进行倾诉，触发学生的写作欲望。

二、"以赏促写，赏写互动"教学模式的基本原则

1. 主体性原则

"以赏促写，赏写互动"文学欣赏教学模式要解决的首要问题是，学生是否参与学习，如何参与学习，即如何发挥学生主体性的问题。

（1）"以赏促写，赏写互动"教学过程，包含思维过程中发散性思维的萌发、发展、互动过程，教师不可轻易否定任何一名学生的思维结果。

（2）学生积极主动寻找各种文学欣赏材料，有意识地进行文学作品阅读活动，寻找发散思维的刺激点。自主阅读的文学作品越多，发散思维的刺激点就越多，学生创作的欲望就越强烈。

2. 开放性原则

"以赏促写，赏写互动"文学欣赏教学模式，要求开放式文学阅读欣赏和开放式写作。开放式文学阅读欣赏包括课内开放和课外开放两个方面。

（1）文学欣赏课课内开放，指教师在课内对欣赏文本选择和赏析的开放。教师选择欣赏文本不应只根据自己的喜好，而应结合学生的认知水平和兴趣，充分考虑学生的实际吸收情况选择欣赏的文本。赏析过程要让学生自行阅读、讨论，解决疑问，教师适当点评，形成一种师生切磋、相互补充、平等融洽的教学格局，以打破"教师满堂灌，学生被动听"的传统

模式。

（2）课外文学欣赏开放，指课外开放式阅读欣赏，在课余时间里，学生根据教师推荐的书刊自定书目、自选内容、自选形式阅读，用规范的读书笔记做好摘录、评点，写好心得感想。这是一种由教师严格管理、学生积极投入、目的明确而高效的阅读，这样的阅读每周至少安排一次。

3. 激励性原则

"以赏促写，赏写互动"文学欣赏教学模式，要求激励机制贯穿于赏写互动教学的全过程，目的是让每一个学生都在赏写教学过程中保持不竭的动力，并都能尝到成功的喜悦，都能从文学作品中汲取生命的激情。使学生非智力因素与智力因素在师生的共同活动中发挥作用，从而提高学生文学欣赏能力和写作水平。

4. 创新性原则

虽然在文学欣赏课教师对每个学生讲授的内容是相同的，但每个学生由于生活阅历、思想认识、性格爱好等方面的差异和课外文学作品开放阅读内容的不同，写出来的文章自然不同。因此，教师应正确、客观地去评价学生的作文，只要合乎基本要求，都要加以鼓励、表扬，给予充分的肯定。并在此基础上，尽可能找出学生习作中的写作个性，鼓励学生打破各种思想的束缚，给他们思想、言论的自由，让他们讲出自己想讲的话，写出作文的个性和创意。所以，在"以赏促写，赏写互动"文学欣赏教学中，我们要把鼓励学生积极进取、大胆创新作为一项重要任务。要使学生作文独具匠心，教师就得从遣词造句、布局谋篇等方面进行求异思维，展开联想，以丰富的想象力为欣赏的材料赋予强劲的生命力，创出新意，从而开阔视野，点燃智慧的火花，真正做到让美点燃美。

5. 多向性原则

"以赏促写，赏写互动"文学欣赏教学模式要求在文学欣赏阅读过程中，始终保持学生思维的多向性。我们知道，批判是创造性思维的重要特征，因此教师在"赏写互动"教学中，要积极引导学生不要迷信权威，敢于向权威挑战，使学生将亲身经历和他人的感受作对比，使他们在头脑里产生激烈的碰撞，然后接纳一个自己认可的主张和语言表达习惯，把它"外化"，学生作文自然就具有创造性，语言表达自然会具有自己的风格，由此让学生具有思维的多样性和广阔性、语言风格的独创性、审美感受的复杂性，使学生从中得到多角度、多向性的审美体验，积累写作材料。

三、"以赏促写，赏写互动"教学模式的教学程式和实践

（一）自主阅读欣赏，引发学生发散思维，触发学生"感受美"

要想让没有文学素养、缺乏审美情趣与情感的文学欣赏课远离我们的课堂，我们必须摒弃"文学作品教学工具化"的欣赏教学方法和纯粹理性分析文学作品的僵化欣赏教学模式，要用作品自身的魅力去引领学生，让学生在接受和享受美中培养审美情感，陶冶审美道德情操，让美感滋润学生的心灵。

从情感入手，引发学生发散思维，触发学生审美感受。文学欣赏教学过程是学生与作家、作品感情交流的过程，文学作品蕴含着丰富而深刻的思想感情，学生只有投入相应的情感活动才能体验、领悟到，才能进行与之相对应的思维发散，思维发散的"关照"面越广，对作品的理解也就越深刻，就越能感受到作品中深层次的美，离开了情感的反应与活跃的思维，文学欣赏教学活动就无法形成。情感是审美心理中最为活跃的因素，对审美心理的总体活动起推动作用。我们构建文学欣赏审美教学框架，依据审美的特点，首先要从情感入手，引发学生发散思维，触发学生审美感受。能在教学中从情感入手，就已步入审美教学的殿堂，审美情感是每一个人都具备的，审美欲望是每一个人都存在的，以此入手，引发学生发散思维，也就能促进学生进入审美更高阶段。

（1）准备阶段：营造审美心境，强化审美欲望。审美需要审美心境，需要审美欲望。但学生由于经验、阅历、知识方面储备不足，要顺利地进入审美状态，会存在一定的困难。因此，需要教师帮助他们营造审美心境，强化其审美欲望，使他们对欣赏文本产生兴趣，建立起审美联系，文学接受活动才能产生。从方法来说，"不拘一格，讲求变化"八个字最重要。例如：在欣赏《乡愁》之前可以先放一首思乡的歌曲营造气氛，在欣赏"走进苏轼诗词"之前先让学生阅读余秋雨的《东坡突围》蓄势，在欣赏杂文之前教师可以先指出现实社会中存在的此方面的弊端来造势，在欣赏时文美文之前教师

可用诗化的语言激发学生阅读审美的欲望。总之，根据欣赏文本的不同，采取的方法自然不同。

（2）实施阶段：放手自主阅读，感受文学作品审美情感。作为审美主体，学生对审美客体（作品）的审美感受只能来自他们自己的审美过程，只能依靠他们的"内觉体验"。文学作品是用表现性语言营造的审美空间，这种表现性语言中蕴含了作为主体的作家的知觉、情感、想象等丰富的心理体验。因此，一般情况下，在具备了审美心境，有了审美欲望之后，就要放手让学生认真地通读全文，整体感知，引导学生穿透语言和文字的覆盖，感受作者在文中表达的情感，自主地感受美。学生自主地感知语言材料，在"读"中让文本蕴含的情感激发自己的情感，在"读"中让自己的情感与作者的情感发生共鸣，在这种共鸣中，对某一部作品的审美感受业已形成。朗读、诵读、吟咏均是有效的方法，它能化无声的文字为有声的语言。这是一个综合的心理体验过程，能激发学生的发散性思维，使其从多方面感知作品，获得较多的审美感受。决不能将教师的理解强加于学生，尤其是在指导品评之前，教师要做的只是引导学生去感受，放手让他们充分地去读，去体验，自主地去感受，去共鸣。学生披文入情，欣赏效果自然极佳。

（二）指导赏析方法，强化审美体验与思维定向积累，促进学生"鉴赏美"

要想使学生在审美感受的基础上进一步理解文学作品，并作出审美判断，在体味玩赏中弄清什么是美，什么是丑，以获得理智上的满足、情感上的愉悦和审美上的享受，教师就必须指导学生掌握赏析方法，强化直觉上的审美体验，使之上升为一种自觉的审美体验，完成思维的定向积累，促进学生自主地鉴赏文学作品的丰富意蕴。

1. 学会调动想象，发散思维，定向积累，丰富作品美感

想象在文学欣赏中具有重要的作用。第一，读者凭借想象力感受和理解文学作品中的形象，因为语言艺术中的形象具有间接性的特征，需要读者通过想象力将文字的描述还原成具体形象。第二，读者的想象力，还能使其在阅读时结合自己的生活经验，对作品所提供的形象进行丰富、补充和创造，加深对作品的理解和认识。第三，读者想象力的发挥和运用，还能从某一方面丰富自身的情感，增强艺术思维能力和创造能力，提高欣赏水平。文学欣赏教学中，必须充分调动想象力，丰富想象力。那么，如何调动想象力呢？

首先，鼓励想象，发散思维。要调动想象，就要为学生张开想象的翅膀提供足够的空间。"一千个读者心中就有一千个哈姆雷特"，我们没有理由只允许有"一个"。做到这一点并不难，关键是观念问题。教师不要用自己的理解或别人的理解来限制学生，而是要宽容地让出时间与空间鼓励学生自主地去读，去发散思维，去联想和想象，要培养起学生想象的自信。

　　其次，指导想象，合理补充。要调动想象，光鼓励还不够，还要对学生进行指导。学生不仅要敢想，更要会思考。想象不是空穴来风，它有源头，这个源头就是生活。我们要让学生知道，展开想象关键就是要根据自己的生活经验和理想图景，在作品形象的导引下，进行合情合理的丰富和补充，即对作品的再创造和再评价。

　　最后，思维定向积累，聚焦发散性想象。教给学生展开想象的方法和规律，让学生学会思维定向积累，使得发散性的联想与想象得以聚焦，使得感性的情感体验与理性的理解分析得到结合，从而提高审美的层次与深度，丰富美感的厚度与力度。

　　2. 寻求情感共振，玩赏领悟意境，比较思维悟出深意

　　对文学作品有了感性的审美体验之后，教师应抓住这一契机引领学生在作品中寻求情感共振点，发幽探微，去领悟言外之意、象外之象、景外之景，去领悟其中的丰富意蕴和美妙意境。如何去体味玩赏，鉴赏领悟呢？比较思考是一个好方法，比较思考是为了加深理解，是为了悟出深意。在感知、想象、情感都有了较为充分的准备的基础上，引导学生对欣赏的文本加以比较并思考，目的是使他们不拘泥于作品本身，能更好地品味妙处，从而得到对一般规律的理解，使感性上升为理性，使学生受到启迪，得到陶冶，也就是所谓的"悟道"。要注意的是，这"道"是由学生自己通过比较和思考"悟"得的，而不是教师灌输的。如果学生能够通过自主的阅读鉴赏而悟道，那么我们的文学欣赏就达到了极致。

　　（三）捕捉鉴赏思维灵感，用"写作图式"触发作文，激发学生"创造美"

　　随着阅读欣赏的继续，读者欣赏的文章种类和数量不断增加，发散思维的定向积累、心中悟到的写作图式也越来越丰富，因鉴赏而生的创作灵感也越来越多，这时教师就应不失时机地激发学生因鉴赏而生的情感共振与创作灵感，使其表达的欲望越来越强烈，最终借助写作图式这个中介激发学生作

文，达到让美点燃美的境界。

（1）鼓励学生自主进行文学作品欣赏阅读。不能自主阅读，文学欣赏阅读教学就失去了意义。自主阅读，包括自主观察和自主意会。我们强调"自主"，因为它是创造的灵魂。从广义上说，自主阅读不仅在课内，还要在课外；不仅阅读"文"，还要阅读"人"，阅读社会，阅读生活。课内鼓励自主阅读，它激起的不仅仅是一种参与意识，更是一种主人翁意识，而这正是创造所需的沃土。

（2）激励学生主动表达。对于文学阅读欣赏过程中遇到的问题，教师不要急于把自己的理解、感悟和盘托出，那等于迫使学生全盘接受，不利于学生创造能力的培养。最佳的方式是开展讨论，激励学生主动发表思考的结果，激励学生展开辩论。学生养成了主动表达的习惯，也就养成了热爱思考、善于审美、敏于求实、乐于创新的精神。教师应该对学生不太完美的甚至存在不足的表达，抱有宽容、欣赏的态度，给予积极的评价和指正。创造美，不能只停留于"悟"，只停留于意念，还需要敢表达，会表达，进而善于表达。学生在讨论中，会有新颖角度的发现，会有成就感的满足，会有灵感之光的闪耀。

（3）激发学生大胆创造。文学阅读欣赏教学课堂内外，到处都存在着激发学生创造美的机会和场所。在文学阅读欣赏教学中让学生学会感悟美，鉴赏美，把它延伸到作文，就可以进一步鼓励学生感悟生活，创作"美文"，达到一种创造美的目的。我们打破了束缚学生想象力、创造力的僵化的教学模式，对于他们身边的人、生活中的事、眼前的景、心中的情，我们都鼓励学生尝试着运用已有的审美经验，调动火热的审美情感，真实、独特、"审美"地表达，美的创造由此开始，生本理念下的"以赏促写，赏写互动"欣赏写作模式教学的根本目的也就达到了。

【参考文献】

［1］（美）莫里斯·L·比格．学习的基本理论与教学实践［M］．北京：人民教育出版社，1991．

［2］叶圣陶．叶圣陶语文教育论集［M］．北京：教育科学出版社，1980．

［3］张志公．传统语文教育教材论［M］．上海：上海教育出版社，1992．

[4] 黄建成，袁立痒. 中学作文教学法 ［M］. 合肥：安徽大学出版社，1999.

[5] 段建军，李伟. 新编写作思维学教程 ［M］. 上海：复旦大学出版社，2008.

[6] 彭玮. 课程标准校本化实施（中学语文卷）［M］. 北京：高等教育出版社，2010.

敢于留白 花开有声
——语文生本课堂教学研究

周小凤

著名教育家夸美纽斯在《大教学论》中写下了他的教育理想:"找出一种教育方法,使教师因此可以少教,但是学生可以多学;使学校因此可以少些喧嚣、厌恶和无益的劳苦,独具闲暇、快乐及坚实的进步。"

生本课堂是什么?生本课堂的本质意义,就是学生能做的,教师绝不越俎代庖。教师要像火柴一样去点燃学生的思维,与学生进行心灵对话,让课堂成为师生享受生命价值的课堂。显而易见,生本教育很好地体现了夸美纽斯的教育理想。

经过一年多的观摩、学习与实践,我也慢慢悟到了一些语文生本课堂的真谛。

一、敢于留白

留白是中国传统绘画艺术中一种较为常见的表现手法,如"八大山人"画的鱼、齐白石的虾,虽纸上别无他物,但我们能感受到满眼碧波,画面虽空灵却有韵味。课堂教学的魅力在于使学生开智并产生无尽的想象。因此,在实际的课堂教学中,应适当地留有"空白",让学生在"空白"中想象,让学生在"空白"中开智。唯有如此,才能提升课堂教学的魅力,才能真正落实生本教育。

教学设计应从大处着笔,不拘泥于细枝末节,在充分考虑学生知识与能力、学习方法、情感态度、价值观方面的状况,以及可能遇到的障碍或问题的基础上,预测教学目标与实际教学结果之间可能出现的差异,对教学程序进行大胆的预设,对教学问题进行比较开放的设置,为教学过程的生成创造条件,为学生主动学习留出时间与空间,为学生在课堂上的再创造留有机会，这样才能激活学生的思维，激起学生学习的欲望，激发学生的创造潜能，培养学生自主学习的能力。教师也就能游刃有余地发挥教学机智，彰显教学个性，使课堂富有生命的活力。

（一）课堂时间敢于留白

生本教育专家郭思乐指出，一定要先把"土地"还给学生。我认为所谓的土地，就是课堂的时间，教师要有目的地留出一段空白时间，让学生探索、质疑、练习、消化、理解、吸收，以激发学生的积极性，寻求最佳课堂教学效果。

从心理学角度讲，人的注意力不能长时间集中于一点，一般情况下，每隔5～7分钟人的注意力就会分散。因此，教师上课一讲到底，容易造成学生注意力分散，精神不振。而适当地运用留白，则可缓解学生的紧张心理，使其精力更加集中。

从教学理论上看，整堂课教师唱主角，洋洋洒洒从头讲到尾，甚至下课铃响了还要讲几句，唯恐讲得不细。这种嚼烂知识喂学生的填鸭式教学，累了教师烦了学生，学生只听课和记录，不思不想，甚至早都听腻了，听烦了。这样必然会严重影响教学效果。而在课堂教学过程中有分寸地运用留白，则可以使教师从繁忙的讲解中解脱出来，更有利于学生学习知识和培养能力。

语文课堂教学结构的设计，就时间要素而言，也必须给学生留下几段可以自由安排的"空白"时间，使语文课堂教学呈现出一种急缓错落有致、虚实相映生辉的和谐美。为学生留出一些相对独立使用的"空白"时间，可以使学生及时理解吸收所学知识，或者及时发现不懂的地方然后询问教师。这样才能确保学生"主体"地位在教学实践中落到实处。

（二）充分挖掘文本的留白

"文有不言者。"可见，文章除了直接用文字表达外，还可用"不言"传情达意。"不言"是指作者有意或无意留下、没有写明或召唤读者想象的"空白"。中学语文教材的文章，大部分都是古今中外名家的名篇，内容含蓄，语言凝练，作者独具匠心地为读者留下了耐人寻味的艺术"空白"，成为教材中最能激发学生思维的"想象点"。如《论雷峰塔的倒掉》一文中末段的"活该"，《孔乙己》中的"大约孔乙己的确死了"，《荷塘月色》中的起句"这几天心里颇不宁静"，《为了忘却的记念》中的"原来如此……"，等等。有经验的教师对待这些空白点绝不会口若悬河，大讲特讲，只是微微打开一个通往一望无际的知识世界的窗口，把某些东西有意留下不讲，给学生造成知识上的暂时空白。当学生发现从教师所讲和现成教材上得不到需求的知识时，那块"空白"就吸引着他们，使他们迫不及待地调动思维，积极探索。

例如《最后一课》的结尾，写到韩麦尔先生讲完最后一课的情景时，文章是这样结束的：

他转身朝着黑板，拿起一支粉笔，使出全身的力量，写了两个大字：

"法兰西万岁！"

然后他呆在那儿，头靠着墙壁，话也不说，只向我们做了一个手势：

"放学了，——你们走吧。"

作者在这里没有大段的抒情和描写，也没有大段的议论，却含不尽之意于言外。教师教学至此，可做短暂的"静场"处理，巧妙设问启发，创设模拟情境，让学生从韩麦尔先生那无言的手势中，感受他当时难以言状的复杂心态：对普鲁士侵略者的愤慨，对法兰西共和国的深情，亡国的切肤之痛，不甘做亡国奴但又无力救国的无奈……

当然，教师故意保留某些教学内容不讲，并不是舍弃知识，而是一种"欲擒故纵"的手法。"没有讲完的东西，就好比是给学生的思维埋下一段引火线"，能起到"调学生胃口"并激发学生的学习兴趣和求知欲的作用。它的好处是，既可以节省课堂教学时间，又能够培养学生的自学能力。

（三）教学设计大胆留白

孔子曰："不愤不启，不悱不发。""愤"即心求通而未得，"悱"实际上是学生进入积极思维状态前的一种短暂的"空白"。说这种心理状态是"短暂的空白"，就在于"愤"和"悱"这种教学情境并不是学生学习真正的开始，它其实是一种"蓄势"，是学习前的一种准备，目的是唤起学生强烈的求知欲望，使学生对教学内容的兴奋程度达到顶峰，处于一种情绪高涨、欲罢不能的亢奋状态，从而全身心地投入到学习之中。那么，这种"短暂的空白"从何而来呢？根据多年的教学实践经验，我认为"提问激疑"是最好的方法。在课堂教学中，教师可根据教材实际，精心地设置问题，激发学生的想象力，让学生自己思维，进行填补空白和艺术的再创造，让学生感到自己是个发现者、研究者、探索者，通过师生双方的质疑、释疑，使文章在更高意义上充实、升华。比如，我在教学《变色龙》时，为了引导学生认识警官奥楚蔑洛夫这一典型形象，抓住题眼"变"字，提问设疑，留下空白，有意识地诱导学生思考：奥楚蔑洛夫变了几次？怎样变的，为什么变？对狗的哪些称呼体现了主人公的变化？通过对这些问题的解答，学生对趋炎附势、见风使舵的沙皇走狗奥楚蔑洛夫的理解更深刻了。

总之，通过教师所留空白，让学生生出"实"来。让学生有独特的体验、感受、理解，从而使阅读教学充满了无穷的意味，形成良好的教学氛围，使学生在享受中品尝语文学习的快乐！

二、大胆生成

在传统的教学设计中，为了落实教学目标，教师过分重视静态的预设而忽视课堂的动态生成，过多地关注教学过程的严密性和完整性，教学过程的每一个环节都想按照预先设计的教学方案来进行。这种过于精细的设计和教学，往往限制了学生的思考，抑制了学生的个性和创造力，成为束缚学生发展的枷锁。生本理念下的语文课堂是开放的、灵动的、充满情感的，因为我们面对的是活生生的、有思想、有情感、有个性的人，教学中随时都有可能遇到意想不到的问题，所以再精细的教学设计也不可能预测课堂上发生的所有情况。因此不能用僵化的程序来控制和束缚灵动的思想，我们应关注教学的动态生成，这是语文课堂的生命所在。

布卢姆曾说："人们无法预料教学所产生的成果的全部范围。没有预料不到的成果，教学也就不成为一种艺术了。"留白的语文课堂越来越追求开放性和生成性，不怕学生"出轨"，鼓励离经叛道，关注教学进程中随时生成的鲜活的情景，期待课堂意外的精彩，因为这也是课程资源不可或缺的重要组成部分。这样的课堂才是生本理念下充满生机、充满创造的新课堂。教师再也不用担心课堂冷场了，唇枪舌剑、面红耳赤已成习惯，更有甚者学生课堂发言很不过瘾，课下奋笔疾书，写作就会成为内在的需求。

面对课堂的动态生成，教师要有"不管风吹浪打，胜似闲庭信步"的气魄，学会用理智驾驭感情，不要恼怒，切忌意气用事，学会随机应变。教师还应不断地增加自己的文化底蕴，提升自己的教育智慧，用敏锐的教育机智灵活应对有效的或无效的课堂生成，让学生在教师无痕的引导下进行学习和价值判断。

爱情一直是中学生最感兴趣的话题，在上《孔雀东南飞》一课时，我还提到了"梁祝""牛郎织女"的故事，本以为坚贞的爱情会引起学生仰慕和赞叹，没想到教室里出现了一片叹息声，有的学生还小声嘀咕"划不来""不值得"，这时我灵机一动，问学生："大家觉得焦、刘双双殉情不值得，如果你是他们中的一位，你会怎么做呢？"接下来的讨论异乎寻常地激烈，意见最后归结为三类：（1）斗争，拿起法律武器同母亲、兄长作斗争；（2）私奔，逃离家长专制的魔掌，追寻自己的幸福；（3）屈服，或再嫁或再娶，违心地过完一生。接着我要求学生讨论三种方案的可行性。结论是：第三种方案最没意义，如果这样就不会有千古流传的爱情故事了；第二种方案虽有卓文君与司马相如故事的支撑，但私奔也只是一时一地，始终逃不了那个社会、那个制度；至于第一种方案，因为没有《婚姻法》或妇联组织做后盾，而"父母之命""媒妁之言"就是那个时代的法律，所以更无法实施。这样讨论之后，学生自己就意识到，是封建家长专制的黑暗制度扼杀了焦、刘的爱情，焦、刘以死抗争恰恰是为了捍卫爱情而作的最坚决的斗争。作品的主题及人物形象分析由此水到渠成。

还有一次上苏轼的《记承天寺夜游》，在介绍背景时我说道，苏轼因乌台诗案被贬黄州，而写作此文。话音未落，就听有学生说，怎么又是被贬啊？这时我就提出一个问题："看看古代有多少文人是在被贬谪的情况下写出不朽诗篇的？"学生总结，有刘禹锡、苏轼等，接着我又问："这些境遇与他们文学创作的关系是什么？"学生讨论后达成共识：人生中坎坷的经历更有助于诗人、作家写出优秀的文学作品。

如果说，传统课堂把"生成"看成一种意外收获，那么生本课堂则把"生成"当成一种价值追求；如果说，传统课堂把处理好预设外的情况看成一种"教育智慧"，生本课堂则把"生成"当成彰显课堂活力的常态要求。有生成的课堂，才是丰满、立体的课堂，才能使教学内容有效地渗透至学生心灵深处。教学中，我们要有静待花开的智慧、耐心和胆识！

每朵花都有怒放的理由，课堂的有效生成让我听到了花开的声音，相信在生本课堂中成长起来的学生终究会绽放出最艳丽的花朵，我由衷地发出感慨："让教育走向生本，让生本激扬生命。"

【参考文摘】

[1]（捷）夸美纽斯．大教学论［M］．北京：教育科学出版社，1999.

[2] 孙雪梅．让语文课堂充满灵动的气息［J］．中学语文教学，2006，
（6）.

挖掘价值因素，激发学生语文学习动机

叶　辉

有理论指出，在特定情况下，动机的强弱取决于任务的价值以及对成功可能性的预期。任务的价值是与个体内部的需要、目标和信念结合在一起的。也就是说，我们可以从任务的价值角度构建和激发学生语文学习的动机。一般来说，任务如果具有实用价值或内在的兴趣价值，才能激发与维持学生的学习动机。实用价值指的是能够帮助我们实现短期或长期的目标，兴趣价值则是指个人从活动本身获得的享受。因此，我们可以采用诸如把语文学习与学生的生活相结合、教学中融入兴趣因素等方法，引导学生认识语文学习的价值，激发与维持学生的语文学习动机。

1. 让学生为将来制定计划

帮助学生在生活与课堂之间建立联系，需要一种有效的方法，即让学生制定未来计划。这种计划要求学生写出长大后想做什么，不仅包括他们想从事的工作，还包括他们想怎么度过闲暇时光，以及他们在家庭和社区团体中的角色等。在学生接触不同的领域时，与他们讨论语文知识怎样帮助他们成功地完成工作。这种讨论可以以周为单位，应用于中学的基础小组与中学学校的咨询班，以日为单位应用于小学课堂。

著名语文教育家魏书生，特别善于利用这样的方法增强学生的学习动机。比如，他让学生写"日记一则"，月日就是当天的，而年代则变为 20 年后、30 年后或 40 年后，写自己怎样在岗位上度过一天……学生的想象是丰富的，每完成一篇这样的日记，就等于进行了一次人生设计。再比如，他让学生写"自我教育计划"的作文，要求写清 4 部分：终生德智体达到什么目标，十年做完哪些事情，一年怎样度过，一天的时间如何分配。当学生远望未来，确定自己的奋斗方向时，心头充满了作为命运主人的自豪感。接着，魏书生又让学生把自我教育计划列成一张表，表里规定具体的事项，比如读课外书数量、抄格言条数、写日记篇数等，并且要求把落实的情况定期统计在表内。这样做目标明确，容易成功，容易体验到成功的喜悦，能进一步提高学生的语文学习动机。

2. 选用跟学生生活联系紧密的教学材料

随着时代的发展，教材编者的兴趣和着眼点与学生会有这样或那样的不同，而这就会导致编入教材的一些内容与学生的生活产生距离，进而影响学生的学习动机。因此，我们可以对教材中的一些内容进行替换，使之更贴近学生。比如，讲短语、句子知识，可以从学生交来的请假条入手；改病句练习，最好从学生日记、作文中找例子；修辞方法的训练，不妨联系学生熟悉的各类广告语……在这样做时，可以参照教学目标，检查教学材料和单元计划，确定哪些内容要详细讲，哪些内容要略讲，甚至忽略。对于要详细讲的内容，如果课本中的主要观念或主题安排不当，则可以做一些扩充，确定可以略过的一些问题与活动，并发展出一些有助于实现主要目标的内容。将课本看成是诸多课程资源之一，没有必要将课本看成是课程本身。

魏书生比较注意这一点，除了教材，他还会增加一些学生感兴趣的实用教学内容。他经常在语文课上给学生讲一些国内外心理学、教育学方面的资料，使学生学会思考的方法和科学用脑；介绍现代科技发展情况，如飞船对接、天外飞行、数控机床、新能源、人造心脏等；引进其他学科知识，如数学、物理、英语。此外，还经常介绍名篇时文，比如介绍陈祖芬的报告文学《当代青年》、鲁光写的《敲开世界冠军的大门》等都是他语文课上经常讲的内容。这也是他增强学生学习兴趣常用的方法。这些实用的内容，既容易提高学生听、说、读、写的能力，又对学生进行了思想教育。

3. 在教学中运用真实性任务

近年来，许多文章论及在教学中运用真实性任务。真实性任务是与真实的生活问题以及学生会遇到的情景有关的任务。如果要求学生做繁重的工作，记忆他们永远不会用到的定义，仅仅为了应付考试而学习，或是重复他们已经掌握的能力，这样只会降低学生学习的动机。但如果任务是真实的，学生则可能看到学习的真实价值，也可能发现任务的意义和趣味。

基于问题的学习便是教学中使用真实性任务的一个例子。比如，张化万老师在设计五年级写景作文时，就采取了让学生帮助教师制作导游卡的方式，把教学活动与生活实际结合起来，取得了很好的效果。

4. 给学生布置真实性作业

如果学生参与的是毫无意义的活动，如重复那些他们早已熟练的技能，机械记忆某一列表，查阅并抄写也许永远都用不上的术语、定义，阅读抽象乏味的文章等，不大可能激发他们的学习动机。在研究作业以及这些作业和学生行为的关系中，布罗菲等人发现，"许多要求学生去做的作业，似乎毫无意义或枯燥乏味，所以在这种情况下，最好的办法是找到更适宜的作业，而不是激发对这种作业的兴趣。"布置作业时可以联系学生的家庭生活、学校活动和社会生活中的现象、热点等布置作业。例如，家长是做服装生意的，可以让学生设计服装的广告；班干部竞选，可以组织同学搞策划，让学生写自荐书或上台演讲；班级小广播，可以安排学生轮流"播报"当天的新闻趣事。教师可以引导学生关注社会热点问题，让他们"指点江山，激扬文字"，以此来提高学生的语文运用能力和社会实践能力，培养学生强烈的社会责任感，同时也能很好地调动学生的学习积极性。

5. 把语文学习与其他课程结合起来

为了更好地让学生意识到语文学习的价值，可以结合当前历史和地理考试中常出现文言材料，激发学生学好文言文。当前的一些教学法，如读写整体语言教学法、综合课程法以及现实问题解决法，都是促进学生参与学习过程，把学科内容与学生生活相联系的重要方法。有效地实施这些方法，可以提高学生的学习动机。在这方面，魏书生强调大容量、大范围的课外阅读，强调学习语文课本以外的语文知识，引导学生把语文的阅读、理解能力用于其他学科的学习，并从其他学科学习语文知识，提高语文能力。

6. 组织有效的语文课外活动

邀请专家学者给学生讲解语文学习的作用，举办语文学习技巧或学生想知道、与课本有关的人物或专题的讲座等；编印报纸，办黑板报、手抄报、学习方法报等；举行朗诵会、演讲比赛、征文比赛等课外活动。这些都能够把语文学习与学生的生活联系起来，激发并维持学生的语文学习动机。

魏书生老师就经常组织活动，让学生在学校、家庭、社会、大自然中学习语文。他在发展必修课的同时，还重视开辟选修课或实践课的空间。每天下午最后一节都有独具特色的安排，他组织学生讨论社会思想，让学生以此接触社会。他开设新科技知识讲座，举办当代报告文学欣赏，介绍国外教育动态。他带领学生到双台河畔去踏青，让学生写以"春天双台河"为主题的作文，让学生仔细观察哪天桃花开，哪天迎春花开，哪天丁香花开；他还带领学生去开荒种地，让学生体验生活的艰辛与快乐，让学生亲手撒下希望的种子。学生有了直接的感受与体会，自然能写出情真意切的文章。

7. 把语文学习活动与学生的兴趣结合起来

前面我们提到，如果任务对学生来说具有兴趣价值，就能够激发与维持学生语文学习的动机，那么，我们在教学工作中就可以通过融入兴趣因素的方法来激发学生的语文学习动机。语文教育名家于漪、魏书生、张化万等人都很重视兴趣在学习中的作用。魏书生说，在学生大脑这部机器里，兴趣是动力部分最重要的，它常常决定着大脑机器工作时的转速和灵敏度。学习动机主要从以下四个方面进行调动。第一，筛选实用的信息。除教材外，魏书生还增加一些学生感兴趣的实用教学内容。比如，经常介绍名篇时文，讲解心理学的知识，介绍现代科技发展状况，等等。第二，使用新颖的教法。他选择一些新的教学方法，讲的时候尽可能用变换音量、音调、语速和感情的方法激发学生的兴趣，想方设法让学生用听、视、触、嗅等多种感官感知文章内容。第三，创设一个竞赛情境。经常开展记忆力竞赛、口头作文竞赛、书写竞赛、查字典竞赛等活动。第四，经常让学生体验到成功的快乐。

学生语文学习动机的激发与维持策略有很多，本文仅对把语文学习与生活联系起来和教学中融入兴趣因素等措施做了探索，让学生认识到语文学习的价值，进而激发学生学习语文的动机。期望这一探索能对我们的语文教学有所帮助。

【参考文献】

[1] 龚春燕等. 魏书生与六步教学法 [M]. 北京：中国青年出版社，2001.

[2] 李镇西. 语文"生活化"，生活"语文化"[J]. 语文教学通讯（初中刊），2004，(12).

[3] (美) J·布罗菲. 激发学习动机 [M]. 上海：华东师范大学出版社，2005.

［4］于漪．于漪语文教育论集［M］．北京：人民教育出版社，1996.

［5］肖川．名师备课经验（语文卷）［M］．北京：教育科学出版社，2006.

［6］（美）Vernon F. Jones，（美）Louise S. Jones. 全面课堂管理——创建一个共同的班集体［M］．北京：中国轻工业出版社，2002.

小学英语语篇教学中的文本再构方式的运用

郑淑娟

笔者在近两年的英语教学中发现，为数众多的学生即使学习了足够的词汇和句型，也不能流利地用英语表达想法，因此我校开始了英语教学改革，学习运用文本再构的教学形式，教学改革在小学英语教学中全面展开。英语教师在教学中基于教材和学生的特点进行文本再构，以语篇的形式呈现给学生，目的是使学生在一个个有趣、生动、语意丰富的语篇学习中，培养语感，最终达到有效的语言输出，这正符合国家英语新课标的要求，使学生能自然流利地用英语表达自己的情感。

上海著名外语教育专家、教研员朱浦老师认为："教材不是圣经，它只是主要的教学资源之一；世上没有一套教材是专为你所教的学生而编写的；教师要对教材和教学资源整合、调整和补充。"他还指出，文本可以是书面独立语段，如短文、书信、故事等，也可以是话语独立语段，如童谣、对话、图语等。文本再构教学又称为独立语段教学，如今它已是上海小学英语教学的热门话题。它与传统教学中教师在使用教材时进行适当拓展的做法有相似之处，所以很快被教师理解与认同，得到了广泛认可和大力推广。简而言之，它要求教师在平时的教学中应该"用教材教，而不是教教材"。

一、问题的提出

由于我校小学使用的广州版教材存在局限性和滞后性，同时近两年来部分学生的英语口语退步很大，所以我校开始学习上海先进的英语教学经验，文本再构教学方法在我校小学英语教学中普遍推广。

二、实验设计

文本再构，首先根据英语新课标的要求，力求合理利用和积极开发课程资源，给学生提供贴近学生实际、贴近生活、贴近时代的内容健康和丰富的课程资源；要积极利用音像、电视、书刊杂志、网络信息等丰富的教学资源，拓展学习和运用英语的渠道；积极鼓励和支持学生主动参与课程资源的开发和利用。其次，要求教师在教学中根据教材内容、学生学情、教学背景进行文本再构，使之符合学生的学习情况、接受能力，让学生享受学习的快乐和成功的喜悦。最后，文本再构的过程中要有旧知识复现。文本再构不仅能体现和提高教师的专业素养，也能提高学生学习的有效性，使学生具有真正的语用体验。文本再构不是为了增加文本的难度，在再构的过程中，教师应该注意对教材的开发和利用，在教材的基础上进行语境的创设与文本的再创，需要体现趣味性、思想性、语用性、复现性和丰富性，新授内容在文本中复现的频率要高；要有完整的主题，体现语用交际性、趣味性和知识性；再构的文本中可以包括学生未学的知识，但是它不应该影响学生对文本的阅读和理解；再构多个文本时，要分清主次文本。基于文本情况再构，教师应该摒弃以前先教单词，再教句型，最后教对话或短文的模式，而应将单词和句型放在对话或短文中进行教学。这就需要教师对教材进行重整组合，结合学生学情，根据不同的文本进行不同的构建。课标倡导教师积极开发课程资源，作资源的开发者意味着教师对给定的内容应有自己的解读，将给定的内容转化为自己的课程，把教学的过程变为学生与教师共同参与课程开发的过程。

在课堂教学过程中，学生对再构的文本必须在整体理解的基础上学习和运用，要求学生在理解文本基础上得出问题的答案，而不是在文本中找到。学生在对文本的整体感知和理解中，进行语句和生词的学习，因为教师在文本再构中把学生学习的单词和词组等零散的知识，插入合适的语段中，以利于学生整体理解和运用。但文本再构的运用又与阅读教学不同，因为阅读教学偏重语言综合理解力的提高，而文本再构重点在语言应用能力的培养。教师应注意文本的主次之分，辅助文本只是为主文本提供帮助，不能喧宾夺主。

在课堂上我们运用各种方法引导学生理解文本，如看图片、听录音、猜谜语、默读和朗读等，而且尤其注重对学生朗读的训练。朱浦老师曾说："生动优美的朗读体现了一个人对文章的体会和品味，良好的英语朗读技能和习惯会为其日后的口语交流打下坚实的基础。"所以笔者在课堂上尽量要求学生进行整体朗读，或小组分角色读，或小组"开火车"轮流读，让学生在读中整体感知文本，在朗读感悟后再进行理解性练习。余德敏老师认为，在篇章中的语境信息能把篇章中的词语联系起来，使学生更容易从他们的心理词汇中提取词汇，有利于词汇的记忆。难度适宜的英语阅读材料给学生提供大量的可理解性输入和语境线索，让学生领悟词汇承载的深层含义和文化内涵。

语言是文化的重要载体，而语感则是语言能力表达的重要基础。英语的语感对英语教学和运用起着重要作用。英语语感是人们对英语的感受，包括人们对英语的语言感受、语意感受和语言情感色彩的感受等，它是人们对英语语言的直接感知能力，是人们对英语语言规则或语言组织方法的掌握和运用，是经过感性知识上升为理性认识的经验和体会。语感来源于实践，又指导着实践，要学好用好英语就应该具备良好的语感。

语言如同音乐，良好的英语语感之于英语学习者如同良好的乐感之于音乐家，都是极其重要的。叶圣陶先生曾说过："语言文字的训练，最紧要的是训练语感。"语感强的人几乎不用思考就能灵活运用语言，一听就懂，一看就明，一说就顺，一写就通。

增强语感有利于语言表达能力的提高，语言表达能力是指在使用口头语言（说话、演讲、作报告）及书面语言（回答申论问题、写文章）的过程中运用字、词、句、段的能力。语言表达能力测试旨在以语言为工具，测试考生基于知识积累的语言表达能力。以自然科学、人文社科知识为背景，通过检测考生对字、词、句、段、篇的辨识、阅读与理解，考查其运用语言工具表达思想与感情的能力，包括在知识宽广度基础上的思维敏捷度。根据以上定义，英语表达能力是指用恰当的英语词汇和语言结构表达思维内容的能力。我们可以将英语表达能力分解成以下 6 个方面：语音和书写能力（其中书写能力还包括正确拼词的能力）、词汇量、逻辑思维能力、创造性思维能力、语法能力、语用能力。

英语课程改革的核心任务，就是培养学生语言运用能力，即能用英语交流的能力。所以在课堂实际教学中笔者特别注重以下具体方法的运用。

1. 营造情境，创设语言交流的环境

环境是人赖以生存和发展的物质、社会、心理条件的综合资源，对学生的发展起着潜移默化的影响，语言学习活动主要是通过与环境的相互作用进行的。所以在学生的语言学习中关键是营造有利于语言交流的环境，如利用图片、照片、音乐、故事短片、英语歌等形式，让学生沉浸其中，通过环境的刺激，激发他们的表达愿望，让他们尽情地发挥想象力，引导他们在与环境的互动中感知、理解语言信息，参与语言交往。利用多种手段，采用多种活动培养学生口语能力，能有效提高学生口语表达水平。如英语角、英文歌曲比赛、英语专题讲座、话剧、圣诞晚会等。

2. 提供更多语言交流机会

人际交流是人与人之间的信息传递，笔者平时注意建立良好的师生关系，加强师生之间的情感交流，在课堂上组织情景交融的有趣活动，且活动尽量多样化，如单词接龙游戏、英语歌曲比赛、课文故事表演等，保证尽可能多的学生能够参与，并且乐于参与。

3. 运用小组合作的方式

小组合作学习早已成为我校英语课堂教学的主要方式，几年的教学实践证明，小组合作学习为学生创设了良好的学习氛围，为学生提供了宽松、充分的交流机会，使每个学生都能积极地参与到学习活动中来；既能调动学生合作学习的积极性，也能激发学生的学习热情，同时学生之间还能各取所长，互相促进；教师再加以适当的指导和激励，便使课堂教学更加活跃和有效。

总之，在英语教学中营造和谐的氛围，创设更多交流的机会，合理运用小组合作学习的方式，不仅能提高学习效率还能促进学生思维的发展，激励学生发挥自己的最佳水平，增进同学间的感情交流，改善学生的人际关系，培养合作精神，锻炼交际能力，促进学生形成良好习惯和人格。

在我校一个学期的教学实践中，绝大多数学生的朗读、语感、表达和阅读能力都有了很大的提高。

三、实验结果和分析

文本再构学习问卷调查在六年级两个班进行，共 82 名学生参加了问卷调查。

根据调查数据分析，超过 80％的学生认为，通过文本再构学习，他们对所学知识的记忆比较清晰，并能较好地感知所学的内容。数据表明女学生对所学的内容感受更强，感悟更深，记忆更加清晰。超过 80％的学生通过一学期的实践，明显地感到文本再构的学习方法对他们的朗读能力、英语的语感能力、英语的表达能力和阅读能力都有了一定的促进和改善作用，甚至有了很大的提高。从调查数据来看，两个班的学生都对所学知识印象深刻，并较好地感知所学内容，而且数据表明女学生对所学内容感受更强，感悟更深，记忆更加清晰。女学生中认为自己的英语表达能力提高最快，而且女学生感觉她们的英语朗读能力、英语的语感能力、英语的表达能力和阅读能力提高的速度超过男学生。另外，女学生认为自己"英语各方面能力提高很大"的比例超过男学生，"能力有一定提高"的比例也超过男学生。因此可以得出，女学生对语言的感觉更灵敏，语言能力更强，更擅长学习语言。

四、结论

通过对以上数据的分析，可以清晰地验证小学英语教学中文本再构教学方法较大地提高了学生的英语学习效果。不仅提高了学生的英语朗读能力，而且还促进了英语语言的感悟能力、表达能力和阅读能力的提高。同时激发了学生的学习兴趣，增加学生语言实践的机会，创造互相学习的氛围，加大了语量的输入和输出，注重了综合知识的学习和综合能力的培养。调查问卷数据证明女学生语言能力强，更擅长学习语言，在英语学习中具有较大的优势，所以在今后教学中要注意发挥女学生的优势，也要关注男学生语言能力的培养。课堂是小学英语学习的主阵地，在新课标的指引下，教学中一定要不断进行教学改革，以适应不断变化的现实情况，提高教学效果。在课堂上教师一定要坚持以生为本的原则，让学生不断体验学习的快乐和成功的喜悦，达到英语学习的最佳效果。

五、局限性

首先，本研究的调查数量虽然达到了统计学上的样本要求，但其结果仅局限于本地区一个学校的两个班级，而且是民办学校的住宿制的学生。其次，实验中班级的选择和课堂中运用的教学材料，对教学的效果和实验的结果都有影响。另外，半年的实验时间是否适合值得商榷。因此，本研究的结果具有一定的局限性。

【参考文献】

［1］夏惠涤．生本理念下学生的英语语感培养［J］．考试周刊，2011，（5）．

［2］凌应强．探究小学生英语表达能力的内涵［J］．中小学外语教学（小学篇），2008，（6）．

［3］（美）Rod Elis．第二语言习得研究［M］．上海：上海外语教育出版社，1999.

［4］余文森．课堂精彩生成：尽在生命活动中［N］．中国教育报，2007－4－6（6）．

英语教学的语言生态观思考

周 英

概括来说，英语素养包括英语的听、说、读、写几方面的能力，但在很多时候，我们将之割裂开来进行理解与考查。事实上，这几个方面的能力是联系在一起的整体，共同构成了学生实际运用英语的能力，即语用能力。因此，本文是基于整体的方法论思考，并不对各个方面进行单独阐述。

在研究方法上，本文引入美国学者豪根提出的"语言生态"概念，将英语学习看作一个由教师、学生、课堂、课外、家庭、环境等各子系统组成的大的学习系统，从系统论的角度来观察、寻找各个环节内部优化及环节间衔接的有效方法。因此，本文不注重于理论的阐述，而着眼于实践操作。

一、英语学习的语言生态系统

美国斯坦福大学语言学家豪根 1972 年提出"语言生态"这一概念，并将语言环境与生物环境作隐喻类比。自此概念提出后，很多学者开始从事语言生态学的深入研究。

从这一概念出发，我们可以将英语学习看作是一个包括课堂教学、课外教育、家庭教育、社会教育等在内的各个子系统相互衔接的语言生态圈。跟生物生态圈一样，这个语言生态圈中的各个子系统同样需要其他子系统的支持，只有各个子系统自身不断优化并与其他子系统进行有机融合，才能促进这个语言生态圈的动态发展。换言之，在英语教学中，我们不能将思考局限于某一个单独的领域（如课堂教学），或一种单独的能力，而应进行综合的考虑，将各种能力的培养与各个环节、领域进行有效的衔接。如果我们只是在某一个领域或方面进行努力，得不到其他环节（子系统）的支持的话，那么往往会事倍功半，达不到理想的效果。

二、纵向与横向语言生态圈

根据语言生态圈的观点，英语教育至少包括纵向与横向两个语言生态圈。

从纵向上看，英语教育是阶段性的，由于学生身心特点不同，教学内容、教学方法、教学重点皆有不同。比如，小学低段，以听说为主，突出教学的趣味性；小学高段，则明显增加了教学内容，教学方法也不同。在广外外校，英语教育根据教学内容、教学方法、教学难度的不同，大致可分为小学低段、小学高段、初中、高中这四个阶段。

在这个纵向的链条中，不管是在学生心理、语言习得方面，还是在学习内容、学业负担等方面，每个阶段都存在明显的跨度。同时，毫无疑问，各个阶段之间又是相互联系的。以小学低段英语来说，低段英语是高段英语的基础，高段英语是低段英语的延伸和深化，两者同时指向实际的英语交流和运用。学生最终能否获得英语语用能力，英语教学能否取得预期的效果，取决于这个纵向链条中各环节之间是否能有机衔接，即小学低段、小学高段、初中、高中这几个阶段之间，以及这几个阶段与英语交际（社会英语）之间是否能衔接好。一旦这个链条中的某一个环节衔接出现问题，则整个纵向链条脱节。因此，英语教育中，各个阶段的衔接问题需要引起我们的重视。

从横向上看，语言习得要经过英语学习这一过程，并受到各个方面的影响。英语教育是个包括学校教育、家庭教育、社会教育等在内的综合系统，在这个系统内，学校教育为主导，家庭、社会教育为辅助，而学校教育又包含课堂教学与课外教育。在这个横向的系统中，各个子系统既相互独立又相互衔接，共同指向学生英语语言的习得。在之前的英语教学中，我们经常陷入一个误区：重视学校教育，忽视家庭教育和社会教育；在学校教育中，重视课堂教学，忽视课外教育。由此造成的一个后果就是，各个环节间不能相互支持，从而导致语言习得的生态链脱节。因此，要使学生较好地习得语言，我们需要思考，如何让课堂教学、课外教育、家庭教育、社会教育等几个方面相互渗透、相互补充、相互支持，形成一个稳固的语言学习链。

三、语言生态圈内部的优化

想要达到预期的教学效果，有效地提高学生的英语素养，从语言生态观来看需从两方面着手：一是对英语教育这个生态圈中的各个子系统进行优化，二是将各个子系统、各个环节进行有效的衔接。

首先是对内部系统的优化。如上所述，从横向上看，英语教育是个包括课堂教学、课外教育、家庭教育、社会教育等在内的语言生态系统，它们共同指向学生的语言习得。我认为我们应该从以下几个方面着手对英语教育的内部系统进行优化。

1. 课堂教学的系统性与整体性

在传统的课堂教学中，我们习惯将英语学习人为地割裂为语音、语法、词汇等。基于这样的认识，传统的英语课堂教学一般都是从词到句，再从段到篇，听、说、读、写等练习是单独进行的。这样的教学方式，割裂了英语学习的整体性，教学效果并不明显。虽然学生掌握了大量分散的英语知识，如词汇、语法等，但因为没有形成整体认知，没有系统的支持，学生实际运用英语的能力并不乐观。

上述情况也是我校学生在英语学习中普遍存在的状况。从系统论的观点出发，我们需要改变原来的课堂教学方式，将字词句篇、听说读写结合成一个整体进行教学。在英语课堂教学中，我们应该改变传统的"从词到句，从段到篇"的教学模式，进行语言的整体输入和整体输出。

鉴于此，我们在小学部英语课堂教学中进行了"文本再构"的整体教学实验。一方面着手转变教师的观念，另一方面积极探讨如何在教学中进行文本再构和整体教学。我们开展的整体教学实验，强调语音、词汇、语法在语言教学和使用中的不可分割性，强调听说读写四种语言能力之间相互依存、互相促进，是不可分割的整体，更强调语言知识与语言能力的整体性表现。这种教学方式通过语篇的整体呈现，以及对教材内容的重新组合和构建，将机械、表面的语言符号变为有意义的语言内容。语篇教学完全不同于"从词到句，从段到篇"的教学模式，它讲求语言的整体性呈现，以语篇带动词句。因此，这种教学方式对于培养学生综合运用语言的能力，对于激发学生的学习兴趣，都有明显的作用。

限于篇幅，在本文中不对这种课堂教学模式做详细的阐述，但可以肯定的是，整体英语教学能改变过去英语学习中各部分割裂开来的状态，将各种语言能力整合，构成一个完整的系统，综合提高学生的英语语用能力。

2. 营造英语学习氛围

在课堂教学、家庭教育之外，学生英语学习中的重要一环就是所处环境对英语学习的影响。因此，我们需要尽可能地为学生提供浓厚的英语学习氛围和拟真的英语语言环境，让学生有机会运用学到的语言，在生活中学习英语。

一方面，我们重视校园环境的布置，营造英语学习氛围。比如，我们广外外校在教室、宿舍、餐厅、文化长廊等地方张贴、设置一些英语标语、图示等，让学生定期制作英语黑板报，通过多种方式为学生创造更多接触英语的机会。

另一方面，我们通过开展丰富多彩的英语活动及竞赛，优化英语学习环境，活跃学习气氛，提高学生的英语学习兴趣及英语交际能力。比如，我们广外外校长期开展英语角活动，每周固定时间、地点，让学生自由进行操练、巩固、提高，英语教师有针对性地进行辅导。另外，我们也结合英语节及西方相关节日开展英语晚会、英语文化节、英语演讲比赛、英语童话剧表演、英语歌唱比赛、英语之星评选等活动。

此外，我们还充分利用校内各种有声资源和多媒体资源，为学生创设英语学习氛围。比如，通过英语广播、校电视台英语专题节目，使学生耳濡目染，置身英语学习的氛围之中。我们还以制度化的形式让学生进行口语操练，培养学生在生活中运用英语的习惯。比如，我校坚持课前五分钟"free talk"（漫谈），保证学生练习口语的时间；英语教师还会引导学生在生活中运用英语进行日常交际。

通过以上手段和方式，我们为学生创设了英语学习氛围，使课外学习成为学生英语课堂学习的补充。

3. 家庭教育的跟进与补充

毫无疑问，家庭教育是学校教育的有益补充。很长一段时间以来，我们忽视了家庭教育对英语学习的作用，或者笼统地要求家长在家庭教育中重视学生的英语学习，而没有提供具体的指向，导致家长虽然想重视却无所适从。

从系统论的观点来看，家庭教育是学校教育的有力支撑。因此，要让学生在家中学好英语，一方面需要家长重视学生在家庭中的英语学习，另一方面教师应对学生的学习方法进行明确的指导。

在我校的教学实践中，我们将家庭教育当作英语学习的重要一环，也极其重视对学生学习方法进行明确的指导。必须说明的是，所谓明确的指导，并不是指给学生布置相应的家庭作业，而是明确学生在家里学习英语时每一阶段需达到的能力目标。

我校的做法是，在学生完成常规的书面作业之后，我们要求家长督促、辅导学生完成相应的听说训练，比如英语跟读训练、日常会话操练等。对于这些听说训练，我们不仅要求家长反馈练习时间，而且要求家长对学生的操练态度、学习效果等进行反馈，以便教师全面了解学生在家的英语学习情况以及学习效果，并以此为依据进行针对性的教学。

四、子系统之间的有效衔接

如前所述，英语语言生态系统包括纵向和横向两个方面，我们除了需优化各个子系统之外，还需对系统之间进行有效衔接，以让各子系统相互配合、相互支持，构成语言生态的完整链条，达到良好的学习效果。

纵向上，我们需注重小学低段与高段、小学与中学各个学习阶段的衔接与过渡。需明确的是，各阶段的衔接不仅包括学习内容的衔接，还应包括学习方法、教学方法、能力水平等方面的衔接。以小学阶段为例，学校制定出"学生英语素养认知目标体系"，对各年级学生的英语认知目标（词汇量、掌握句型的水平、会话能力等）进行明确规定，教师的教学以此目标为指引，让各个年级的教学，尤其是低段教学与高段教学之间有效衔接而不割裂。在教学方法上，要求各年级教师在课堂教学中运用基于文本再构的英语整体教学，以语篇带动词句，听说读写整体推进。

横向上，课堂教学、家庭教育、课外教育、社会教育等各子系统也需相互衔接、配合，围绕学生英语语用能力这一中心点，各个子系统应衔接为一个圆环。

在具体做法上，我们一方面将家庭教育与课堂教学进行衔接，主要包括学习内容与学习方法的衔接。比如，我们布置学生周末在家完成的有声作业、英语跟读与口语操练，在内容上是与课堂教学紧密相关的，是课堂教学内容的操练。学习方法上，也追求整体的英语表达和运用，是课堂教学中整体输入和整体输出的呈现。

在课堂教学中，我们注意将教学内容与学生的日常生活相衔接。为做到这一点，我们在使用朗文英语教材之外，另外编撰了校本教材《每周一句》及《英语口语小学校本教材》，校本教材突出生活交际英语以及听说能力等方面的训练，校本教材内容与朗文教材中的内容相互补充，有助于学生开展英语能力的训练。

在营造英语学习氛围的各种活动中，我们也注意将活动内容与课堂教学内容衔接，将英语学习内容渗透到各种活动中。比如，我们广外外校长期开展英语角活动，在活动内容的设计中，我们会有意识地渗入课堂教学内容。另外，我们开展的英语竞赛、英语演讲等活动的内容也都与教学内容紧密结合；校园内各种有声资源和多媒体资源的运用，也都注意与教学内容衔接。我们的做法就是，努力消除英语教学与日常生活的隔阂，消除课堂与课外的隔阂，使各个子系统有机整合，共同指向语用能力提高这一目标。

语言学习是一个自成系统的生态圈，在这个生态圈中，各个子系统既相互独立，又相互融合、相互衔接、相互支持，构成完整的生态链条。教师在英语教学中，要充分意识到英语学习是一个系统的整体，追求整体推进，让各方面有机衔接，只有这样才能提高学生运用英语的能力。

【参考文献】

[1] 姜瑾. 语言生态学研究面面观 [J]. 苏州教育学院学报，2009，(2).

[2] 范国睿. 教育生态学 [M]. 北京：人民教育出版社，2000.

全身反应法在小学英语教学中的运用

揭秋燕

小学低年级学生的年龄比较小，如果让他们端端正正地坐在座位上，认真地听完教师40分钟演讲式教学，比较有难度。上课刚开始时，学生可能做得到，但是越往后，低年级学生的注意力就越难集中。因此我们应该根据低年级学生的特点，在课堂中添加可以调动学生积极性、比较符合低龄儿童特点的环节，如角色扮演、模仿秀、英语猜谜等。目的是通过一系列活动把学生的感觉器官都调动起来，使学生由"静听"到"动听"，加深学生对课文内容和应掌握知识的理解和记忆，从而取得较好的教学效果。

兴趣是学生最好的老师。学生通常会对一些生动有趣的课堂活动感兴趣。如果低年级的英语课像在做游戏，那么大部分低龄学生都会对学习感兴趣，只要学生感兴趣，他们的学习热情就高，从而喜欢上英语这个学科。"全身反应法"就是我们叩开学生英语学习之门的金钥匙。

一、关于"全身反应法"

"全身反应法"即完全肢体反应教学法，是美国一位心理学教授詹姆士·阿歇尔在1966年提出的。它的精髓是，以口头发号施令给予指示，并辅以肢体动作示范帮助学习者了解指令的意义，等学习者充分了解语句的意义后，再以肢体动作做出正确的回应。这种教学法不但能减轻学习者开口说话的压力，更能使其积累信心。詹姆士·阿歇尔深信大量听力信息的接收与肢体动作反应的结合，能使学习者的印象更深刻持久。

"全身反应法"是一种把语言和行为联系在一起，通过身体动作教授外语的教学方法。它吸取了心理学中"记忆痕迹"理论的精髓。该理论认为，记忆联系越经常和强烈，该记忆的联想和回忆越容易。幼儿在学习母语时，总是需要成人将语言与表情、手势、情景等配合在一起，才能做出反应；当语言发展到一定水平后，其行为才真正开始受到成人言语的影响。我们学习英语这种第二语言，就如同幼儿学习母语，在最初的阶段，也需要通过观察动作来帮助自己理解词语。因此，我认为在学习外语的初始阶段，可以引入"全身反应法"。

"全身反应法"在教学中的运用，其实可以理解为在教学中教师先把教学内容设计成一系列指令式语言项目，然后请学生对这些项目用身体做出反应，教学过程可以概括为：教师示范（静听）—学生模仿（动听）—学生一边说一边动（全身反应）。"动听"即把抽象的语言和直观动作联系起来。教师在课堂设计上应该着重于"示范"，示范动作必须清楚，让学生容易做出全身反应。否则"全身反应法"教学就失去了其最本质的意义。

二、小学学生的性格特征与学习

（一）小学学生的性格特征

小学学生的性格特征是活泼好动、意志力薄弱、注意力易分散或转移、难持久专注地做单一的事情。低年级学生喜欢专注于具体直观的事物，物体越具体，形象越直观，他们就越感兴趣。因此，我们应该根据小学低年级学生的特点，设计适合他们性格特征的课程。

（二）让小学学生在课堂中感受到学习乐趣

低年级的小学学生，由于刚从幼儿园过渡到小学，他们可能对校园生活不适应，有些学生可能会产生厌学情绪，他们希望可以留在幼儿园那种自由活泼的环境中。因此，为了激发学生的学习兴趣，课堂教学可以继续以游戏的方式进行下去。

但是小学始终和幼儿园有区别，不能一直以游戏的方式继续教学，而应根据小学生的特点，给低年级学生一个适应期。在英语课堂中引入"全身反应法"教学，在课堂中加入游戏、猜谜语、角色扮演等环节，这样更符合低年级学生爱动的天性，也可以训练学生的视觉、听觉、触觉等多种感官，能充分调动学生学习英语的主观能动性。

詹姆士·阿歇尔表明，刚开始厌学的学生，经过一段时间的"全身反应法"式教学，对学习的兴趣明显增强了。学生找到了通过做游戏就可以轻松掌握知识的途径，他们喜欢这种教学方式。

三、"全身反应法"研究方法

基于上述理论，为了进一步证实"全身反应法"在教学中的可行性，我找到了一些课例和调查数据，以证明"全身反应法"在课堂中运用的成效。

（一）实施对象

此次调查研究的实施对象，是广州市某民办小学一年级一个班级的学生，共 36 人。采用问卷调查的方法收集学生对"全身反应法"式教学的意见与看法。在实施此种教学法之前采用问卷的形式做了一次调查，在实施"全身反应法"教学一个月后进行了一次内容相同的问卷调查。

（二）实施环境

该校是民办小学，该班共有学生 36 人，用"全身反应法"教学时共分成 6 个组，每组由 6 名学生组成。为教师提供白板、实物投影仪、幻灯机、电视机，教室有一个多媒体的教学平台。英语课平均每周 5 节，一节课 40 分钟。

（三）实施措施

1. 在舒适、轻松的环境中运用"全身反应法"教学

在实施调查的一个月时间里，采取传统的教学法与"全身反应法"交替出现的形式。传统的教学法通常是教师在课堂上讲解和板书，学生在课堂里被动地接受知识，气氛比较沉闷。而大部分"全身反应法"教学的课堂活动会以游戏的形式进行，可以让低年级的学生活跃起来，课堂气氛舒适与轻松，更符合低年级学生的特点。这样做的目的是先让学生对课本的内容有一个大概认识，形成初步的印象，再在课堂的后半部分加入"全身反应法"教学，学生可以在轻松的环境中操练英语，这样对学生真正学会用英语交流、活用英语很有好处，而且保证了课堂形式的多样化，是一个完美的动静结合型课堂。"全身反应法"教学倡导把言语和行为联系在一起，通过身体动作教授外语。

阿歇尔曾援引父母教儿童学习第一语言的例子诠释这种教学法的原理。他认为，学生在一个比较放松的环境中学习，效果最佳，而紧张、急躁的情绪对学习英语是无益的，教师应该尽量创造条件，让学生有机会多听英语。

同时，教师要帮助学生明确学习英语的目的，让每个学生从实际情况出发，找出自己学习英语的实际动机，进而激发学生的学习自觉性，充分调动学生学习英语的主观能动性。教师并不要求学生记住指令中使用的词汇，相反，教师要求学生闭上双眼，用身体对激发想象力的指令做出反应，从而领略自我创造身体动作的情趣。这种自我表达有助于提高学生用非语言和语言手段进行表达的积极性。

2. "全身反应法"可以涉及全方位的教学运用

语言来源于生活，"全身反应法"运用在教学中的形式应该是多样的，也应该贴近生活。"全身反应法"的教学环节，可以让学生按课文分角色朗读，或者模仿课文内容进行角色扮演，或是进行一些与课文相关的英语猜谜小游戏，或是演唱一些英语歌曲。教学中设置的小游戏，可以考查学生对课文的熟练程度和掌握知识后的创新能力。模仿课文内容进行的角色扮演与生活相关，有一部分是对人们日常生活场景的再现。利用"全身反应法"开展教学，能够让学生感受到学习外语的趣味，还能让学生体会到现实生活与书本知识是相互关联的。

3. 在"全身反应法"中安排语言输出环节

任何一种教学法都需要有语言的输出环节，斯温纳的"输出假设"理论对外语教学有一定启示。由于语言输出活动能帮助学习者提高使用语言的能力，使学习者意识到自己在使用语言时存在的问题，使学习者能有更多机会验证自己提出的假设，对假设进行反思。从认知的角度来看，语言输出对母语或外语学习都是必需的。

因此，在低年级学生的英语课堂中添加对话、故事表演等输出性环节是必要的。学生学完一个单元，教师就可以组织学生将已学的句子和词编成学生熟悉的动物短剧，让学生在听、说、玩中开心地学英语口语。

新课标提倡"先输入，后输出"的教学理念。在小学低年级阶段，不学习任何语法或音标，而是以隐性的方式将语法融入语言活动之中，以听的方式给学生"输入"知识。这就要求教师不但要遵循"先有一定量的输入才可输出"的学习规律，而且在学生初学英语时要体现"以言行事"的理念。

四、"全身反应法"的效果调查

（一）调查目的

对于小学低年级的学生来说，英语是一门崭新而又陌生的学科，有些学生可能在幼儿园阶段并没有接触过，刚开始学习英语可能会有厌学情绪。此次调查的目的是通过问卷调查与研究，验证实施"全身反应法"教学一个月的时间里，学生对"全身反应法"教学的适应和接受程度；了解"全身反应法"是否能调动学生学习的积极性，使他们更容易掌握知识，并改变部分学生的厌学情绪。

（二）调查结果

本班共有 36 名学生，发出问卷 36 份，收回有效问卷 36 份。现在对问卷结果进行分析。

表 1　你喜欢英语吗？

	喜欢	不喜欢	说不准	合计（人）
引入"全身反应法"之前	19	12	5	36
引入"全身反应法"之后	26	7	3	36

由表 1 可以看出，在引入"全身反应法"式教学之前，全班只有 19 个学生喜欢英语，而引入"全身反应法"式教学之后，全班有 26 个学生喜欢英语，不喜欢与说不准的学生也有所减少。这说明"全身反应法"式教学对改变学生的厌学情绪、提高学生对英语学习的兴趣有所帮助。

表 2　你对哪类的活动最感兴趣？

	读课文	角色扮演	英语猜谜	演唱英语歌	合计（人）
引入"全身反应法"之前	9	13	6	8	36
引入"全身反应法"之后	2	20	10	4	36

由表 2 可以看出，在引入"全身反应法"式教学之前，学生比较喜欢角色扮演和读课文这两类课堂活动，其中读课文属于比较传统的英语学习方

法；而引入"全身反应法"式教学之后，学生更喜欢灵活生动的角色扮演和英语猜谜。这说明学生开始改变了，他们学会了将英语活用，慢慢感觉到要将英语用到日常生活中才有意义。这样做可以明确学生学习的目的，避免他们陷入死板的英语学习怪圈中。

表3 你认为"全身反应法"贴近生活吗？

	是	不是	说不准	合计（人）
引入"全身反应法"之前	17	16	3	36
引入"全身反应法"之后	25	7	4	36

由表3可以看出，在引入"全身反应法"式教学之前，认为"全身反应法"贴近生活的学生人数与认为其不贴近生活的人数几乎是相等的，还有少数几个学生认为说不准。经过一段时间"全身反应法"式教学，认为"全身反应法"贴近生活的人数有所增加，认为"全身反应法"不贴近生活的人数有所减少，虽然认为说不准的人数有所增加，但是总体来看还是呈良好的趋势。

表4 你课外会主动学习英语吗？

	有	偶尔	没有	合计（人）
引入"全身反应法"之前	13	10	13	36
引入"全身反应法"之后	20	11	5	36

由表4可以看出，在引入"全身反应法"式教学之前，课外主动学习英语和课外不主动学习英语的人数是一样多的，经过一段时间的"全身反应法"式教学后，主动学习的人数有一定程度的增加，偶尔学习英语的人数也稍稍增加了，课外不主动学习英语的人数减少了。这证明学生学习英语的主动性比过去增强了。

（三）分析和建议

1. 分析学生的学习兴趣

通过对表2学生学习兴趣的分析，表明低年级学生对英语的学习兴趣，是可以由教师引导的。有些学生以前不喜欢英语，或是以前不喜欢用英语表演小短剧，但经过教师有意识地训练，或是身边同学的影响，会慢慢地转变，从不喜欢到喜欢。因此，教师要善于做好引导工作，培养学生对英语学习的兴趣，只要学生对学习有兴趣，他们就会想办法将英语学好。在任何时候，兴趣都是学生最好的老师。

2. 激发和保持学生英语学习的兴趣

从表1的数据可以看出，本班学生的英语学习兴趣整体上比较浓厚，虽然部分学生不喜欢英语，但是引入"全身反应法"式教学后，不喜欢英语和说不准的学生都减少了。这表明教师通过"全身反应法"式教学，成功激发了学生学习英语的兴趣，在之后的教学中只要继续激发学生的学习兴趣，并保持学生的学习兴趣就可以了。

3. 在教学中多鼓励学生，使学生更有自信

人们喜欢而且需要他人赞美，得到他人的赞美，人们会觉得自己有价值，有一种成功感，会显得特别自信，儿童的心理更是如此。所以教师在教学中应以鼓励为主，让学生经常得到自己进步的反馈，使学习积极性高的学生再接再励，使那些能力不强的学生消除英语学习的恐惧心理，渐渐培养他们的热情与信心。学生对英语学习自信了，才会对取得成功充满渴望，才会去努力奋斗，才会有学好英语和用英语表达自己的欲望。学生爱练、爱说英语，英语说得多了，熟能生巧，学生的英语学习就会越来越好。有些学生平时很难听到教师的夸奖，受责备则是家常便饭，久而久之，他们也就失去了自信心和自尊心，这样不利于学生的学习。

"全身反应法"是一种生动活泼、符合小学低年级学生心理特点的教学法。教师适当运用这一方法，对提高低年级学生的英语学习兴趣有所帮助。"全身反应法"的优点很多，做法就更多了，上文只是列举了一小部分课堂活动。如果在教学中教师能准确、适当、自然地运用"全身反应法"，就能组织好教学活动，增进师生感情，激起学生的学习兴趣，突出教学重点，提高教学效果。帕尔默曾经说过："在英语学习的初始阶段，教学方法如果不包含大量的学生执行教师指令的课堂活动是不可能成功的。""全身反应法"的游戏环节可以让学生根据教师的指令，完成相关的行动。这些游戏能培养低年级学生学习英语的兴趣和主动性。

研究表明，实施"全身反应法"后学生比过去更爱学习英语了，学习英

语的热情也比以前高了，这就说明引入"全身反应法"对学生学习英语有积极作用。但这一调查研究只是针对一所学校一个低年级班级的 36 位学生，因此有一定的局限性。如果要进一步说明这一教学法对全体低年级学生的英语学习都有效，必须进行更专业的调查研究。

【参考文献】

[1] 何广铿. 英语教学法基础 [M]. 广州：暨南大学出版社，2002.

[2] 王笃勤. 英语教学策略论 [M]. 北京：外语教学与研究出版社，2002.

[3] 夏纪梅. 现代外语教学理念与行动 [M]. 北京：高等教育出版社，2006.

"轻负荷，高质量"的声乐教学

胡　丹

声乐是一门实践性很强的艺术，正确的歌唱方法主要是通过训练获得的，而在音乐教学中，训练又必须在有限的课堂内进行。这就要求教师在声乐教学中不断完善自己的教学方式，力求实现"轻负荷，高质量"的声乐教学目标。

一、如何建构先进的声乐艺术教学理念

（一）打破传统唱法的思想禁锢

我们在教学中要结合学生的实际，努力探索科学的训练方法，中西结合，因材施教。因材施教包含了两方面的含义：一是教学的内容和方法要与学生的知识水平和实际能力相符；二是教学应照顾到学生的个体差异，不能机械划一地平均对待。

事实上，每个人的音乐天赋是不一样的，加上后天的影响和所处环境的差异，导致学生之间的音乐水平及兴趣差别很大。在教学过程中不能搞"齐步走""一刀切"，需要根据学生的不同情况，安排适当的教学内容，这才是因材施教。

因材施教，要求教师首先充分了解学生的基本情况，如声音特点、音乐基础以及兴趣特长等，然后根据掌握的情况安排集体教学与个别辅导相结合的教学内容与教学要求。此外，教师还要处理好普遍教学和重点培养之间的关系。总之，因材施教是要求教师为学生提供适合他们并能为他们所接受的教育方式，而且还要使他们的特长得以彰显，弱项得以弥补。在声乐教学中，教师的任务就在于帮助学生修饰自己的声音，培养他们的演唱能力和素质，使他们的演唱自如、流畅、动听。

（二）艺术性和思想性的统一

艺术性主要表现在形式上，而思想性则主要表现在内容上。就声乐的教学过程而言，艺术性主要表现在演唱的技能、技巧和歌曲的呈现方式上，思想性则主要表现在通过声乐教学过程渗透做人做事的道理和基本原则。艺术性和思想性，二者不能偏废，单纯追求某一方面的效果都是不成功的。音乐作品的艺术性是通过它的音乐艺术形象来体现的，而音乐作品又必须包含深刻的思想，要具有教育意义，只有这样，音乐作品才会具有感染力，才会深入人心，才会形成共鸣，才会产生美感，才会有积极的意义。为了使声乐教学达到艺术性和思想性的统一，我们应该注意以下几点：

（1）选择合适的曲目。没有合适的教学材料，就没有合适的载体，有效进行声乐教学的基本条件就是选材得当。教师在钻研教材和分析作品时，要充分揭示作品中丰富的思想内容，在教学过程中不但要注意对学生音乐才能的培养，也要注重分析歌曲的内容、性质和音乐表现手段，让学生通过不断地感受，有感情的演唱，加深对作品的理解。

（2）在教学过程中，通过分析作品内容、讲解作品的创作过程等，培养学生的道德感和责任心。

（3）在教学过程中，还应重视发展学生的审美感情和想象力。所谓发展学生的审美感情就是把生活中的感情与艺术作品中所反映的感情互相联系，以加深学生对音乐作品的感受和体验，陶冶学生的情操。同时，还可以通过分析艺术形象和音乐表现手段，逐步发展学生的音乐想象力。

（4）培养学生正确的审美观。所谓审美即对作品的认识和态度。正确的审美观是在系统的教学中逐渐形成的，这就要求教师在教学中不断渗透正确的审美标准，用那些思想性、艺术性高度统一的作品影响学生的审美情趣。

（三）借鉴"西洋唱法"的先进经验

声乐教学有它自身的规律和固有的知识体系。歌唱有它科学的发声方法以及符合科学原理的技能、技巧。获取这些方法、技能和技巧，只有通过正确而科学的训练方法方能奏效。歌唱看似简单，但实际上要掌握演唱技能是非常困难的。许多出色的歌唱家都经历过坚苦卓绝的训练，甚至活到老，练到老。对于一般人来说，要想获得良好的歌唱效果，绝非一日之功，这比掌握一两门器乐演奏技术要困难得多，所以科学的训练方法，对歌唱教学显得尤为重要。

（1）必须遵照教育部颁布的课程标准中关于歌唱教学的要求和进度开展教学。离开了课程标准，我们的教学就会失去方向性和目标性，会脱离教学的基本要求。无方向、无目标的教学，就谈不上科学性和系统性。

（2）科学正确的发声方法涉及生理学、解剖学、物理声学等方面的知识。因此，在训练的过程中，我们必须要按照科学规律办事，科学合理地进行发声训练。

（3）在对概念、定义、知识、原理等进行讲解时，我们除了要做到准确无误外，还应理清它们之间的关系，注意知识的系统性。另外，帮助学生理解发声技巧所作的比喻、类比必须恰当，因为教学必须科学、严谨。

二、正确理解科学的发声机理，建立切合实际的发声体系

人的嗓音就是一件乐器，一件能用不同语言表现音乐的奇妙的乐器。但要想正确、科学地发声并利用嗓音这件乐器表现音乐，就需要了解人体发声器的生理结构和发声原理。人的发声器大体由声带（含假声带）、胸腔、喉腔、咽腔、口腔、鼻腔、头腔构成。简单的发声原理是：声带在气体的冲击下产生振动，经过胸腔、咽腔、喉腔、口腔、鼻腔、头腔的共鸣，便能发出响亮和动听的声音。音质、音色等都是由共鸣腔体来调节的。要想做到自如调节共鸣腔体，就必须经过严格、正规的训练。自然的歌唱与人的情绪、心理、肌肉与器官的配合有极大的关系，喉器的位置、气息怎样运动、路线如何、软腭在不同音高时的状态、舌根和舌头的运动、下巴如何运动、怎样张嘴、人的身体如何配合等等，都关系到声音的好坏。虽然人类发声器的生理结构具有共性，但每个人的声音特点是不同的，除了有男声、女声、童声、高音、中音、低音之分外，还有音色、发音习惯、语言习惯的不同，另外还有生理和心理因素的不同，因此每个人在学习声乐的过程中，能否建立起科学的、符合自己声音特点的发声体系才是关键。在练习时，每一个音都必须遵循歌唱发声原理，声音通畅，气息流动，有音量而不"伤嗓"（伤声带）是总原则。

中学生的嗓子很稚嫩，特别是这个阶段多数学生正处于变声期，音域变窄，有些学生唱歌时爱喊唱，这样容易伤嗓子。珍惜嗓子、保护嗓子是中学歌唱教学过程中必须坚持的原则。

保护嗓子，包含两个方面的内容：一是教学过程中要根据学生的嗓音情况选择音域适合的歌曲，以免学生不当用嗓或过度用嗓；二是一旦发现学生的嗓子不舒服，要立刻让其休息。所谓的"带病坚持""带伤坚持"是万万不可取的。

保护嗓子的意义还在于保护学生唱歌的积极性。如果不能很好地保护嗓子，一旦造成损害，虽不会影响学生的生活，但对学生学习歌唱的兴趣可能造成消极的影响，我们必须引起重视。

如果学生急于求成，教师拔苗助长，在短时间内拔音量、拔高音、唱大歌，这样往往会适得其反，导致学生一开口全是毛病，有的毛病还根深蒂固，改都改不了。因此，让学生初学声乐时把中声区的基础打牢固，形成正确、积极、良好的歌唱状态，是歌唱训练的基础。

三、运用行之有效的训练方法

声乐教学，难就难在因材施教。要做到对不同的学生进行行之有效的训练，在教学过程中以下几条原则是必须遵守的。

1. "相才"再"施教"的原则

要做到因材施教，首先要了解学生，即"相才"是关键。在开始系统训练之前，教师对学生必须进行全面的了解。而要了解一个学生，绝不是一蹴而就的，这需要一个过程。教师要充分了解学生的特点、习惯、歌唱条件、发声缺陷等，然后制订出系统的训练方案。

2. 基础训练和循序渐进的原则

声乐基础训练，就像建高楼打基础，基础不打牢、不打扎实，高楼是建不起来的。不少学生学习声乐往往急于求成，喜欢和别人比，教师方面也有拔苗助长的情况存在。声乐教学一定要循序渐进，在基础训练过程中，一是要帮助学生建立正确的声乐理念，培养学生正确的声乐审美观和正确的声音感觉（包括内心听觉和内心感觉）。二是先从学生唱得最好的一个母音开始训练，逐渐过渡到其他母音的训练，使学生形成正确、良好的歌唱习惯，能"张口就来"。三是培养学生良好的音乐感受力。在进行基础训练时，千万不可以让学生光"练声"不"唱歌"。教师必须根据学生的实际演唱能力，安排丰富的曲目让学生唱，教学生如何充分表现每一首乐曲，不断培养学生的音乐感受力和表现力。四是训练学生正确运用歌唱气息。在气息练习中，有的教师喜欢教学生先找气再发声，这样往往造成学生能找到气息，但气息僵硬，唱歌呆板。我们不妨让学生在歌唱中找气。其实，歌唱时应自然用气，情绪有了，状态对了，激情来了，气息自然就有了，千万不可故意深呼吸。

教师在教学中应当创设良好的艺术教育氛围，尽可能使学生积极主动、全身心、全方位地参与到歌唱活动中来，使他们获得审美体验。

我们要做的是提高学生参与的质量，让学生全身心地投入。因此，要让学生真正对声乐课的内容感兴趣，难度要适中。所选的教学内容不能太容易，否则学生会觉得缺乏挑战性；也不能太难，否则学生没有成就感。另外，还要设置足够的兴奋点，使学生自始至终保持高昂的兴致。

新课标将教学过程与方法细化为4种具体的学习行为：体验、比较、探究、合作。这4种教学方法也同样适用于中小学的声乐教学实践。

1. 体验教学法

体验式学习使得知识的学习不再仅仅局限于认识和理性范畴，而扩展到了情感、态度和人格等领域。体验式学习强调参与、活动、探究、实践，要尊重学生的个人感受和独特见解，鼓励学生进行创新，将学习过程变为融学生个人经历、感受、体验、操作为一体的过程。

声乐教学中应采用"体验"的教学方法是由音乐作品的非语义性和不确定性特征决定的。事实上，音乐学习是不能依靠讲授的，因为讲授往往与学生自身的音乐体验相悖，是在以教师的感受代替学生的感受。

2. 比较教学法

比较教学法是在教学过程中将不同表现形式的相同题材的作品进行比较。如通过比较独唱《牧歌》与合唱《牧歌》，使学生知道独唱是单旋律的，而合唱具有丰富的和声，更具感染力。这种教学方法不仅可以激发学生音乐学习的兴趣，而且有利于学生音乐思维的发展和分析评价能力的提高，还有利于开阔学生的视野，提高教学的效率。

3. 探究式教学法

探究式教学法是指学生在教师的指导下，自主收集资料，调查研究，分析交流，发现与探索问题并获得结论。例如，在教学民族唱法、美声唱法、通俗唱法的比较时，可让学生利用信息技术，分组收集资料（含不同唱法的起源、代表作品及歌唱家、发声方法及风格的不同特点），在课堂上交流，分析讨论并得出结论。这种教学方式可以培养学生合作与共享的精神，使学生增长独立思考能力、丰富体验、保持学习兴趣，培养学生尊重事实的科学态度，更重要的是能让学生"会学音乐"。

4. 合作式教学法

合作式教学法是指在教师的指导下，将学生分成几个小组，让学生既有明确的责任分工又能相互协作。这种学习方式有以下几个特点：

（1）每个个体都积极承担共同任务中的个人责任。

（2）个体之间相互协作、支持，通过有效沟通，妥善解决组内矛盾和遇到的问题。

（3）教师是课堂教学的组织者、引导者和合作者，并对活动的成效进行评估。

合作式教学法中分组可以采用多种形式：

（1）规定人数，自由组合。这种组合形式的优点是能充分发挥学生的自主性，让学生自主考虑组内角色和任务分工；缺点是能力差的学生可能会被排除在外。如果出现这种情况，教师要及时调整，注意保护能力较差的学生的自尊心。

（2）以性别为依据划分小组。这种组合形式的优点是可以有效激励男生。一般来说，在初中阶段女生比男生对音乐更有兴趣，能力也强一些，但男生并不愿承认这一点，他们会为了证明自己的能力，竭尽全力。

（3）按座位就近原则分组。这样分组具有随机性，组员之间可以互补。

无论哪种分组形式，都有利于促进学生间的交流与合作，发挥每个学生的长处。合作式教学法融合了游戏和竞争的因素，既能增加学习的趣味性，又能有效提高学生的音乐能力。

有句话说得好："教学有法，但无定法。"铃木教学法、柯达伊教学法、奥尔夫教学法、综合音乐感教学法……这些享誉世界的音乐教学方法，无一不是建立在了解学生心理、生理的基础之上的，它们都体现出创立者独特的智慧，放射出创造性的光芒。

在我们的教学过程中，只有遵循这些原则，才能收到较好的教学效果，才能真正体现"轻负荷，高质量"。

第 三 辑

生本与生成教学实践

　　广外外校构建的"生本·生成"课堂教学模式，包括课堂三要素、课堂四环节和课堂评价五要点。广外外校教师在教学工作中灵活运用这一新课堂教学模式，在教育教学实践中不断改进和完善，积累了丰富的新课堂教学经验。本书第三辑主要内容是广外外校教师对"生本·生成"新课堂理念的实践和反思。

课堂因合作而生动

——对语文小组合作学习方式的探索

文红梅

美国明尼苏达大学合作学习理论家约翰逊教授指出，课堂活动的主流是学生的合作活动，学生的合作活动能否有效组织直接关系到学生学习积极性的发挥、学习成绩的提高和集体凝聚力的形成。

一、定向

小组合作学习是目前世界上许多国家采用的一种富有创意的教学理论与方法。由于其实效显著，被人们誉为近十几年来最重要和最成功的教学改革。小组合作学习是班级授课制背景下的一种教学方式，即在承认课堂教学为基本教学组织形式的前提下，教师以学生学习小组为重要的教学组织手段，通过指导小组成员展开合作，发挥群体的积极功能，提高个体的学习能力，达到完成特定教学任务的目的。小组合作学习改变了在传统集体教学中，师生单维交流，教师垄断课堂的信息源，学生处于被动局面的状况，学生的主动性、创造性得到了充分的发挥。

我们的教学实践也表明，在合作学习过程中，通过师生之间、生生之间的交流和对话实现了情感的交流、思维的碰撞，大大提高了学生解决问题的能力。

"自我发展"教学模式的"四自四导"理念认为，在小组合作学习中，学生更多的是自订学习目标、学习计划和学习策略，然后实施学习；在学习过程中，根据内容和现场实际，思考目标是否适宜、计划是否周全、策略是否有用等问题；在学习后，及时总结学习的收获，思考在学习的过程中自己的表现和策略使用的有效度。通过反思性学习，学生能形成高效的自学自导学习模式，从而不断地提升认知能力。自己指导自己便是学生在自学过程中把自己的学习当成客体来反观自照，这种自导下的自学才是自我发展的学习。

"需要满足论"认为，学校是满足学生需要的最主要场所。学生到学校里学习和生活，需要的是自尊和归属感。小组合作学习在课堂教学中为学生创设了一个能够充分表现自我的氛围，为每个学生都提供了自我表现的机会和条件。学生在小组中相互交流、彼此尊重，共同分享成功的快乐，这样有利于促进学生进一步发现自我、认识自我，并得到全面发展。于是，我在语文课堂上开始了小组合作学习方式的探索。

二、运作

我将学生按座次以一竖排分为一个合作小组，选出一位组织能力较强的学生做组长，因为正在进行"单元模块教学"的课题试验，所以我参照模块教学的"三段式五课型"模式，尝试在不同课型中进行小组合作学习。以人教版小学语文六年级下册第四单元为例，我做了以下设计。

1. 感知课（1课时）：了解单元整体——凸显整体性

要体现新课标中"学生是学习和发展的主体"，进行"自定向"和"导定向"是不可或缺的第一步。我组织学生利用早读，通读整个单元的课文（从"单元导读"读到"积累运用"），让学生初步了解要"学什么"，明白新要求。然后每个小组围绕老师指定的一篇文章，进行如下的探究：

（1）介绍作者、写作背景等相关内容。

（2）这篇文章的主要内容是什么？把自己喜欢的句子读给大家听，并说说喜欢的理由。

（3）解答课文前"预习"中的问题，提出自己解决不了的。

（4）预习后，你还有什么新问题？

因为每个小组只学习一篇课文，其他内容需要聆听别的小组的汇报，所以在课堂上学会聆听、借鉴尤为重要。同时在汇报时还应发挥小组长的组织作用，做到任务分工明确，争取人人都有机会展示。感知课上还不可忽视"积累运用四"与《读写例话》的合作交流，这样才能体现出单元的整体性。

2. 学法课（4 课时）：学习《古诗两首》《匆匆》和《读写例话》——凸显主体性

根据新课标要求，在阅读课文时要突出学生的主体地位，强调学生阅读的自主性和独立性。于是，在 4 节学法课上，我紧扣单元训练目标，用小组合作学习的方式，重点让学生探究《示儿》中的"悲"与《闻官军收河南河北》中的"喜"的深层含义，感悟《匆匆》一文中"我们的日子为什么一去不复返呢"这个句子在全文所起的主线作用。

例如：抓住《闻官军收河南河北》一课的文眼——"喜欲狂"，我给 6 个小组分配了如下的探究题：

> 第 1 组：联系时代背景及作者生平，说说作者"喜"从何来？
>
> 第 2 组：文中还有哪些词、句能体现出作者的"喜"？
>
> 第 3 组：除了"归乡"之喜，作者还因为什么而"喜"？
>
> 第 4 组：读出"喜"。
>
> 第 5 组：演出"喜"。
>
> 第 6 组：由"喜"体会作者的思想感情。

学法课上主要采用自学辅导的方法，对学生来说大多是探究性的学习，此次合作学习与上次不同的是各小组只围绕一个话题展开探究，汇报时需要选派发言人，因为发言人代表的是整个小组的意见，所以更能调动全组同学的积极性，整合有效信息。小组探究应从质疑开始，从问题开始，经过组内的讨论、争辩、辩论，经过思考、研究、反思，加深学生对教材观点、内容的理解，甚至超越教材，有所发现。在这种探究性学习中，教师一定要给学生时间和空间，让学生思维飞翔，那样他们的创新精神就会得到张扬，实践能力就会得到锻炼提高。

3. 用法课（2 课时）：补充阅读，学习《难忘的启蒙》和《三克镭》——凸显开放性

新课标倡导的自主、合作、探究的学习方式，在用法课上有了广阔的展示舞台，在学生已经总结出本单元阅读训练的方法之后，我会用"回顾—合作—交流—品析"的方式，抓住《难忘的启蒙》一文中的"启蒙"和《三克镭》中的"人格"二词为"文眼"做文章。围绕"文眼"和课文中含义深刻的词句提出自学要求。

以《三克镭》为例，我设计了这样的合作探究题目，把课堂交给学生去交流、展示：

> 第1~3组：联系三克镭的来历，理解"人格"。（2人）
>
> 第4组：联系文中的词语，读懂"人格"。（全组）
>
> 第5组：联系文中居里夫人的语言，理解"人格"。（4人）
>
> 第6组：联系居里夫人的其他故事，以及像居里夫人那样的科学家和模范人物，感悟"人格"。
>
> 第7组：联系自己及身边事，从正反面的实例感悟"人格"。

探究问题的发散性、学习方式的多样化、课堂的大容量，都凸显了模块教学的开放性。用法课上主要采用自学辅导的方法，对学生来说，重点是要体现对已知学法的灵活运用，就是让学生自己运用方法和策略进行学习、实践，去探究，去思考，形成创新思维和实践能力。

4. 感悟课（3课时）：整合单元、作文指导、写作、讲评——凸显活动性

新课标强调："在教学中尤其要重视培养良好的语感和整体把握的能力。"所以在学完4篇课文后，我会安排一个课时，继续发挥小组合作学习的优势，让各小组合作探究。

> 第1、2组：本单元课文学习时的阅读方法。
>
> 第3、4组：本单元的句段积累、课外延伸。
>
> 第5、6组：本单元的写作特点。

从感悟课开始，教师的教法已经从演绎法逐步转向归纳法，以形成学生自主思考、自觉发展的能力为主，学法也以反思性学习为主。学生在这样的学习过程中，不仅要自订学习目标、学习计划和学习策略，还要思考目标是否适宜、计划是否周全、自己的表现是否良好、策略是否有效，从而形成高效的自学自导学习模式，实现模块教学提倡的"得法课内，得利课外，受益终身"的学习目标。

5. 活动课（2课时）：对联赏析——凸显综合性

新课标指出，应着重培养学生的语文实践能力。本单元安排的语文实践活动是进行"我们与周围环境"的调查，我认为教材中的这个安排与我设定的单元训练目标不一致，不利于通过活动课实现"得法课内，得利课外，形

成能力"的目标。于是，我对教材做了大胆的改编，将"读读背背"中的四副对联和"阅读"内容设为活动课的主要内容，还发挥小组合作的优势，运用"讲—读—品—练"的方法，让学生沿用学法课上常用的析词研句的方式深入理解。

> 第1、2组：讲对联故事。
>
> 第3、4组：赏析趣联，积累趣联。
>
> 第5、6组：对对联。

活动课上最适合运用自导自学的学法，它既有助于引导学生形成收集、使用资料的能力，又有助于引导学生形成求异、发散思维能力，既要求学生独立、自主、自立，又要求他们学会合作、民主、协同，"四自"理念得以全面运用。在体现活动课综合性的同时，还应关注：教材的取舍、挖掘和延伸；学生课前相关资料的准备情况；小组间相关资料的借鉴、整合，并要把活动课内容与学生实际生活相结合。

三、调节

小组合作学习，让学生真正地活跃起来，但这种学习方式也有其弊端：合作中，既要考虑到学生对基本知识的学习，又要考虑到他们对基本技能的掌握；既要注意培养学生的自学能力和独立思考能力，又要注意培养学生的论辩能力、交往能力、处理人际关系的能力；既需引导学生形成收集、使用资料的能力和动手操作的能力，又需引导学生形成求异、发散思维能力，培养学生的直觉思维、逻辑思维、形象思维能力和创造能力；既要求学生养成独立、自主、自立的品质，又要求他们学会合作、民主、协同；既有教师的教导、指导、诱导，又有学生的主动、生动、自动……

的确是难求齐全，使用不当，还会走入以下误区：

> (1) 重合作形式，轻价值讨论。
>
> (2) 重合作讨论，轻独立思考。
>
> (3) 重个别优秀学生，轻后进学生。
>
> (4) 重生生合作，轻师生交流。
>
> (5) 评价和奖赏重整体，轻个体。

这就需要我们在实践中寻找解决对策：

（1）合作学习的小组成员在组合上要注意层次性、差异性和互补性。

（2）合作学习的形式、内容要注意多样性。

（3）处理好独立学习与合作学习的关系。

（4）培养学生合作学习的能力。

（5）教师要更新教育理念。

合作学习成功与否，同教师的引导与参与是分不开的，在这一过程中，教师担负起了更大的管理和调控职责。在合作学习中，教师的重点任务是精心设计合作学习的形式，对学生分析、目标设置、任务选择、策略匹配、教学过程展开与评估等全程进行把控。在很多情况下，教师必须对各个小组的合作学习进行现场观察，为他们提供及时有效的指导，让小组合作学习真正从形式走向实质。

一些具体的调节方式，能使合作学习更有效。

合作前：

（1）训练学生规范的表达方式：声音洪亮，举止大方，汇报以"大家好"开始，以"谢谢大家"结束。

（2）合作小组的人员组合，要根据学生性别、能力、成绩等因素合理搭配，并定期调整。

（3）合作小组的组长、发言人由学生轮流担任，让每个人都尝试不同角色。

（4）合作学习前，给学生充分的独立学习时间，并提出明确的合作要求，保证学生在合作中不随声附和，不人云亦云。

合作时：

（1）进行一些专项汇报时，要求有规范的程序：朗读课文，要求学生先说"请大家翻到课本的……页，看第……自然段，我要读出……的情感"，然后再读；析词研句时，要求按照"找出关键词—分析词义—放到句子中去体悟—从词句想开去—有感情朗读"的顺序进行；小品表演时，要求人人参与，主持人要有开场白和结束语。

（2）一定要体现合作的有效性，组长主持，人人参与，分工合作，组内帮扶，使学生会倾听、会评价、会纠正。

（3）小组汇报时注意与听众互动，可在合作要求中对听众提出"评价""跟读""质疑""追问"等要求。

（4）学生汇报时，教师要适时引导、解疑、鼓励。

（5）合作学习中，资料的课前准备要充分，以便于课内的整合，并提倡合理使用参考资料。

合作后：

（1）在日常管理中强化小组合作的意识，比如，在班会课、值日小队、兴趣小组、小岗位中强化学生小组合作的意识。

（2）对于小组同学的汇报，其他同学和老师要有相应的评价、反馈，比如，掌声鼓励、考核表加分等。

重视小组合作学习的良好学习品质不是一朝一夕就能形成的，要通过不断的指导、长期的熏陶，通过相互探讨，不断反思、校正，才能逐步走向成熟。

四、激励

"自我发展"教学模式的"激励"，是指让学生在一定的教育教学情境中激发起学习和发展的兴趣，推动他们去追求。在自运作阶段，自激励表现为责任心、意志力。到了自调节阶段，自激励表现为对正反馈的自信心、成就感和对负反馈的忍耐力、持久力。在小组合作学习方式的探索中，我也将此方式广泛地运用在德育管理、综合实践、语文专项训练等不同方面，力求成为前期"定向""运作""调节"的动力系统。

1. 在析词研句和朗读专项训练中进行小组合作，如《卖火柴的小女孩》。

第1组：找出前4个自然段中描写小女孩可怜的句子，析词研句，有感情地朗读。（5人）

第2、3、4、5、6组：读出每次擦火柴时小女孩情绪的变化，即"无助—胆怯—疑问—惊喜—失望"。（4人）

第7组：理解最后两段中3个含义深刻的句子。（3人）

2. 在"古典名著"专题课中进行小组合作。

> 第1组：介绍《汉乐府》和边塞诗。（3人）
>
> 第2组：介绍《史记》和曹植。（3人）
>
> 第3组：有感情地朗读第11、12、13、14课精彩片段。（4人）
>
> 第4～7组：介绍四大名著的主要内容、文学成就、主要人物、经典回目、后人评价，每组介绍一部作品。

3. 精读课文时进行小组合作，如《草船借箭》。

> 第1组：诸葛亮"算"了什么？（3人）
>
> 第2组："妙"在何处？（3人）
>
> 第3组：分析文中4个人物的性格特点，读出相关句子。（4人）
>
> 第4组：创作小品《草船借箭》（重点展示课文插图）。（5人）
>
> 第5组：有感情地朗读课文第二段，语气中要显示出人物性格。（3人）
>
> 第6组：细品课文第52页插图，围绕"神机妙算"提出5个有价值的问题，自问自答。（5人）
>
> 第7组：讲讲题目中的"借"用得好不好。（2人）

4. 略读课文时进行小组合作，如《景阳冈》。

> 第1组：讲述课文主要内容，给各部分加小标题，思考为什么不直接写"打虎"？（3人）
>
> 第2组：析词研句，分析"武松"形象。（4人）
>
> 第3组：文中哪些词句的说法与现代汉语有较大不同，解释给大家听。（5人）
>
> 第4组：有感情地朗读描写武松打虎情景的3段课文。（全组）

小组合作学习实施中，许多问题有待解决。

> （1）由于合作时间、内容的局限，每个合作小组只能解决一个或一方面的问题，学生不易做到对文本进行全方位地理解。
>
> （2）因为时间有限，多数汇报不需要太多发言人，可以做到人人参与讨论，但不易做到人人参与汇报。
>
> （3）对于每个合作小组而言，朗读训练只能涉及部分内容。

（4）既然合作讨论的题目既要体现文本的教学目标、教师的策略匹配，还要体现问题的课堂生成和学生的自行发现，那么问题由教师提出恰当，还是学生自设更好？

尽管如此，小组合作学习的实效还是毋庸置疑的。合作是一种比知识更重要的能力，体现了个人的品质与素质，是素质教育的重要内容。苏霍姆林斯基说："只有能够激发学生去进行自我教育的教育，才是真正的教育。"陶行知说过："生活、工作、学习，倘使都能自动，则教育之收效定能事半功倍，所以我们特别注意自动力之培养，使它贯彻于全部的生活工作学习之中。"我们应让学生自由、充分地在小组活动中进行锻炼，因为这个小集体能够促进学生自我教育能力的形成，而学生自我教育能力的形成，又会极大地促进这个小集体的建设。让小组活跃起来，让学生在活跃的小组中活跃起来！

倾听花开的声音

——语文教学中探究式学习的几点尝试

刘　萍

曾听说过这么一件事：一位教师要求学生用"想"造句，有个学生站起来说："我想听花开的声音。"教师听了勃然大怒："乱弹琴，花开的声音怎么可以听？错了，重说！"花开也许真的有声音，那么只是我们目前限于条件还听不到；花开也许真的没有声音，想听声音便成为一个幻想和追求。但有一点是确定无疑的，就是这位教师的粗暴指责已经扼杀了学生的创新思维。在这里，我想说明的是，学生自己追寻答案，绽放出思维的火花，哪怕是一点点，都是值得我们惊叹的，正如花开的声音，虽小却动听。

苏霍姆林斯基说："每个孩子的内心深处都有他自己的一根弦，发出自己的调子，要想让那颗心与我的话相呼应，就得使我自己能和上这根弦的调门。"我们传统的学习方式把学习建立在人的客观性、受动性和依赖性的基础上，而忽略了人的主动性、能动性和独立性。要改变这种传统的学习方式，我们的语文教学就必须根据学生身心发展和语文学习的特点，关注学生个体差异和不同的学习要求，保护学生的好奇心和求知欲，充分激发学生的主体意识和进取精神，从而使教育方法从"粉笔＋讲解"最大限度地向学生参与转变，形成自主、合作、探究的学习方式。下面，我结合语文教学实践，谈谈自己是如何指导学生进行探究式学习的。

一、倡导开放阅读，提供探究机会

新课标理念下的语文教学不同于以智育为唯一内容的传统语文教学的一点，就在于所有学生都能全身心地投入，他们的认知、情感、意志等每一个因素都积极参与其中，让我们的语文教学远离沉闷，在轻松活泼的学习氛围中获取知识，发展能力。比如，《边城》是一篇课外自读课文，除了一些带有地方特色的对话外，在语言阅读理解上并无太大障碍，而且课文较长，不宜精讲细析。但《边城》是一支湘西山村生活的牧歌，是一曲真挚、热烈的爱情的赞歌，是一首用小说形式写成的无韵之诗。因此，欣赏《边城》需要有一种独特的眼光，如果仅把它当作一般的小说来读，就不能领略其中的真趣。所以，在教学时我改变传统的教学方法，运用多媒体技术，播放电影《边城》片段，展示一些湘西风情的图片，使学生对小说中刻画的独特而美丽的景色有感性的认识，既给学生充分的美感享受，又扩大了学生的眼界。在激发起学生对湘西这片神秘热土的兴趣之后，我又让他们收集和阅读作家沈从文及其作品的相关资料，了解这篇作品的风格特色。通过阅读这些资料学生理解了作品中人物身上所具有的悲剧色彩，也明白了小说中女主人公翠翠的寂寞。正如作者所说："一切充满了善，然而到处是不凑巧，既然是不凑巧，因之朴素的善终难免产生悲剧。故事中充满了5月中的斜风细雨，以及那点6月中夏雨欲来时闷人的热和闷热中的寂寞。"完成教学任务之后，我不失时机地提出一个课外探究话题："这篇小说极富乡土气息和湘西特色，你认为要发展特色旅游的话，哪些特色有开发价值？"学生们纷纷拿出手头的资料，各抒己见，提出了很多有新意和价值的观点。

通过开展这个活动，学生学习的积极性空前高涨，原本节奏缓慢并且无引人入胜的故事情节的课文竟然引起了学生的极大兴趣，很多学生自主阅读了《边城》全文，取得了很好的教学效果。例如，一个学生在周记里这样写道："作家通过翠翠和傩送、天保之间的爱情故事，将茶峒的自然景物和生活风俗错落有致地展现在读者面前。那清澈见底的河流，那凭水依山的小城，那河街上的吊脚楼，那攀引缆索的渡船，那关系茶峒'风水'的白塔，那深翠逼人的竹篁中鸟雀的交递鸣叫……这些富有地方色彩的景物，都自然而又清丽，优美而不浓涂艳抹，极富浓郁的湘西乡土气息。"

由此可见，在探究式学习中，教师应该作为学生学习的促进者、组织者和指导者，为学生构建开放的学习环境，提供多种渠道以获取知识和将学到的知识综合应用于实践的机会，促进学生形成积极的学习态度和良好的学习习惯，培养学生的创新精神和实践能力。教师还要及时了解学生开展研究活动时遇到的困难以及他们的需要，在不同的学习阶段进行有针对性地指导，如指导学生资料收集工作、指导学生设计解决问题的方案、指导学生如何形成结论，等等。只有这样，探究性学习才能有效地开展，才能落到实处。

二、自主筛选目标，营造探究氛围

每一篇课文都由若干个信息点组合而成，大到文章的主题立意、结构安排、语言特色，小到字词的读音与书写，不一而足。另外，文章中还有若干个小知识点，需要我们去努力挖掘。但在时间有限的课堂上，我们又不可能面面俱到，这就需要我们在抓住课文重点、难点对学生进行指导学习的前提下，还要注意指导学生对课文知识点的外延进行主动探究。

在预习《胡同文化》这篇课文时，我以"文化"为本篇筛选目标，先引导学生广泛关注日常生活中的文化现象，获得关于文化的一些直观认识。又让学生通过观察搜集了大量的素材，例如，服饰文化、饮食文化、酒文化、茶文化、建筑文化等。在这一过程中，大多数学生还对自己搜集到的材料进行了归类整理，比如，一位学生整理道："中国是一个美食大国，饮食文化特点显著：饮食讲究色、香、味俱全，烹饪强调刀工火候，吃的工具多用筷子，还讲究轻挑慢夹。而西方人就不同了，牛排鲜奶，刀子叉子，还有双手一齐上的。"这种从外延方面认识文化的学习方式，将有助于学生更好地理解文化的本质特征，也有助于学生更好地去领悟《胡同文化》的内涵。在平时学习课文之前，我都会指导学生提出自己感兴趣的一个或几个问题进行探究，并使其成为学生的一种学习习惯。同时，我对学生提出的问题经常给予资料上的帮助，但不是直接告诉答案，而是鼓励学生去探索，正所谓"授之以鱼，不如授之以渔"。

在探究式学习的过程中，我要求人人参与，人人有慧眼，人人有命题。只要是学生感兴趣的、对学生的成长有益的知识点，都可以列为探究的对象，从而在学生学习活动中形成了一种探究的氛围。值得一提的是，在整个探究过程中，要保持自由、和谐的气氛。学生在这种氛围中不必担心发挥不当而受到批评，也不会处于被动、压抑的状态，他们可以选择自己感兴趣的问题，按照各自的能力水平和方式自由地表现自己。也只有在这样的探究氛围中，学生才能养成搜集、积累的好习惯，才能锻炼信息整合、比较、提升和品评的能力。

三、学生质疑问难，互动交流合作

亚里士多德有句名言："思维是从疑问和惊奇开始的。"有疑问才有思考，才有发现和创造。知识在思考中增长，在疑问中创造和更新。语文教学过程中，适时为学生创造条件、激发欲望、启迪思维，让学生从多方面、多角度训练，正是语文教师应该做的。

学习《孔雀东南飞》一文时，学生在自主阅读之后提出很多问题，其中一个问题是："刘兰芝回家后为什么还有那么多人上门求婚？她不是一个寡妇么？"这个问题涉及东汉末年的婚姻风俗制度，我便抓住这个切入点，让学生分小组活动，探究这个问题。一周后，学生们对这个问题有了较为清晰的认识，于是就进行了一次全班的集体讨论。讨论中，有的组认为，从文章的表现手法来看，这主要是为了衬托刘兰芝的貌美才多；有的组认为，这是由当时的婚俗决定的。有位同学还根据所掌握的材料作出总结："西汉统治者对妇女再嫁问题在道德上给出了否定的评价。东汉以后，旌表守节孀妇的举动变得非常频繁。不过，两汉统治者的言论尚未完全拘束人们的行为，在实际生活中，妇女再婚现象还是屡见不鲜的。社会上对妇女的贞节问题不太在意，女人丧偶或离婚后仍可再嫁，男子也不因娶这样的女人而感到羞耻。由于人们的种种私利，寡妇不嫁反而会受到欺凌。如大家熟知的西汉名士司马相如就娶了守寡的卓文君，蔡文姬也嫁过多次。另据史书记载，汉景帝也把有过婚史的王氏立为皇后，而王皇后即汉武帝的生母。但到了宋代，程朱理学极力主张'存天理，灭人欲'，维护封建纲常，摧残人性需要。在婚姻家庭制度方面，蔑视妇女的权益，甚至提出：'饿死事小，失节事大。'在理学的影响和长期渗透下，从宋初到南宋的几百年间，民间对妇女再婚问题的舆论评价和社会风气都发生了巨大的变化。"学生通过分享初步的研究成果，推动了彼此在原有基础上的深化研究。当我看到每个小组通过自主合作品尝到胜利的果实的时候，心里也充满一种自豪感。应该说，自主合作的学习让教师、学生都感受到了成功的快乐，这样的学习方式比教师硬性地灌输效果不知要好多少倍！

四、善于发现整合，注重引导拓展

如果只有学生自主发现、研究课题，而教师不加以引导、拓展，那么这个课题的研究意义就不能完全发挥出来。记得在学习《陈奂生上城》一课时，学生因为主人公陈奂生而对中国农民的形象产生了浓厚的兴趣，于是我给学生布置了一篇随笔《我眼中的农民形象》。有一位学生这样写道："愚昧无知是他们贫穷的根本原因，他们不值得同情，反而还要靠城里人来养活，给他们捐助，给他们建希望小学……为什么他们不能自食其力呢？"令人吃惊的是，这种观点在学生中还具有普遍性。我想，生活在城市里并且在优越环境中长大的学生，怎能了解真正的农村生活呢？空洞的说教已毫无意义，于是我抓住契机，又给他们设计了一个研究课题《关注中国农民生存状态》，要求他们自己阅读书目、收集材料、发表看法，并且我还给他们推荐了报告文学《中国农民调查》供其阅读。一周后，我们举行了一次报告会，会上那位学生又一次发言："我为我上次的幼稚思想感到惭愧，这个周末我收集了很多关于农民的资料，农民的吃苦耐劳、宽容无私给了我深深的震撼，我明白了农民贫穷的原因不是一个简单的愚昧无知就可以概括的，他们是社会中的弱势群体，我们应该给予他们更多的关爱而不是耻笑！"一次小小的讨论会，也许不能从根本上改变学生的人生观，但是这种自主学习活动却能让他们认识到生活中的某些道理，教给他们正确而全面地认识这个世界，这难道不是一种非常好的尝试吗？

经过半个学期的教学实践，我欣喜地发现，学生们的信息收集和处理能力、与人沟通与合作的能力以及创新精神等都有了很大程度的提高。在对于探究式学习的进一步探索中，我越来越认识到，在教学中不仅要让学生在目标定位、内容选择上有所侧重，还要注重落实学生参与探究式学习的层次差异，以取得课堂教学的实效性。

综上所述，探究式语文学习是学生对知识探索和研究的过程，即学生在学习过程中，通过发现问题、调查研究、动手操作、表达与交流等实践活动，获得知识、培养能力、提高素质的学习方式和学习过程。它具有问题性、实践性的特点，能充分突出实践活动的重要性，让学生主动获取知识、培养技能、全面提高语文能力。与其他类型的学习方式相比，探究式学习重在学习过程而非研究的结果；重在知识技能的应用而非掌握知识的数量；重在亲身参与探索性实践活动，获得成绩和体验，而非接受别人传授的经验；重在全员参与而非少数尖子学生竞赛得奖。应该说，探究式学习有利于学生创造性思维的形成与发展，符合新课标的根本要求，并能较好地克服陈旧的教学方法产生的弊端。课堂作为一个载体，是学生展现自我、发展自我的平台，教师要充分利用课堂这一实施素质教育的主战场，培养学生的自学能力和创造精神，从鼓励学生自主学习、激发学生学习的内驱力入手，真正地把课堂还给学生。

花开已非常美丽，如果能有幸倾听花开的声音，那更是一件快乐无比的事，对于我，对于所有的教育工作者来说，我想，这都是一件幸福的事。让我们用足够的耐心、足够的智慧培养我们的花朵，和他们一起品味成长的快乐吧。

映日荷花别样红
——浅谈音乐在中学语文教学中的运用

黄朝晖

当代著名作家王蒙先生非常热爱音乐，他在散文《在声音的世界里》这样写道："声音是世界上最奇妙的东西，无影无踪，无体积无重量无定形，却又入耳牵心，移神动性，说不言之言，达意外之意，无为而无不有。"一语道出音乐的神奇。"情动于中而形于言，言之不足故嗟叹之，嗟叹之不足故咏歌之……"《毛诗序》中所说的"咏歌"，正反映了音乐是超越语言表达、抒发情感的"高手"。

音乐通过节奏、旋律、和声、音色来表达作者的感情，文学通过语言、文字再现生活和表达情感。虽然表现形式不同，但两者异曲同工，紧密相连。任何文学作品，如果没有真情实感，就不足以打动读者的心，这就是所谓"以情动人"。语文是表情达意的工具，这个工具的掌握和运用，总是伴随着一定的思想，交织着情感，因而语文教学对培养学生的情感有着得天独厚的优势。那么，当音乐遇上语文，让音乐走进课堂与语文课相结合，会给师生带来哪些惊喜呢？

（一）未成曲调先有情——在课堂导入环节中运用音乐创设情境

语文课堂经常采用的情境教学法，是通过模拟课文中的环境，营造气氛，带学生入境，激发学生的学习兴趣和热情，去体验文章作者的感受，帮助学生理解、把握课文的思想感情。这一模式在人文学科教学中的作用是得天独厚的，有效地设置情境是语文教师的基本功，也是增强课堂感染力的重要手段。

人教版语文七年级下册有一篇课文叫《爸爸的花落了》，选自台湾著名作家林海音的《城南旧事》。在上校本课程欣赏课《忆童年——〈城南旧事〉赏析》时，我选了罗大佑的《童年》这首歌导入，歌曲节奏轻快，歌词画面感强，容易引起初一学生的共鸣，使他们产生怀念童年之情，自然而然地进入作品中，走进主人公小英子的童年世界。

第一次读课文《斑羚飞渡》，我久久不能平静，心中涌动的是言语表达不尽的感动和震撼，如何能让他们也受到感染，进而让学生也体会到那种震撼？只有音乐，只有歌声才能让人们有如此强烈的感受，那么就是这首歌了——著名歌手韩红作词作曲的《天亮了》。歌词的叙事手法与旋律的跌宕起伏，完美地诠释了奉献的主题。

以下是此课的教学实例中创设情境的环节：

（1）欣赏动画歌曲《天亮了》（配歌词）。感悟音乐主题（歌曲讲述了一个怎样的故事）。

（2）请学生讲故事。

（3）教师概括、引导：父母用自己的肩膀托起孩子的生命之躯，唱响了一曲生命与爱的颂歌。在这个广袤的星球上，人并不是唯一的生命形式，也不是唯一具有情感的生灵，人类还有着最亲密的生存伙伴，那就是动物。《天亮了》讲述的危机出现在动物身上时，它们会怎样面对？一群濒临生命绝境的斑羚为我们上了震撼人心的一课。

本课的设计意图是以音乐创设情境，创设氛围，唤起学生的情感体验，用歌曲中的故事感染学生，调动学生的积极性，吸引学生的注意力。

记得那节课上完后，学生跑来说："老师，你是怎么想到这首歌的？太神了！""老师，我们喜欢这篇课文，太让人感动了。"

人教版语文八年级下册《再塑生命》一文，作者海伦·凯勒是一名集盲、聋、哑于一身的残疾人，对生活的热爱使她不断与命运的恶魔抗争，她一生的主旋律就是顽强奋斗、乐观进取。上课时，贝多芬的《命运交响曲》在教室里响起，学生在强劲有力的音符中，强烈地感受着主人公顽强、坚毅的品质与"扼住命运的咽喉"的不屈精神。

云南是民歌的家乡，教《云南的歌会》这篇课文时，可选用的民歌不少，如《马铃儿响来玉鸟儿唱》《蝴蝶泉边》《猜调》等，效果都不错。

诗歌教学在中学语文教学中有一定难度。一首经久流传的诗其中必然蕴含着特定的情感，如何让学生进入到情感中去领悟诗歌？在讲课前让学生听听相关的音乐，既可营造出一种课堂氛围，又可引导学生初步把握诗歌基调，为理解诗的思想感情做铺垫。导入乐曲的选择，要与诗歌的情调契合，这需要语文教师具备一定的音乐鉴赏能力。例如，讲九年级下册课文《乡愁》，在导入时，可放一段略带伤感的《思乡曲》，悠扬柔美而略带忧伤的小提琴曲能让学生的心绪稍稍平静下来，并营造出忧伤低沉的氛围来感染学生。

怎样导入《孔雀东南飞》？小提琴协奏曲《梁祝》最合适。凄丽哀婉、如泣如诉的琴声回荡在教室中，是在向我们诉说那个流传千古的凄美爱情故事，这不仅能平复学生上课前浮躁的心绪，更有"未成曲调先有情"的效果。

"好的开始是成功的一半"，教师要在导入这个环节上激发学生的学习兴趣，调动学生已有的情感体验，特别是营造出一种课堂氛围，能初步把握文学作品的基调，那么借助音乐无疑是一种理想的教学手段。"未成曲调先有情"，后面的"曲调"就会更有感染力。当然，并不是所有的文学作品都要运用音乐，乐曲的情感基调、艺术风格要与文学作品的情感基调相近，而如果音乐喧宾夺主，就要考虑取舍了。

（二）别是一般滋味在心头——在课堂结束环节运用音乐强化感情

好的课，在结束环节同样也要给学生无穷的回味，或如感叹号，或如省略号，使其情感体验能够升华，给人余音绕梁的美感。音乐给人的是听觉形象，尤其是当我们理解了一首诗后，诗与乐相结合，可以使学生在听的同时眼前幻化出视觉形象，于诗情画意中获得美感。学完《再别康桥》这首诗，为真切地感悟诗人那种缠绵、低徊、无奈的情绪，不妨放一首《小夜曲》，使学生在音乐中领略"轻轻""悄悄"的别离，领会诗中细腻的情感。这样学生既与诗人情感引起共鸣，又能够领悟到诗歌音乐美的特点。在教学《愚公移山》《孔雀东南飞》《我爱这土地》《故乡的榕树》《在声音的世界里》《安塞腰鼓》《绝唱》等课文时，不妨运用音乐来结束教学。

（三）映日荷花别样红——诗文教学中的音乐运用

诗歌，诗与歌，在各类艺术中，诗歌与音乐是最接近的，它们就像是孪生姐妹——在音乐中，我们能感受到诗的因素；在诗歌中，我们也能体验到音乐的特质。正像音乐必须通过演奏、歌唱来表现一样，诗歌也只有在吟唱、朗诵中才能充分发挥其抒情、审美的艺术功用。在中国诗论中，有"看景不如听景"一说，因为听可以引发人无限的遐想，这与中学语文新课标中

"要着力培养学生的形象思维能力"不谋而合。

　　不难发现，不少古典诗词已经被著名作曲家谱了曲而广为传唱，如李煜的《虞美人》《相见欢》、苏轼的《水调歌头·明月几时有》、李商隐的《无题·相见时难别亦难》、孟浩然的《春晓》、王维的《送元二使安西》、李清照的《醉花阴》《一剪梅》、徐志摩的《再别康桥》等。有不少广为传唱的歌曲就是由古诗词改编而来的，如由琼瑶填词、邓丽君演唱的《在水一方》，是由《诗经·秦风》的《蒹葭》改编而成，成为百唱不厌、永不褪色的情歌经典；由曾晶晶、徐世珍作词，黄磊演唱的《再别再别康桥》是由徐志摩经典诗歌《再别康桥》改编而成，经典插上了旋律的翅膀，飞得更远了；由李白的诗《宣州谢朓楼饯别校书叔云》改编而成的歌曲《新鸳鸯蝴蝶梦》，耐人寻味，被演绎成了一个现代爱情故事。

　　还有一些优秀的音乐作品可以直接配在相应的古诗词上，如将《古诗十九首·迢迢牵牛星》套上《彩云归》的曲子，《春江花月夜》套上同名古曲，意境和风格都十分协调。这种"套用"不是生搬硬套，而是一种深思熟虑之后的再创作。李叔同的《送别》套用的就是一首美国歌曲，这首曲子原先在美国并不出名，但经李叔同套用之后立刻风靡中国，成为20世纪华人音乐的经典。电影《早春二月》《城南旧事》均引用了这首歌曲做背景音乐，不仅如此，我觉得后者甚至巧妙贴切地用这首歌曲含蓄地表达了影片的主题。在构思欣赏课《忆童年》时，《送别》的旋律久久地萦绕在心头，挥之不去，是它开启了我的思路，当时我就想：为什么不以此为感情基调构思这一课呢？后来这节构思新颖的课受到广泛好评。我认为那节课的亮点就是对音乐的分析和理解。

　　以下是此课的教学实例中关于影片的音乐的环节：

　　（1）简介李叔同。

　　（2）男、女学生分别朗读歌词。

　　（3）这是流行于20世纪20～40年代的学堂乐歌（英子在学堂的音乐课上唱，在毕业典礼上唱），由于它倾诉了迷惘惆怅之情，很能代表当时青年学生和知识分子的心绪，获得广泛喜爱。在影片《城南旧事》中作为主题音乐，反复出现，你觉得成功？怎样理解？

　　（4）学生看配乐片段后进行讨论。

第
三
辑

生本与生成教学实践

209

学生理解：歌曲、音乐出现在小英子的每一段离别之后，营造了离别的愁绪，很好地表达了影片的主题。

教师结束语：这首曲子连同英子那双眼睛已深深地刻在我们每个人的记忆中，抹不去的还有你我珍藏着的童年的美好往事。童年在我们身上并非是一个行色匆匆的过客，我们要常常忆起童年，保持一颗童心，这在长大的过程中是多么的重要啊！让心灵的童年永存下去……

李叔同早已仙逝，林海音先生也于 2001 年 12 月 1 日病逝，这不由得让人感叹：离别，终究是人生的谢幕曲……

琵琶协奏曲《琵琶行》正是根据白居易的长篇叙事诗《琵琶行》创作的。引子部分描绘了"枫叶荻花秋瑟瑟"的意境。第一部分"忽闻水上琵琶声"，乐队以慢速奏出白居易豪放洒脱的主题。随后琵琶声悠然飘来，与乐队时分时聚，表现琵琶女出场时的情景。第二部分"说尽心中无限事"，琵琶的旋律委婉缠绵，奏出琵琶女的主题。随后运用多种琵琶演奏技法，刻画琵琶女高超的演奏技巧、风流的教坊生涯和凄凉的人生境遇。第三部分"江州司马青衫湿"，琵琶再现琵琶女的主题，更加深沉悠长，二胡悠缓的独奏恰似诗人的感叹，随后琵琶与乐队交融，犹如诗人"同是天涯沦落人，相逢何必曾相识"的心声。尾声"月白江心"，引子变化重现，描绘皓月当空，秋水如银，唯有琵琶的泛音在寂静的夜色中飘荡，传向天涯海角。

《琵琶行》的每一句诗几乎都能在该乐曲中找到影子。诗与曲如此契合，堪称完美。

抒情色彩浓郁的散文，运用恰当的背景音乐，能够烘托气氛，渲染、强化情感。如《春》《紫藤萝瀑布》《故乡的榕树》《荷塘月色》等，都可以在朗读时配上音乐，以增强文章的感染力。

（四）心有灵犀一点通——作文指导课中的音乐运用

心灵仿佛是绷紧的琴弦，音乐中优美的旋律、跳动的音符、轻快的节奏都会撞击、触动人的心灵，让人随着音乐波动变化而产生不同的情绪反应，引发人们无尽的遐想。欣赏音乐的时候，人的注意力集中，用心去听，一面听一面进行联想或想象。当我们听一首有标题的叙事性较强的乐曲时，就会联想到乐曲所描绘的具体的故事情节，如贝多芬的《田园交响曲》、小提琴协奏曲《梁祝》、琵琶古曲《霸王卸甲》等所描绘的情节就比较具体。当然，也有不少乐曲没有具体的故事情节，只是反映人们错综复杂的感情。当听到这类乐曲的时候，想象就可以不受任何限制和束缚，自由地放飞自己的遐想。在音乐声中，用文字及时捕捉、表现心灵的瞬间感受和思绪的脚步，那不正能培养学生的想象能力和形象思维能力么？

以下是教学实例中自由写作实践——联想和想象的环节：

如何培养想象力？听音乐写片段。

（播放背景音乐）

教师提示：你看到了什么？感觉到了什么？心弦因何而波动？跟上你的思维脚步，尽情抒写吧。

本课的设计意图是用音乐创设情境，激发学生的想象力和丰富的情感。

我选择的是具有古典风格的轻音乐曲目，舒缓悠扬，意境深远，情感浓郁而丰富，努力为学生创设广阔的想象空间，营造诗意氛围，让学生们的思绪在旋律中飞扬，情感在音符上回荡，优美而细腻的文字从他们的笔尖流淌出来……

贴切恰当地运用音乐，在语文课堂上能够营造气氛，激发学生情感，增强文字感染力，激发培养学生的想象能力和形象思维。语文教师应注意对音乐的选择，除了考虑课文的情感因素之外，还应考虑音乐所表达的情感、乐曲的形象、乐曲的风格、乐器的音色等。因此，语文教师平时要注重培养自身的艺术修养。

作家王蒙说"人生因有音乐而变得更美好了、更难于被玷污、更值得了"，那么，我感到语文因有音乐而变得更感人、更有魅力了！

让生本课堂成为一种常态
——《从"师夷长技"到维新变法》一课的教学反思

金　山

近两年来，广外外校深入开展课程改革，把生本教育的理念引入课堂，彻底颠覆了传统的以教师为主体的教学模式。所谓生本教育的模式，就是通过前置性作业引导学生先学，课堂上以小组讨论方式交流，学生展示交流成果，然后教师答疑解惑。如何在看似热热闹闹的生本课堂中追求教学的有效性，真正激发学生学习的积极性？我将通过《从"师夷长技"到维新变法》一课的教学来谈谈我的做法和认识。

一、前置性作业的反思

生本课堂的一个理念是提倡先学后教，以学定教，在学生先学的基础上，通过课堂的展示交流，引导学生获取知识，因此，前置性学习是生本课堂很关键的一个环节。怎样布置前置性作业？结合现在历史教学中重视材料教学、重视培养学生通过阅读材料获取历史信息的能力的特点，我在布置前置性作业的时候，注重引导学生对历史材料进行收集和整理。

在教授《从"师夷长技"到维新变法》一课时，我布置了这样的前置性作业：

（1）收集资料，了解鸦片战争前夕中西方的社会状况。

（2）了解《海国图志》一书对中日两国的影响。

（一）收获

学生收集整理材料的能力提高了，课堂教学的容量大大增加。

在传统的课堂教学中，都是教师提供材料，引导学生阅读分析，学生只是被动的接受者。因此，在做材料题的时候，学生经常不会阅读材料。而通过布置前置性作业，学生课前自主收集整理材料，我发现学生阅读理解材料的能力得到了很大的提升。例如，关于向西方学习的背景，学生就收集整理了如下材料：

材料1：中国人认为"天圆地方""天处乎上，地处乎下。居天地之中者曰中国，居天地之偏者曰四夷。四夷外也，中国内也"，认为中国人的世界就是中国，而中国即天下。

材料2：1601年，一位"紫髯碧眼"的人来到明朝的首都北京，他自称是大西洋人，中文名字叫利玛窦。明朝礼部尚书朱文恪在给神宗皇帝的疏章中说：在《大明会典》中只有"西洋国"与"西洋琐里国"，而没有什么"大西洋"，因此"其真伪不可知"。

材料3：对于战争发生地的东南沿海居民来说，战争是痛苦的浩劫，和以往的兵患、匪患不同的是，这次的贼人金发碧眼，衣冠古怪而整齐，手持远胜寻常鸟枪的火器。真是一伙厉害贼人！

材料4：连林则徐在鸦片战争之初也认为"我中原数万里版舆，百产丰盈，并不借资夷货"，如果中国闭关绝市，"恐尔各国乍计，从此休矣"。

……

学生展示收集的材料，教师引导学生分析：从这些材料可以看出，当时中国的思想界存在什么状况？再通过中西对比分析，让学生理解向西方学习的背景。因为学生在整理材料的时候已经积累了很多信息，所以教师只要稍加点拨就能升华学生的认识，教学过程也较为轻松。课堂容量大大增加，学生在整理分析材料的过程中，对一些知识点的学习已经水到渠成，因此，课堂时间就可以用来进行一些更高层次的交流和拓展性学习。

为了培养学生整理资料的能力，我要求学生不能把收集到的资料一交了事，而是要根据课文的需求，把资料整理成一段段一百字左右的小材料。我则根据学生整理的材料，选择一些作为课堂教学材料使用。把收集课堂教学材料的任务交给学生后，我得到了很多惊喜，学生收集的材料视野更广阔，也更多样。比如，材料4就告诉我们，就连开眼看世界的第一人林则徐，也有这种天朝大国的思想。由此，学生理解了鸦片战争前中国思想界的万马齐暗，体会到了向西方学习的可贵。

（二）反思

（1）是否加重了学生学习负担？学习时间如何保证？高中学生课程任务繁重，单是日常作业就应接不暇，前置性作业的质量和时间该如何保证呢？

我所在的学校是寄宿学校，学生两周才回一次家，利用电脑收集资料也大多在家里完成。所以这种前置性作业就很难成为一种常态，一学期也只能给学生布置两到三次。如果学生只是单纯地应付，复制粘贴了事，就起不到学习的效果。

（2）在现有的评价体系下，如何调动学生查找资料的积极性？现在学校对学生的评价还主要是依赖考试成绩，而忽视学习过程的评价。所以，单靠兴趣很难调动起全体学生查找资料的热情。时间长了学生难免会应付了事，查找资料流于形式，就达不到培养学生学习能力的目的。

（3）如何加强对学生收集资料能力的指导？学生收集资料实际上就是一个初步学习的过程。在这个过程中学生会产生大量的问题，如果能及时引导学生步步深入，就可以达到不错的学习效果。所以学生在周末回家收集资料的时候，还需要教师网络在线指导，但实际上这些时间教师也难以保证。教师课前指导也只能涉及少数较积极的学生。如何面向全体学生，调动他们收集资料的积极性，这个问题还要继续探索。

二、课堂交流环节反思

生本理念认为，在学生前置性作业的基础上，课堂交流讨论是学习的一种常态。学生手上有了资料自然就有话想说，有话可说。在这个过程中，教师就是一个导演，要有把握全局的能力。

（一）教师主导作用的体现

本节课，我把主要精力放在了教学主线的设计上。我以房龙《宽容》自序节选为开端。

材料1：在宁静的无知山谷里，人们过着幸福的生活。……

一个敢于离开山谷的先驱者回来了，他向人们讲述看到的外面世界，并愿意带领大家前去。……人们举起了沉重的石块，杀死了这个先驱者。……

引出在封闭落后的社会中，传播新思想的先驱者的艰难困境，以此创设一个情境，引领本课的教学。

材料2：吴玉章回忆说："我还记得甲午战败的消息传到我家乡的时候，我和我的二哥曾经痛哭不止。这真是空前未有的亡国条约！它使全中国都为之震动。从前我国还只是被西方大国打败过。现在竟被东方的小国打败了，而且失败得那样惨，条约又订得那样苛刻，这是多么大的耻辱啊!"

引导学生思考：为什么我们会被东方小国打败？战争的惨败会给中国思想界带来什么变化？

再根据材料3引导学生探究：你觉得"中体西用"疗法和维新疗法哪个更有价值？

材料3：苟有新民（指经过思想启蒙和教育培植而具有公民权利责任意识的新国民），何患无新制度？无新政府？无新国家？非尔者，则虽今日变一法，明日易一人，东涂西抹，学步效颦，吾未见其能济也。——梁启超《新民说》（1902年）

引导学生思考：病根在哪里？你能开出新的药方吗？

最后总结：引用房龙《宽容序言》结尾，与开头相呼应。

这样的事情发生在过去，也发生在现在，不过将来（我们希望）这样的事不再发生了。

全班朗读梁启超《少年中国说》，思考怎样让这样的事情不再在现在和将来发生。

这条线索不是教材中的教学主线，但因为有了前置性作业的准备，所以我才大胆地把教学设计重点放在这条线索上，引导学生体会从一个封建专制的社会走向一个民主自由的社会的艰难，而在这其中思想解放又起着何等重要的作用，从而突出思想解放对中国社会巨变的推动作用，最终升华学生的情感认识，强化了学生的社会责任感，在不知不觉中渗透了情感和价值观的教育。

（二）学生主体作用的发挥

生本的课堂是学生的课堂，把讲台和时间还给学生，学生也许会还你更多的精彩。

在本节课中，我大部分时间都是以学生为主，为了让学生的活动有效、有序，我设计了以下几个环节让学生参与。

（1）课前预习反馈：鸦片战争后，面对"西学东渐"的冲击，先进的中国人是如何应对的？

（2）牛刀小试：基础知识连线。

（3）学以致用：边学边练，巩固反馈知识。

（4）两个课堂讨论：

①《海国图志》在中国和日本有何不同的境遇？

②戊戌变法者的尴尬：老百姓认为他们是"奸臣"。变法者为了国家愿意去死，老百姓却把他们当奸臣，你认为问题出在哪里？

我认为课堂讨论的设计一定要有思维力度，要能引起学生思维的发散，要让学生感到有话想说、有话不得不说。通过一系列环节的铺垫，这两个讨论题目引起了学生的共鸣，出现了不少精彩的发言。学生思维的深度和广度在这个生生互动的论辩过程中得到了提高。

（三）反思

首先，课堂讨论时出现了一些问题，例如，当学生的思维闸门开启后，有时会偏离主题，提出一些比较敏感的问题。而我在面对这些问题时，进行了灵活应对。其次，由于本节课内容环节比较多，不能够让学生尽兴讨论，学生讨论后对问题的理解仍停留在表面。

三、感悟：如何让生本课堂成为一种常态

先学后教的理念是好的，但如何让这种理念成为自己的一种教学习惯，真正有益于学生呢？刚开始实验时，我只是在公开课上做了实践，平时的课堂教学还是以师本教学为主。这是因为高中教学工作量大，教师天天都有新课教学，备课任务都是一赶再赶，像这种大容量的生本课，需要教师课前广泛查找资料，做充分的准备才能上好。从学生方面来说，每天繁重的课后作业，使学生连最基本的课前预习都不能做到，又哪有时间完成每节课的前置性作业？而学生如果没有准备，那么生本的课堂将会出现冷场或流于形式的情况。但是通过将近两年的尝试，我对生本课的驾驭越来越熟练，通过备课组的研讨课、上级领导的推门听课、学校的观摩课等这些平台精心打造了一批生本课，两年下来积累了不少生本课例。

在备课中，教师头脑中始终要有生本这根线，有些问题其实把教师和学生换一个角度思考，就会形成不错的生本设计，关键是不要故步自封。只要敢于尝试，不断学习，不断反思，不断改进，我相信假以时日，这种生本理念就会形成一种教学习惯，生本的课堂就会成为一种常态，而我们也将在这个过程中收获教师的专业成长。

让课前预习成为学生高效学习的羽翼

——语文生本课堂课前预习指导方略初探

彭飞跃

一、生本课堂教学研究中产生的困惑

新课标颁布后的 10 年间，小学语文教学经历了较大的改变，传统的教学模式已逐渐淡出了小学语文课堂，取而代之的是现代教育理念下丰富多彩的教学方法。高效课堂、本色语文、"以学生为主体，以教师为主导"等成为"高频词"。教师为了上好一节课，往往在细读文本后，都会精心设计每一个教学环节，通过情境渲染、朗读感悟、问题设置、对比体会等多种教学手段引导学生走进文本，开展师生对话、生生对话、生本对话，将语言文字训练巧妙地和阅读理解结合起来，从而实现教学目标，提高学生的"听说读写"语文综合能力。

自从生本教育实验在广外外校推广以来，在生本理念指引下的生本课堂中，学生呈现出来的积极参与、主动学习、大胆质疑、自信表达等方式，给新课标下的课堂教学带来了巨大的冲击。课堂成了学生学习和展示的舞台，学生成了学习的真正主人。在教学中，教师为了实现课堂交流展示的有效性，给学生布置前置性作业。课堂上，当基础问题（字词、主要内容）解决后，教师把大部分时间用在了学生对前置性作业的交流汇报上。交流汇报主要是通过小组合作学习来实现，在小组长的主持下，每个同学都展示自己的预习成果，组内成员进行交流，然后再由一个或数个学习小组集体汇报学习成果，与其他同学进行交流。在学生交流汇报这一阶段，教师退到幕后，充当组织者、评价者，适时对学生的展示交流进行补充、点评。在这种汇报交流中，实现教学的目标。

这个教学流程看似简单，实践起来却非易事。熟悉学习流程、规范语言表达就是非常烦琐、艰巨的事，需要花费大量的时间和精力进行打磨。随着生本改革的深入，在生本语文课堂教学中，学生语文综合能力发展不均、课时过长等问题也逐渐浮出水面，成为影响生本改革进程的主要原因。

困惑一：尽管课前学生会比较主动地完成前置性作业，但是前置性作业基本上只能解决客观性的问题，如认读字词、读通课文、归纳课文内容、梳理课文叙述顺序等，学生对文本的感悟还是比较肤浅。再加上现在学习资料比较完备，学生在完成前置性作业时，很大程度上是"鹦鹉学舌"照抄资料，缺少真正的心灵感悟。尽管课堂上有小组合作学习、交流，但由于大家的学识水平处于同一个层面，所以难以很快打开思路；尽管教师教了很多阅读理解的方法，但学生对文本的理解还是停留在语言的表层，如果教师不做适时的引导，学生就很难走进语言文字的深处。那么，教师该如何参与到学生的学习中，引导学生深入文本，与作者产生心灵的共鸣，但又不落于传统教学的套路呢？

困惑二：语文阅读教学是提高学生语文综合能力的主要途径。生本课堂上，小组汇报交流大大提高了学生的口头表达能力，但如果在语文课堂上无法进行语言文字的综合训练，学生的语文综合能力又如何提高呢？如何在生本课堂中既凸显以生为本的理念，又能够全面实现"听说读写"的语言文字训练呢？

困惑三：琅琅书声是语文课堂的主要特色，朗读是培养学生语感的主要途径，是促进学生理解课文的主要方法。可是在生本课堂上，学生大部分时间都在听、说，那种饱含深情的朗读已经逐渐淡出了语文课堂。学生朗读能力的培养、语感的培养要如何实现呢？要想让生本理念下的语文课也有激情、深情、动情的朗读，又该怎样进行设计呢？

二、选准突破口，开展个性化的生本教学研究

困惑促使我开始反思自己的语文生本教学。从学习生本教育理念至今，我对生本教学模式已经了然于胸，运用自如。可是，为什么我总是找不到那种诗意的、行云流水的感觉呢？我的语文课到底怎么了？我不断地追问自己，却找不到答案，我陷入了困惑。教育改革是个艰巨的过程，只有在困惑中前进，在前进中变革，才能摸索出一条充满阳光的教学之路。我想，一定

是自己的教学存在问题，但问题在哪儿呢？经过反复思考，我终于发现问题所在，那就是照搬生本教学模式，把原本属于自己的教学特色（根据不同课型进行语言文字训练）丢弃了，所以，课堂上缺少了学生诗意的创作、激情的表白、入情入境的朗读。看似热闹的语文课堂，实则如同一杯白开水淡然无味。

要想在有限的 40 分钟里，既有学生尽情的交流展示，又能够在教师的引导下，通过语言文字训练，实现语文教学的目标，生成新的东西，就必须找准突破口，牵一发而动全身。"问渠哪得清如许，为有源头活水来。"学生的精彩表现源于课前的充分准备。看来，不抓好课前预习，不精心设计前置性作业，不提高学生课前预习的质量，课堂就难以呈现精彩，而我所期待的充满浓浓语文味的课堂就难以实现。

对，就让我从指导学生的课前预习开始新的生本教学研究吧！

三、学习理论知识，提高教学理论水平

理论认识的高度决定实践活动的程度和力度，没有正确理论指导的实践在很多时候是一种盲目的实践。从某种意义上说，没有理论的成熟就没有真正意义上的成熟。教育科研是教师专业发展的重要途径，而参与教育科研的前提条件是教师具备教学理论基础。身为一名教师，要想跟随时代步伐，在教育教学活动中不断创新、有建树，就必须掌握现代教学理论，敏锐洞察表面现象之后的教学规律，能及时发现问题根源，并灵活运用教学原则，通过自身的不断学习与发展，在教学过程中满足学生诸多求知欲望，实现教育教学理想。因此，在找准了生本教学的突破口后，我阅读了大量有关课前学习的书籍和教学论文，提升自己的理论知识水平。对于下一步如何开展生本课堂教学研究也有了一定的构想，心中充满了希望。

《礼记·中庸》有一句话："凡事预则立，不预则废。"意思是说，不论做什么事，如果事先有准备，就能成功，不然就会失败。

教育家叶圣陶先生就极其重视预习，他曾说过："练习阅读的最主要阶段是预习。"《现代汉语词典》中对"预习"的解释为：预先自学将要听讲的功课。实际上，预习应该包含紧密联系的两个方面，即预先学习和预备学

习。预先学习以预备学习为目标，预备学习以预先学习为基础。预习是为了更好地听课，更好地掌握知识。叶圣陶先生指出："在指导以前，得先令学生预习。""非教他们预习不可。""得"和"非"两个副词极其坚定地指出，预习是学生学习过程中一个非常重要的环节。

理论的学习，不仅让我对语文教学有了更深刻的理解，也更加坚定了课前预习指导的决心。我也体会到，随着时代的发展，我们既要学习前人总结出来的经验，又要不断创新，不断改革，才能适应教育教学事业的要求。

四、应该遵循的课前预习原则

根据我校的寄宿制的特点和生本课堂的教学特色，为了顺应语文教学的时代发展，我对叶圣陶先生的预习方法进行大胆地扬弃，在符合生本教育理念的基础上，有针对性地进行预习指导，摸索出几条语文预习指导的原则。

1. 课前预习作业少而精原则

为了让学生在课堂上想说话、有话说，教师在布置前置性作业时，往往追求"面面俱到"，从生字词的学习、理解到课文内容的归纳，从对文本重点语段的理解到课文相关背景资料的收集，从仿照句式写作到读后感的写作……可谓用心良苦，生怕漏掉了哪个内容而影响了学生的课堂交流。这种表面上看来扎实全面的前置性作业，实则"高耗低效"。既浪费了学生的时间，加重了学生的学习负担，与学校倡导的"轻负荷，高质量"理念背道而驰，又因为学生对教学内容完全熟悉，使得课堂教学的新鲜感丧失殆尽，影响了学生的学习积极性。这种烦琐复杂的前置性作业模式使学生处于被动地位而形成不良的学习情绪，阻碍了生本教学改革的进程。为了全面推进生本课程改革，实现"轻负荷，高质量"的目标，我们必须布置合理而科学的前置性作业，做到课前预习少而精，只有这样才能帮助学生发展智力，提高能力，调动学生学习语文的积极性。

2. 课前预习与课堂教学相统一原则

预习设计与课堂教学在内容和程序上应该相辅相成、互相统一。学生的预习内容与课堂学习交流内容密切相关，从一定意义上看，学生的预习内容基本上就是课堂教学设计内容。这就要求教师布置给学生预习的内容必须与课堂教学相呼应，让学生有机会通过课堂展示自己的预习体会，进而在参与中建立自信、体验成功、触动反思、提升能力，呈现教与学的良性发展态势。如果课堂学习内容与学生课外的预习内容脱节或没有关联，预习体会就难以得到有效反馈，而且会使学生感到失望，从而对预习失去兴趣，最终敷衍了事或放弃预习。为了避免课前预习的无效性，我们在布置课前预习作业时，应该把课前和课堂看成一个整体。课前的学习是整个教学的一个部分、一段前奏，课堂教学是课前预习的延伸。教师在备课时，要把课前预习作业纳入教学环节，精心设计。

3. 课前预习符合语文教学规律

作为一门学科，一定有学科知识的内在逻辑规律。学生要想掌握一门学科的知识，就必须把握它的内在规律，教师教授一门学科，也必须摸索它的内在规律。语文阅读教学重在过程，在这个过程中，引导学生琢磨作者如何在具体的语言环境中运用其独特的言语去表达某种特定的情意，非常重要。因此说，欲得其精要，悟其妙处，"不仅感得，而且知得，悟得"。"初读领悟—感知历练—指导升华"，正是阅读教学从感性到理性的一般规律。再细致一点，就是"认读—理解—赏析—运用"。课前预习作业的布置也应该遵循这个规律。如果说，语文课堂教学主要解决理解、赏析、运用的问题，那么课前预习作业只需要学生对文本有个初步了解，扫清字词障碍、了解背景资料即可。我们为了追求课堂上学生在交流汇报时能够引经据典，滔滔不绝、行云流水般的表达效果，而把本该在教师的引导下才可能达到的深度，提前布置给学生完成，结果只能是学生大量阅读辅导资料而"抄袭"了事。课堂上出现资料雷同、个人感悟惊人一致的现象也就不难理解了。可是，这样的效果真的是我们想要的吗？

只要我们降低要求，回归语文教学的本真，遵循语文教学"慢慢浸染，习得"的规律，不追求语文课堂教学的"高""大""全"，就一定能够设计出精要的、能够促进高效语文课堂的预习作业来。

4. 课前预习的规范性原则

一直以来，预习只是一个象征性的教学环节，往往是教师在口头上提出一些预习任务，如要求学生把下次学习的内容预习一下，而至于如何预习、预习什么，并不明确。学生在这种毫无目的的情况下会怎样预习呢？无非是读读课文，应付了事。这样仅仅停留在口头上的预习要求，对于本身自主学习意识不高、学习动力不强的学生来说，更是难以落实。所以，预习指导必须有一个规范的过程。教师必须对预习的内容和组织形式精心设计，明确要求，这样学生的预习才能有章可循、有的放矢。

课前预习有固定的内容，例如，通读课文、圈画生字词、标出自然段号、认读生字词等，也有随着课文类型的变化而变化的内容，有时是收集时代背景资料、有时是了解作者、有时是写出自己的初读感悟、有时是根据课文内容提出有一定质量的问题，等等。

就是预习时的圈点批注也有严格的规定：画出生字词用圆圈，自然段号用带圈的数字"①②③"，重点句子用"===="，优美的句子用"_____"，关键词用"△△△"，主要内容写在课题前，读后感写在课文后……

规范后的预习，让学生养成了良好的预习习惯。打开学生的语文书，看上去"千头万绪"，实际上条理清楚，能够一目了然。

五、课前预习，成就课堂精彩

1. 课前预习为课堂练笔提速

《小桥流水人家》是人教版语文五年级上册第二组的略读课文。第二组课文以"月是故乡明"为主题，通过风格各异的4篇课文，展示了人世间美好的情感——思乡之情。款款的思乡情，浓浓的恋乡意，如同一杯茗茶，飘着悠悠茶香，越品越醇，越品情越浓。学生在学习课文的过程中，不仅要积累丰富的语言，更要感受美好的情感，还要领悟到，思乡的情是一样，思乡的方式、寄托的对象却因人而异，引发乡思的事物也各有不同。

《小桥流水人家》仅题目就充满诗情画意，让人不由自主地想到马致远的《天净沙·秋思》，课文开篇如诗的几句话，勾勒出了一幅"小桥流水人家"的写意画：小溪潺潺绕村庄，杨柳依依垂水面，水鸟流水相唱和。接着作者话题一转，回忆了儿时快乐、闲适的乡村生活，人们日出而作、日落而息、守望相助。结尾直抒胸臆——"那段日子，深深地印在我的脑海中。那些美好的印象，我一辈子也不会忘记"，表达了作者对故乡绵绵不绝的怀恋和思念。作为本组教学的最后一篇略读课文，在学生已初步感受思乡之情，领悟思乡方式多样性的基础上，我把它作为学生是否实现单元训练目标的一次检验，在教学设计时，将语言文字的训练——诗句仿写，作为这篇课文教学的重头戏。

略读课文只有1个课时，要想在短短的40分钟内，既实现大纲规定的教学目标，又进行语言文字训练，那么充分的课前预习就是必不可少的。所以，在布置预习任务的时候，我设定了3个目标：（1）通读课文，理解课文中的生词。（2）作者回忆了故乡哪些美好的画面？（3）通过各种方式，了解自己的家乡，说说自己最喜欢家乡的什么（人、物、景均可）。由于预习的习惯已经养成，预习要求比较简练，学生的预习比较充分，教学过程非常顺利。学生通过小组合作学习很快就实现了本课教学大纲的基本任务，体会到了作者的思乡之情是通过家乡美好的景物和一件件有趣的小事来表达的，还为课文标上小标题。当学生享受着阅读的快乐时，我顺势导入："这篇课文在老师的眼里就像是一首诗，所以老师把它改编了一下。请看大屏幕。"

我爱我的老家

那是我出生的地方

那是一个充满诗情画意的地方

流水潺潺

垂柳依依

水鸟歌唱

人们守望相助

那些美好的印象

我一辈子不会忘记

"哪位同学来读一读？"由于学生已经体会到了境，感悟到了情，在音乐的陪伴下，他们读得入情入境。我对学生大加赞赏之后，话锋一转："其实，老师只是发现了课文中的一首小诗，还有很多首小诗等着你们去发现呢，请看幻灯。"

我爱我的老家

那是我出生的地方

那是一个（　　　）的地方

（　　　）

（　　）

（　　）

那些美好的印象

我一辈子不会忘记

"同学们，你们能根据课文内容也学着老师的样子来写一写吗?""能!"有了对课文的了解，有了范本，学生们的创作热情被调动了起来，很快就看见了许多高举的小手。

我爱我的老家

那是我出生的地方

那是一个（充满快乐）的地方

（小溪捉虾）

（桥上丢花）

（上山采茶）

那些美好的印象

我一辈子不会忘记

我爱我的老家

那是我出生的地方

那是一个（和谐）的地方

（日出而作）

（日落而息）

（守望相助）

那些美好的印象

我一辈子不会忘记

我爱我的老家

那是我出生的地方

那是一个（鸟语花香）的地方

（溪边垂柳）

（水鸟歌唱）

（树下野花）

（采茶山歌）

那些美好的印象

我一辈子不会忘记

"同学们，我们也有美丽的家乡，你能不能通过这样的小诗，表达一下对家乡的热爱和思念呢？注意，你要让大家一读你的小诗，就知道你的家乡在哪里哦。"课前预习再次发挥了重要的作用，因为有了课前对家乡的了解，因为心中热爱家乡的感情之火已被点燃，所以学生们创作出了精彩纷呈的小诗。

我爱我的老家

那是我出生的地方

那是一个（风景秀丽）的地方

（乐山大佛）

（峨眉金顶）

（三江并流）

那些美好的印象

我一辈子不会忘记

我爱我的老家

那是我出生的地方

那是一个（人杰地灵）的地方

（碧水湘江）

（洞庭明月）

（伟人故里）

那些美好的印象

我一辈子不会忘记

我爱我的老家

那是我出生的地方

那是一个（繁华喧闹）的地方

（维多利亚港的灯影）

（海洋公园的笑声）

（铜锣湾的人潮）

那些美好的印象

我一辈子不会忘记

我爱我的老家

那是我出生的地方

那是一个（美丽富饶）的地方

（阿里山的云雾）

（日月潭的倒影）

（基隆港的舰船）

那些美好的印象

我一辈子不会忘记

看着学生深情地朗读着自己创作的小诗，我有些感动。"思念家乡，热爱家乡"的这颗美好情感的种子，已经播撒在了学生们的心田。而这一切，均得益于课前有效的预习。若没有充分的课前预习，就不会在短短20分钟内实现教学大纲的教学目标；若不是课前已经对文本有了初步的了解，就不会有升华情感时的凝练；若不是课前通过多种途径了解自己的家乡，就没有内化情感时的精彩。课前预习，真好！

2. **课前预习促进课文的理解感悟**

《慈母情深》是人教版语文五年级上册第六组中的一篇略读课文。课文讲述的是贫穷辛劳的母亲不顾同事的劝阻，毫不犹豫地给钱让"我"买书的故事，从一件日常生活小事中表现出了深沉的母爱。文章描写细腻，情感真挚，语言浅显易懂。但是，本篇课文写的是20世纪60年代初的事，当时正是国家困难时期，大多数老百姓的家境都很困难，"一元五角钱"买一本书在当时是一件不容易的事情。但对于现在的学生，特别是我们广外外校的学生来说，"一元五角"实在是一个小得不能再小的数字了。如果学生不了解当时的时代背景，也就很难理解作品中人物的感情。因此，这篇课文的课前预习作业除了固定内容外，我又加入了一条：通过上网、阅读书籍、采访爷爷奶奶等方式，了解中国 20 世纪 60 年代的经济发展状况和人民生活水平。

可能是由于学生们对未知的历史特别感兴趣，这次预习的效果非常好。学生们联系时代背景，抓住文中对母亲的神态和语言的细节描写，体会到了蕴含在字里行间的浓浓慈母情。在小组交流汇报"作者的母亲是位什么样的母亲"这个环节，学生的交流真是情真意切、意味无穷。

（1）快乐小组代表汇报实录

我们小组认为，这是一位善解人意的母亲。请大家看第 26 自然段："母亲掏衣兜，掏出一卷揉得皱皱的毛票，用龟裂的手指数着。"从"揉得皱皱的"这个词语看得出，这些毛票是母亲积攒了很久的，在口袋里也呆了不少的日子。我问过我的爷爷，在那个年代，别说一毛钱，就是一分钱也很珍贵。母亲舍得从积攒的毛票中，数出一元五角钱给我买书，一定是看出了"我"对《青年近卫军》的痴迷，知道爱书人不能得到书的痛苦。所以，她真的是一位善解人意的母亲。

（2）探索小组代表交流实录

我要补充快乐小组的发言。请大家看"龟裂"这个词语，龟裂的意思是皮肤因寒冷干燥而破裂。北方的冬天是很冷的，母亲那么辛劳，手指上的皮肤都裂开了。可是，只要涂抹上一些润肤霜，是完全可以避免的。我的奶奶告诉我，那时候常用的护手霜是一种贝壳状的凡士林膏，只要五六分钱一盒。可见，母亲为了节省，连一盒这样的润肤霜都舍不得买。但是，当知道"我"是要钱买书的时候，一元五角钱也毫不吝惜。这位母亲真的是位好母亲。

（3）卓越小组代表交流实录

我们小组认为，这位母亲是位勤劳的母亲。请大家看第 29 自然段："母亲说完，立刻又坐了下去，立刻又弯曲了背，立刻又将头俯在缝纫机板上，立刻又陷入了忙碌……"请大家看，这句话连续出现了四次"立刻"，说明母亲想马上投入到工作中去，想缝制出更多的产品。课前我通过上网调查了那个年代的工资，像作者母亲这样的工人，每个月也就是三四十元的工资。平均下来，她每天的工资就是一元多钱，每缝制一件产品也就几分钱。就是为了多挣几分钱，母亲顾不上和儿子说再见，顾不上和儿子说说话，而马上投入工作，多么勤劳的母亲啊。谁要和我交流？

（4）亚运小组代表交流实录

我要和你交流。这段话体现出母亲的勤劳，我觉得还有点不合情理。要是我到妈妈的工作单位去，妈妈一定会放下手中的工作，非常开心地接待我，甚至还会请假陪我。可是这位母亲仅仅因为要多挣钱，给我钱后就不管我了，我有点不能理解。

（5）圆梦小组代表交流实录

我不同意亚运小组的意见。我觉得，母亲给钱后马上进行工作，正是出于对孩子的爱。她希望通过自己的劳动，多挣些钱，给孩子买好吃的，给孩子买书。表面上看起来的冷漠，实际上是多么伟大的母爱。同学们，你们同意我的理解吗？

圆梦小组代表的话音刚落，教室里立刻响起了热烈的掌声。这掌声不仅是对同学精彩发言的赞赏，更是对文中那位母亲的敬佩。情到深处自然浓，有了课前预习的帮助，学生们已经被深深感动了，作为教师，还有点拨讲解的必要吗？我也动情地和学生们一起鼓掌。

3. 课前预习扫清字词障碍，让课堂书声琅琅

《我爱你，汉字》是人教版语文五年级上册第五组综合性学习《遨游汉字王国》中的一篇阅读材料。课文紧紧围绕"汉字的魅力"，抒发了对汉字的珍爱与赞美之情。对于这样一篇情感饱满、文辞优美的散文，我摒弃了烦琐的分析和零碎的讲解，牢牢把握语文教学的本质，始终植根于文本，带领学生不厌其"读"，从读中感受汉字的魅力，积淀丰厚的情感，品味独特的语言。

但是，由于课文中带有大量的富有诗意的词组，给学生的朗读带来了一定的难度。所以，在布置课前预习作业的时候，我把重点落在了读准字音和理解词义上，要求学生通读课文3遍以上，文中不理解的词语，要通过查阅工具书解决。

上课后，我对文本稍加梳理后直奔主题：课文表达了作者对汉字的热爱和赞美之情，作者是怎样来表达这种情感的呢？小组合作学习，找出文中最能表达作者思想感情的语段，通过各种朗读方式表现出这种情感。

因为有了课前充分的朗读准备，所以学生很快找到了自己小组最喜欢的语段，也了解了作者采用的表达方式，如拟人、比喻、排比、直抒胸臆、自

问自答等。因此，学生们有充足的时间来练习，展示朗读，有的齐声朗读，有的分句解读，有的先分后总，有的边朗读边用肢体语言来配合。更有意思的是，有个小组还申请搞配乐朗读。这节语文课没有教师的讲解，没有学生激烈的辩驳，但是却拥有语文课堂最美妙的读书声。文章中优美的辞藻学生也许很快就会忘记，但是文章作者对汉字的热爱之情必将融入学生的血液，伴随他们成长。

以"动"求"活"　以"活"求"质"

——语文"生本教学"的几点做法

郑　翔

只有创造性地运用生本教育理念，才会有源源不断的创新能力。但是，贯彻生本教育的理念，也需要结合实际情况，创造性地加以运用。

230

我一向认为自己是个古板的人，做教师多年，一直追求的是把课"讲"好，如果"讲"了一节好课，就心里乐悠悠的，以为尽了职责，快乐无比。特别是以前由于受落后教学观念和考试制度的影响，我在语文教学中总是照搬教参的现成结论，追求答案的唯一性和标准化，对学生缺乏质疑批判的训练，因而学生被权威所困，拜倒在名人脚下，不敢有半点"越雷池"的非分行为，扼杀了学生在读解课文过程中产生的创造性萌芽。因此，在课堂上我讲得天花乱坠，学生却听得昏昏欲睡，丝毫谈不上学生的"活"，现在想起来都感到痛心。随着生本教育理念的贯彻与实施，我意识到自己如果不能与时俱进，就真的落伍了。于是，我给自己布置了一项任务：必须用生本理念武装自己，改变自己！

改变自己，提高课堂效率的突破口在哪里？

3年来，正是生本教育理念的引导，我逐渐明白这个突破口就是：让学生"动"起来，让课堂"活"起来。只有这样，才能让课堂效率高起来。

确实，只有新鲜活泼、丰富多彩的课堂，才能够充分调动学生学习的积极性，才能让学生成为课堂和学习的真正主人！在这样的课堂上，教师不断拧紧学生思维的"发条"，让学生爱思、会思、多思、深思，学生也必定会精神放松，心灵不受拘束，思维能力得到极大提升。而这，正是"高效率课堂"的内涵与精髓！而要想使课堂新鲜活泼、丰富多彩，首先要让学生"动"起来。

如何让学生"动"起来呢？

一、认真设计前置性作业，使之"动"得有基础

要想让学生在课堂上"动"起来，就需要让学生有"动"起来的基础和前提：熟悉课文。如果学生对要讲的课文不熟悉，教师再怎么启发，也"动"不起来。要解决这个问题，我认为比较好的做法是，前置性作业的设计，并督促学生切实完成。

让学生完成前置性作业并不是新鲜做法，教师一般都会要求学生在课前完成一些预习题，由于缺少方法指导和具体督促措施，学生一般都是应付了事，或读一遍课文，或查查生字词，达不到教师的要求，起不到预习的作用。

其实，完成前置性作业，是教学过程中的一个重要环节，是（课外或课内）在教师讲课前学生先行自学的一个阶段。其好处是先让学生独立地自主学习，培养学生自学习惯和自学能力，使学生运用已有的知识和技能熟悉新课的内容，获得成就感，激发学习动机，为在上课时做好"动"起来的准备。正如叶圣陶先生所说："学生通过预习，自己阅读课文，动了脑筋，得到理解。当讨论的时候，见到自己的理解与讨论的结果正相吻合，便有独创成功的快感；或者见到自己的理解与讨论结果不甚相合，就作比量短长的思索；并且预习的时候绝不会没有困惑，困惑而没法解决，到讨论的时候就集中了追求解决的注意力。这种快感、思索与注意力，足以鼓动阅读的兴趣，增进阅读的效果，都有很高的价值。"这种前置性作业起到的作用由此可见一斑。如果说"好的开始是成功的一半"，那么也就可以说，让学生认真完成前置性作业是教学成功的一半。所以，我十分重视认真设计前置性作业，并督促学生切实完成。

只有重视是不够的，还要有具体的方法指导。怎样设计前置性作业，并督促学生切实完成？

一般说来，每学一篇新课文之前，我都会设计一份前置性作业，打印出来，发给学生。这份前置性作业一般会包括"读""划""查""述""思""疑"5个方面的要求：

（1）读。这是前置性作业中必不可少的一个要求。古人云："书读百遍，

其义自见。"读，就是要通过朗读或默读，了解课文内容大意。

（2）画。圈画生字词，画出你认为文中好的段落或不懂的内容。

（3）查。不理解的词语，查词典解决；不理解的内容，试着自己查资料解决。

（4）述。要求学生能够比较流利地复述课文。

（5）思。动脑筋，想一想为什么这样写，用另外的方法写可以吗？

（6）疑。进一步提出疑难的问题。

这其中，我又特别重视"述"这个环节，我觉得这个环节抓好了，对课堂"活"起来特别有作用。我采用2人小组复述、4人小组复述、全班复述的方式，要求学生在上新课之前一定要复述课文。

这种前置性作业刚开始实施时，遇到了很多困难。学生习惯了抄抄写写、读读背背，把前置性作业根本不当作业，没有几个人能完成布置下去的前置性作业。后来，我通过勤检查、树榜样的方法，引导和激发学生对前置性作业的重视性和积极性，特别是那些不太认真的同学看到其他同学在课堂上的精彩表现时，也都开始动了起来。一段时间之后，全班同学都能认真完成前置性作业了。也正是由于同学们扎实完成前置性作业，带着问题走进课堂，课堂一下子"活"起来了。所以，我深切地感受到，指导学生认真完成前置性作业，是学生在课堂上"活"起来的基础和前提。

可能有人会说，这样做，学生的负担太重了。其实不然，学生一旦养成了这种好习惯，他的学习能力会明显提高，也就越学越轻松了。更重要的是，学生学得灵活，因课堂上的出色表现而产生的成就感，会使他们在精神上、心灵上倍感轻松。

二、充分尊重学生的自主性，使之"动"得有个性

在语文教学中，尊重学生读解课文的自主性，也就意味着教师把握住了使语文课堂新鲜活泼、丰富多彩的契机。我认为，让学生"活"起来的核心是，使学习者成为教学活动的中心，使学生的自主活动成为教学活动的基础。认识心理学的研究成果表明，人脑对外部信息并非被动接受，而是主动建构。选入语文课本的，是一篇篇展现五光十色的现实世界和作者内心世界

的文章。学生在学习每篇课文时，都可以根据其知识和经验，多角度、主动地读解课文，得出不同的结论，"有一千个读者，就有一千个哈姆莱特"。因此，我充分认识到，教师必须尊重并认可学生读解课文的自主性，允许他们对课文有着不同于教师和教参的理解。只有尊重学生的主体地位，尊重学生的人格，尊重学生的民主权利，让学生感到教师和自己在学习活动中的地位是平等的，是合作的"伙伴"，学生才可以自由读书，自由思考，自由发言。同时，教师要把讲和问压缩到最低程度，使学生有属于自己的独立思考空间，有大量进行活动的时间。

如《天上的街市》一课，我引导学生讨论、思考问题，鼓励学生积极动脑，大胆质疑，学生学习的积极性很高，提出的问题具有相当的深度，如"天上的明星现了，为什么不用'亮了'?""'不信，请看那朵流星'为什么不用'那颗流星'?"。我引导学生从地理知识、语言形象、句子节奏等方面一起进行探讨，学生学得主动，学得愉快，在师生互动中很好地完成了教学目标。

又如《紫藤萝瀑布》一课，一位学生首先提问："那一朵盛开的花'又像一个忍俊不禁的笑容'，这一句好在哪里?"问题提得妙极了，涉及的是如何欣赏优美句子的问题，各学习小组展开了激烈的讨论。同学们的兴趣被调动起来了，课堂里相当热闹。讨论完，同学们各抒己见。有的说："'忍俊不禁'一词用得好。"有的说："用了比喻拟人手法。"还有的说："用笑容比喻花特别新颖，突出了花的勃勃生机。"到底谁对谁错呢? 这时，所有的目光都集中到我身上，我则喜笑颜开地说："用得着我公布正确答案吗? 只要我们学会全面地思考问题，答案不就不言自明了吗?"学生们如梦初醒，频频点头，飞快地记着笔记。

通过这样的课，我感觉到，只要充分尊重学生的学习自主性，他们不仅会在课堂上"动"得摇曳多姿，而且学得轻松愉快又扎实深刻。

三、积极引导学生大胆想象，使之"动"得有宽度

我认为积极引导学生大胆想象，是使学生"动"得出"彩"的最佳方法。在语文教学中，再造想象是普遍存在的。想象是课堂活跃的源泉，没有想象，便不可能有课堂的活跃，"活"也就无从说起。其实，初一学生的形

象思维已比较发达，又特别喜欢想象，他们对课文的读解，从课文语句的理解到全文思想、形象和意境的把握，都需要借助想象的创造功能来完成。因此，我认为语文教师要想使学生在课堂上"活"起来，在教学中的一个重要任务就是尽量避免学生亦步亦趋，避免学生只是被动地接受，而应努力引导学生带着被课文唤起的全部激情和想象、理智和思考，以鲜明的个性色彩和主动精神去积极发现一些东西，甚至是一些隐藏在课文深处连作者自己也未曾认识到的东西；引导学生通过大胆想象，补充课文情节上的空白和意义上的省略，或改编课文内容，延续课文情节，或对课文的某些观念进行提炼升华，从课文中引出新的见解等。在一些课堂上，通过我的积极引导，学生借助想象的创造力，或生动地再现，或灵活地填补，或大胆地延伸，真的是"动"得神采飞扬，"动"得摇曳多姿，"动"得很有境界。

上《童趣》一课时，在学生基本读懂课文后，我根据课文内容设计了 3 幅连环画，要求学生根据课文内容，认真观察，发挥想象力，给这 3 幅连环画写一段说明文字，字数为 30～50 字，并为每幅连环画取个名字。先小组交流讨论，由一人执笔，整理本组的讨论结果，形成文字，然后派一名代表参加全班交流。要求：（1）扣住课文内容。（2）合乎画面内容。（3）语言简明扼要。（4）书写端正工整。看哪一组同学想象最丰富，写得最快，表达最好。这一步骤，可训练学生的观察能力、想象能力和语言表达能力，通过小组交流讨论、评判优劣，从而巩固课文内容要点，加深对课文的理解。

这种想象答题，不仅培养了学生的想象能力，而且培养了学生积极、健康、乐观的人生态度，而这正是这一课的重点和难点。

在语文课堂教学中，教师只有充分引导学生发挥想象力，想象文中描绘的意境，把静止的内容化为活动的情境，再现生活，才能让学生真正感悟语言的魅力，理解语言，进而能灵活运用语言，才能真正完成语文教学的任务，提高课堂效率。

四、热情鼓励学生质疑批判，使之"动"得有创意

质疑批判是一种可贵的创新精神，语文课堂对于培养学生质疑和批判精神具有得天独厚的优势。我认为，应该充分利用这一优势，在教学中鼓励学

生用审视的眼光，大胆质疑，敢于批判，不盲从，不迷信，善于发现，勇于探索。这正是使学生"动"起来的重要环节，而且这一"动"，肯定会"动"出创意！

那么，怎么样才能激发学生质疑批判的火花呢？

首先，我从思想上引导学生，使他们认识到，任何学者、权威都不可能穷尽真理之长河，任何人都有发现新知识的可能，要树立起敢于"班门弄斧""异想天开"的思想。

其次，我在教学上充分发扬民主，为学生独立思考创造条件。在学习方法上，激发学生探求新知的动机，引导他们谈看法，摆见解，让学生凡事都要问个为什么，课本中的说法到底是否真有道理，经过比较提出自己的新观点。在思考问题时，不用预设的结论去束缚学生的思想，鼓励他们不仅要从正面深入地想，还要从反面进行设想，提出新的看法。

最后，我在教学中不仅引导学生钻得进去，接受、领悟、吸收，获得人类的创造智慧，而且引导学生跳得出来，运用发散和灵活的思维触角，从评判、辨析、质疑、引申和发挥等角度审视，善于从貌似正确的现象中敏锐地发现其错误之处，敢于否定其中的"是"，揭示其中的"非"。

在学习《走一步，再走一步》这篇课文时，我提出一个问题：开头为什么突出"闷热"？学生很快弄懂了这个问题。但我并不满足于此，接着提问：下文还有描写闷热的地方吗？学生找不出来，我又进一步问：为什么下文与闷热照应的语句一点也没有呢？学生们七嘴八舌，议论纷纷，认为这是个缺点，最好是前后有所照应。

正是在这种质疑批判中，学生们"动"得创意十足，动得无比深刻，蕴藏着无限可贵的潜力！

五、教师大胆放手，又积极参与，使学生"动"得有秩序

学生确实蕴藏着无限可贵的潜力。

为了让学生"动"得幅度大一点，"动"得更有创意一些，我在每学期都有一个尝试，就是大胆地把部分自读课文的处理权、讲课权、检测权交给学生，让学生自己备课，自己讲课，自己检测。

我的做法是这样的。

第一，开学初，我把一些自读课文分给学生小组，每个小组承担一篇课文的教学任务。

第二，我用一节课的时间，详细讲述如何设置前置性作业、如何抓住课文重点、如何合理安排一节课的时间、如何针对不同的课文采用不同的讲授方法、如何布置作业等，让学生大体上知道讲授一节课的环节与步骤。

第三，我参与到每个组的备课中，给予适当的指导。

第四，学生小组上台讲课时，我密切关注每一个步骤与环节。

第五，在每个组完成上课任务后，组织全班同学评议这节课的得失，以利于后面上课的同学取长补短，不断进步。

第六，纠错补缺。

目前，这样的课已进行了多次。我感觉效果良好，该掌握的知识学生都基本掌握，并且对提高学生多方面的能力很有好处。

第一，培养了学生搜集和处理信息的能力，以及获取新知识和解决问题的能力。有一个小组的4位同学为了讲好这节课，搜集到了6本参考书，并在网上搜集大量的资料，反复比较筛选，最后才确定了这节课的目标、讲授重点和讲课方法。

第二，锻炼了学生大方、坦然地面对全体同学讲话的能力。有一个学生平时上课从不举手，教师点名让他发言，声音也是小得连他自己都听不见。可小组分给他的任务，偏偏是正音释词和范读课文，为此他在家里整整练了一个周末，结果朗读效果相当成功。

第三，有利于学生主动参与、乐于探究、积极合作精神的养成。

第四，经过亲身实践，学生对文章的鉴赏能力、对文章主旨的把握能力都得到了锻炼，大大提高了学生的阅读能力，在课堂上的应变能力也得到了加强。

应该说，这种做法对学生的语文综合素养提高是大有裨益的。但需要指出的是，尊重和提高学生的主体地位并不等于忽略教师的作用。教师的思想深度、文化水准、人生经验、审美水平都要远远高于学生，教师在语文学习过程中的地位和作用仍然是必要的，而且是重要的。放手让学生去处理教材，教师的工作不是减轻了而是加重了。比如，指导学生备课前，教师就得先深入钻研教材；学生讲课时，教师得认真地听，以便查漏补缺。如果把课文交给学生之后，教师就闲在一边，不做任何事情，只会导致教学水平降低。因此，强调学生的主体地位，更需要教师强烈的责任心。只有师生共同参与，团结协作，学生才能"动"得有秩序。

让学生"动"起来的课堂，肯定是充满活力的课堂，也将是高效率的课堂！让学生"活"起来的课堂，学生的思维是最活跃的，精神是最愉快的。这样的课堂能最大限度地调动学生的学习积极性，学生会越来越勇于提问，善于提问，创造性地提问；学生不但在课堂上会"动"，而且会寻找机会独立解决问题，尤其是会在诸多问题中发现联系，寻找新的突破口；学生会养成善于思考的习惯，培养观察力、想象力、联想和顿悟力，大大提高创新和求异的能力。

浅谈故事在低年级识字教学中的妙用

王　鑫

苏霍姆林斯基说，教育就是"让每一个学生终生都拥有幸福的精神生活"。现在，我校一年级语文教学实行生本教育，生本教材第二册共有 52 篇课文，1108 个生字，识字量很大，平均每课需要学习 20 多个生字。怎样让学生学习兴趣不减，怎样让学生在识字过程中感受到乐趣呢？

汉字是有生命的，识字教学中，语文老师要善于赋予识字教学以感情色彩，引导学生了解汉字的悠久历史，感受汉字的神奇魅力，只有这样，才能引起学生的情感共鸣，让学生积极投身于识字活动中。

一年级学生活泼好动，他们保持注意力集中的时间只有 10 分钟左右。为了让学生在识字过程中注意力保持高度集中，我们把"玩字卡"作为一项基本教学活动，每篇课文都有配套的识字卡片，字卡的玩法在不断增多，游戏的形式在不断变换。但即使是这样，一节课玩久了，学生也会对字卡产生疲劳感。那么，这时候就需要我来说："我有一个故事……"

往往这句话一出，学生们的精神就会为之一振，不需要提醒，小耳朵就竖起来了。这真是很神奇的一招。讲故事可以在课前、课中、课尾进行，我给不同时段的故事取了不同的名称，很受学生欢迎。

一、课前"薄荷糖"，渐入佳境

我一般把上课前讲的故事称作"薄荷糖"，让学生随我一同清清爽爽地进入识字境界。在上《小雏菊》一课时，我了解到学生们预习时"雏"是最难记的，就在上课前给他们讲了一个小故事。

一天，一只小鸡仔出门去玩，听到一只小黄莺叫他："雏鸡。"他很奇怪地问道："我妈妈叫我宝贝，你怎么叫我雏鸡啊？"小黄莺说："我听妈妈说，'雏'就是'幼小'的意思。（老师边讲边把字卡"雏"贴在黑板上）你这么小，当然应该叫雏鸡啦！"

小鸡听了，看了看小黄莺，然后眼珠子骨碌一转说："小雏莺!"小黄莺愣了一下，哈哈大笑说："你真聪明。"小黄莺继续说道："这个字的左边是'刍'，和'雏'读音相同，右边就是'隹'，'隹'就是'鸟'的意思。"小鸡仔听了开心地笑起来："原来，雏是一个形声字啊。"小黄莺说："是啊。"

然后，他们一天中遇到了很多好朋友，小狗，小猫、小鹰，还有一个小小孩。你猜，他们会叫什么？

"雏狗、雏猫、雏鹰、雏孩……"学生们争先恐后地回答。

"小小孩也叫雏儿。"

他们一路走一路笑，在路边的一朵小菊花听到了，问他们："你们怎么这么开心啊？"

他们看见这朵小菊花，异口同声地说："啊，这儿有一朵小雏菊!"

他们每人对小雏菊说了一段话，你知道他们都说了什么吗？请打开课本第23页。

……

这个故事是我根据生字和课文编出来的，我在故事中借小黄莺、小鸡仔之口道出"雏"字的结构和意义，同时引申到应用之中，最后巧妙地引入课文，既有趣味性，又能起到加深记忆的作用，学生们非常喜欢。

二、课中"醒脑丸"，笑声不断

课堂中，一年级的学生注意力集中时间短，常常会觉得单纯识字枯燥无味。那么，我会根据学生的学习状况加入一个小小的故事、笑话，当作学生们的"醒脑丸"。

1. 幽默小故事，让课堂充满笑声

比如，在教《孔融让梨》一课的时候，讲到称呼的归类，学生们读了两遍就不想再读了。我就说："要不要来个故事？"学生们立刻来了精神。

师："今天，我们认识的孔融，他的祖先是孔子，你知道孔子叫什么吗？"

生："孔子不就叫孔子吗？"

师："子，是古代对老师或有道德、有学问的人的尊称。孔子，名丘，字仲尼。人们尊敬他，叫他孔子。同样的称呼还有孟子、荀子、墨子等。现在，我来考考你们，如果你们将来都成了有道德、有学问的人，别人可以怎么称呼你们?"

一时间，教室里"张子""吴子""刘子""王子""廖子"的称呼声此起彼伏，一派"群雄争霸"的场面。学生们的联想是很丰富的，"王子""刘子"（瘤子）、"程子"（橙子）、"廖子"（料子）等换来一片善意的笑声。我及时引导他们说："现在都尊称先生、老师，不再称'子'了……"

洋溢着生命温暖的课堂，是让快乐主宰的课堂。课堂中应该有笑声。如果整节课中学生没有任何笑容，这样的课堂气氛就一定很沉闷。教师应该努力用自己的人格魅力把幽默、欢笑和积极的力量带入课堂，使学生充满活力，快乐地投入到学习之中。一个小小的"醒脑丸"，能给学生提提神，增加点古代文学的知识，换取师生一片笑声，何乐而不为呢？

2. 创编故事，体验识字快乐

生本课堂更多的是把时间交给学生，那么，讲故事也不能让教师一个人唱独角戏，因此，我常常发动学生编故事和讲故事。

我平时喜欢在报纸刊物上搜集一些与识字有关的图片，在教学过程中，这些图片帮了我很大的忙，让学生根据一幅或几幅图片猜字谜、讲故事，简单易行，很受欢迎。

在课堂上，我通常先让学生看着图片，猜猜是什么字，然后再进行图文对比。单是这些形象可爱的图片就能吸引他们的眼球了，图画内容与表示的汉字大致相同，直观形象，又有利于培养学生的观察能力和思维能力。图文比较之后，我会发动学生在小组内创编故事。不管编出来的故事是怎样的，编故事的过程就是思考、交流和学习的过程。另外，这些形象可爱的图片也诱导学生在课余时间画一画汉字。"或许下一节课我展示出的趣味汉字，就是我们班同学的作品呢!"听到教师这样说，学生学习汉字的积极性更高了。

如在区分"浇""绕"两个字，我说："我有一个故事……"学生们凝神静听的时候，我却说："我有一个故事但不会讲，请你们根据这两个字讲一个故事，小组合作，时间3分钟，看哪个组编得最棒! 开始!"

小组汇报的时候，我请了第四组的学生，因为这一组有个学生的名字中有个"铙"字，我想看看他们有没有联想到这一点。果然，他们编出了一个很巧妙的故事：

一天，健铙和键钰姐妹俩一起到花坛去看花，发现一盆花被一条毛线给缠绕着，缠得紧紧的，快要死了。键钰连忙把毛线一点一点地绕开，健铙赶紧回家端了一盆水给小花浇水。

小组长："绕，从偏旁上看与丝线有关；浇，偏旁是'氵'，与水有关。希望大家能牢牢记住它们。"

　　师："健铙的'铙'字是'金'字旁，你们猜这个字和什么有关？"

　　生："和金属有关。"

　　师："非常棒，铙是一种乐器。但愿健铙将来能成为一名音乐家，奏出最美的音乐来！"

　　……

　　有时，我们还针对字形来编故事。每到这个时候，学生总能非常积极地去创编，而且故事往往很有吸引力。如，在学"攀"字时，学生小组合作编了一个这样的故事：

　　一天，有个猎人到森林中去打猎。天黑了，他想睡觉了，于是取出睡网系在两棵大树（"攀"字的上半部分）上。后来他一想，森林中会有野兽出没，很不安全，于是他就用他的大手（"攀"字的下半部分）抓住树干往上爬，爬上树之后，再把睡网系在树干上。这样，猎人就美美地睡了一觉。

　　听了这个故事，我表扬他们敢于创新，故事编得很接近"攀"字的起源。接着，我给他们讲道，"攀"字下从"手"而上从"林"，意思是双手从树下向树上爬。从上面的故事中可以看到，学生们善于观察、联想，理解了"攀"和"爬"的意义关联，同时注意到了"林"与"手"的意义关联。这不能不说学生们有让人惊讶的学习语言的天分。当然，学生们在受到表扬后学习更起劲，识字更有办法了。

　　外人难以相信一堆貌不惊人的石头有何特别之处，但眼光独到的珠宝商人一眼就能认出价值百万美元的珠宝。我们需要像珠宝商人认识他们的宝石一样了解我们的学生。每一位学生都是一块璞玉，他们的潜能无限，只要你肯放手让他们自己去想，他们一定能创造出奇迹。

三、课尾"跳跳糖"，识字不会忘

　　临近课尾，当堂所学的生字要进行巩固，阅读则是巩固识字成果的最佳途径之一。根据艾宾浩斯的遗忘曲线和儿童记忆规律，识字教学要注重开发无意识记在识字上的潜能，让学生在阅读实践中反复多次和汉字见面，从而达到巩固识字、内化吸收、扩大识字面、发展语言、培养阅读能力的效果。

生本教育体系实验教材小学一年级语文的特点就是"意义识字，推进阅读，全面提高"，要让学生在快识字、多识字的基础上，提早进入阅读，在大量阅读中自主获取知识，自觉遨游于文化世界中。

那么，怎样在阅读中巩固学生的识字水平呢？"我有一个故事……"可以巧妙带领学生行走在识字之路上。我的做法是：尽量让听觉、视觉同时刺激学生的大脑，让学生在故事熏陶中识字。

故事的呈现形式尽可能多种多样，可以是与课文相关的动画；可以是将相关故事的图片、文字制成幻灯片，然后用不同颜色标示出本节课所学的生字或词语，提醒学生阅读时格外留意；可以是纸质文章，让学生边读边标出本课所学的生字；也可以是给文字配画，添加色彩。

比如，在教《大自然的指南针》一课时，为了表扬学生学习积极，我奖励每个小组一张课尾故事卡。

小组：_____ 组长：_____ 最佳组员：_____

走迷宫

1. 小狗要到野外去寻食，它迷路了，你能帮它找到骨头吗？按照以下词语路线，你能很快找到终点！

指南针→炊烟→标志→晴朗→年轮→砍伐→稠稀→黑暗

→北京→并且→的确→宽窄→北斗→勺子→极点

2. 小组合作，根据迷宫内容讲一个小故事。

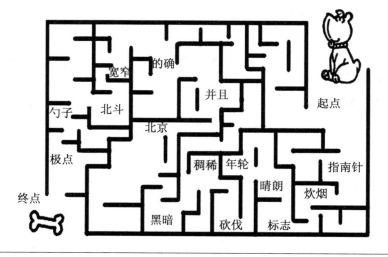

图1

学生兴致勃勃地完成走迷宫的任务后，在小组内根据迷宫内容编故事。走迷宫和编故事都是为了让学生巩固识字水平，发展语言能力。事实证明，学生都能把课文里的科学知识编进故事里，做到了学以致用。

有时，我发给学生看的故事只是开头的一部分，我会告诉他们这个故事的结尾在哪本书上，激励他们在课外时间去读读故事的结尾。当通过阅读了解了故事结局的时候，他们的欣喜之情难以言表。不难看出，在课外阅读的过程中，新学的汉字已经被牢牢记忆在学生的脑海中了，还有的学生通过阅读新认识了一批汉字。

"跳一跳，就可以摘到。"课尾的故事如同一颗颗"跳跳糖"，给学生们一个在识字、阅读上"跳一跳"的空间，他们会摘到许多"苹果""桃子"……丰富的滋味会让作为教师的我们惊喜连连！

我该教你什么？
——浅谈英语教学中的文化教育

方　容

日月如梭，时间在忙忙碌碌中飞快地流逝，不知不觉中，我已经教了30年的书。在夜阑人静的时候，我常常想，这30年，我已经记不清带过多少学生，也称得上是桃李满天下了，心中不免有些自得。在这些年的工作中，为了不让自己落伍，我一直不停地学习，从学习怎样做教师，学习教育理论，到学习使用打字机、电脑，学习制作课件，学习新课程和新的教育理念。扪心自问，我几乎把所有的精力、所有的理想、所有的寄托都放在了教学中，自以为可以称得上是名合格的教师，是名学生认可的教师。直到几年前的一天，一件偶然的事情引起了我的思考。

那天，与一位语文教师闲谈时，我听到这样的话："你们这些英语老师只会教语法、教单词，基本没有什么文化。"这句话压在我心上好久，事后仔细想想，这话听起来很伤人、很尖刻，但似乎也有点道理。学生在学习英语上花了大量的时间，从初中到大学，10年的时间，每周五六节课，历经"大容量、大运动量"的强化训练。几乎每个高中毕业生都有一大摞英语习题，应该能练就一身解题和做阅读理解、完形填空的好身手。到了大学，又经历英语四六级考试的洗礼，应该是人人过关了。但事实怎样呢？大部分学生学的是"哑巴英语""聋子英语"，看得懂深奥的科技文章，却不会与人交际，甚至回答不了"What do you prefer for your breakfast?"（你早餐更喜欢吃什么？）这样简单的问题。

近几年来，外语教学改革进行得轰轰烈烈，中学英语教学越来越重视交际，重视培养学生的口语能力，上述情况有了很大改善。但这种交际也大多只是停留在课堂上的模拟交际，或就某一话题"编造"交际，真正在日常生活中的交际依然不尽如人意。暑假带学生去英国游学，我发现在课堂上口语比较好的学生住在英国家庭里，要么不能准确理解主人的话，要么几乎与主人没有什么交流，到迫不得已开口的时候，说出来的大多是"洋泾浜英语"。问题到底出在哪里？

在教学之余，我常常思考这样的问题：语言是什么？查了很多资料，最后找到这样一段话：

任何人在使用语言时，都是同时在做这三个方面的事：发出符号、说出有意思的话、以达到某种目的。由于这三方面同时发生，三者不可分割，不分先后，是一个言语行为的整体。因此，接受这种语言三维观的教师在教学中就会有意识地把语言形式（form）、语言意义（meaning）和语言的功能（function）有机结合，使学生掌握完整的语言。显然，这样的教学才是符合语言本质的教学。

那么，是不是因为我们对语言本质的认识，停留在语言形式的单一层次上，忽视了语言的意义，割裂了语言功能，所以使教学效果不尽如人意？

我们的学生到底需要什么样的外语教学？是单纯为了考试，拿高分数，以便换取一张大学录取通知书？诚然，生活在高考成绩和素质教育的夹缝中，教师不得不考虑培养学生的应试能力，但是为了学生的终身发展，我们更应该考虑培养学生的持续发展能力，培养他们自我发展的能力。

进入信息时代，地球变得越来越小，全球化趋势在 21 世纪已经凸显。世界已进入中国，中国已走向世界。如果说当今生活在这个"地球村"的人们有什么共同语言的话，那么英语理所当然是通用语言。外语学习、外语教学，特别是英语教学越来越受到人们的重视。

语言的本质是工具，但人类在进步，时代在发展，社会在前进，外语已从一种工具变为一种思想，一种知识库。多学一种外语，就像在本来没有窗的墙上开了一排窗，你可以领略到前所未见的无限风光。作为教师，我们是为学生推开窗户的人。怎样才能把这扇窗户尽可能地打开，让学生领略更多外面世界的精彩？

仅仅教会学生说一门语言，远不能适应时代的需要。语言既是思想的外壳和载体，又具有思想模具作用。从这个意义上说，学会一门外语，不但多了一双眼睛、一对耳朵和一条舌头，而且还多了一个头脑！

语言是人类思维和认识世界的工具，掌握一种语言即掌握了一种观察和认识世界的方法，而学习一种语言就意味着学习一种观察和认识世界的方法。当人们热衷于谈论素质教育的话题时，我们更应当看到，外语教学对学生世界观、人生观的形成必然产生重大影响。我们在教会学生使用一门语言来表达自己思想的时候，其实更多的是在传授一种文化！

随着对交际理论的学习和研究，我越来越深刻地认识到文化在语言学习中的重要作用。仔细想想，我在教学过程中，也经常渗透一些英语国家的文化背景、风俗习惯、历史知识等，在讲《Abraham Lincoln》一文时，我给学生讲《飘》，讲《汤姆叔叔的小屋》，讲美国黑奴和南北战争的故事，希望通过这些让学生了解美国的历史和课文写作的时代背景，从而加深对课文的理解，加深对美国社会的理解。但那都是一种不自觉的、兴之所至的做法，毫无系统性可言。新课标的实施给我们提供了一个契机。新课标把"提高对中外文化差异的敏感性和鉴别能力，培养初步的跨文化交际能力"列入中学英语课程的内容和目标之中，实际上给英语教学提出了更高的要求。如何提高学生对中外文化差异的敏感性和鉴别能力，使英语教育不仅仅是语言教育，而且成为文化教育，是我们当前亟待解决的问题。

在英语教学中，文化教育涉及英语国家的历史、地理、风土人情、传统习俗、生活方式、文学艺术、行为规范和价值观念等，每个方面都有十分丰富的内容。为了让学生初步了解英语国家的文化，我遵循实用、循序渐进的原则，对文化导入的内容做了必要的取舍，进行教材的拓宽，充分利用教材中的语言材料，尽可能与语言教学同行。对于高中的学生而言，他们对西方日常生活中的习惯以及风俗都有所了解，比如交际的文化因素，包括招呼、问候、社交习俗和礼仪等，很多学生都自觉或不自觉地养成了这些习惯，但对一些深层次的文化依然知之甚少，比如非语言交际的表达方式、中西方价值观念和思维习惯上的差异等。我们的英语教育至少应该让学生对此有一个基本的认识。

带着这样的理念，我开始构思《Music》一文的课堂设计。

《Music》一文主要介绍了古典音乐、现代音乐、摇滚乐、爵士乐、美国乡村音乐和民族音乐，以及几位著名的音乐家。对于这样的题材，我有太多的话可以说，学生也会有很多的话要说，应该比较容易引起学生的兴趣和共鸣。但是从什么角度去讲好呢？弄不好会上成一堂音乐欣赏课。几经思索，我为自己定下了教学目标：

（1）通过直观的手段，让学生了解各种音乐形式，对音乐以及音乐丰富的内容和表现形式有所认识。

（2）给学生足够的空间，让学生通过协作学习的方式去发现、领略、感悟和理解，培养他们的审美情趣。

（3）让学生掌握有关音乐的单词及表达方式。

我选择的教学策略是：用多媒体播放音乐，结合作曲家的介绍和学生对乐曲的感悟，引导学生去体会其文化内涵和情感色彩，体会作曲家丰富的内心世界。

几经修改和收集材料，我准备好了课件。我一直在提醒自己，一定不要说得太多，要给学生留下足够的空间，尽量让他们去发挥。

这节课以贝多芬的《命运交响曲》开始，当贝多芬的肖像出现在屏幕上，带有宗教色彩、悲凉而坚强、低沉但又充满抗争的乐曲在教室里响起，立刻唤起了所有人的共鸣。接下来的问题"What do you feel from the music"（你对这一音乐有什么感受）得到了热烈的回应。学生对古典音乐的理解和欣赏水平出乎我的意料，他们五花八门的答案也令我意外。"encouragement"（鼓励）"lonely"（孤独）"helplessness"（无助）"fighting"（奋斗）"sadness"（悲伤）"disagreement"（不同意）……虽然用词不很准确，虽然语言表达还不很流畅，但他们对音乐的理解力让我吃惊。有一个学生回答说："I heard struggle in the music."（我听到了挣扎）我紧紧抓住这一回答，紧跟着抛出两个问题，即"Who is struggling?"（是谁在挣扎?）"Why did he struggle?"（他为什么挣扎?）这两个问题是我事先没有准备的，而问题的出现使得我把本来要讲的有关贝多芬的身世交给了学生来说，他们七嘴八舌地说起了贝多芬，说起他的《欢乐颂》，说起他的《英雄交响曲》。虽然学生表达得不很准确，还夹杂着汉语，但他们的积极参与，他们在音乐中感悟到的悲怆、孤独、内心的挣扎直至最后的欢呼，已经在他们的心中引起了震撼，我的目的也就达到了。

接下来说到音乐的种类，学生们就更有话可说了。他们对说唱乐的了解，对披头士乐队的了解甚至远远比我多，有人还举出了一些我都没听说过的组合。在讲流行音乐和说唱乐这两部分时，已经差不多成了学生在讲，我在听。这堂课，我扮演了引领员的角色，用音乐、幻灯片和问题，与学生一起营造出洋溢着美感、充满了文化气息的课堂氛围。整堂课都是学生们在说，谈他们喜欢的音乐、他们的偶像、他们在音乐中获得的体验。当下课铃声在肃穆、圣洁的《哈利路亚》歌声中响起，我在学生们脸上看到的是意犹未尽的表情。

课后作业是以 Music 为题写一篇作文，班里有位同学这样写道：

Music may not be the most important thing in the world，but at least it is the most essential. Without music，life will be boring and overshadowed，like a journey through a desert. Music is not only relaxation but also a part of one's spirit.

Different people like different music. As for me，I prefer classical music and country music. Classical music，the melody of which is very beautiful，often leads me to beautiful country scenery and ancient European palace，where the nobles lived. While listening to classic music，my heart is filled with peace，quietness and joy. And country music is an encouragement to me when I am fretful or grieved. It leaves me in a light heart，telling me there is always something good in the world and just take it easy. I can live through everything. Besides，music written for movies is also my favorite.

To me，music is as important a part as air，without which I can't live. It is not only music，but also the oasis in my heart.

这堂课令我感触颇深，我们的英语课可以不只讲词、句，完全可以更富有文化内涵，更有美感，但所有这一切，都建立在教师有更丰厚的文化底蕴，有更浓厚的文化传播意识上。我们的路还很长，鲁迅先生说过："世上本没有路，走的人多了，也便成了路。"我相信，只要我们英语教师和外语工作者充分认识到文化对语言学习的重要性，不断探索和实践，就一定能使学生达到新课标提出的要求，提高学生对中外文化差异的敏感性和鉴别能力，培养学生初步的跨文化交际能力。

小学英语情趣教学模式初探

辛翠娟

情趣教育是指教师培养和唤起学生对所学知识和学科的积极情感，以及爱护学生在学习过程中的求知热情和探索精神，使学习成为有情趣的活动。英语情趣教学，在各地都有不同程度的探索实验，也取得了一些阶段性成果。对于一些情趣教学的具体方法，例如多媒体的课堂引进，教育界同行做过一些有益的尝试。但是，从学生兴趣培养到教师能力要求系统化地开展情趣教育的学校和地区还很少。在教学实验中，情趣教学对教学效果的作用，对学生能力与素质的培养，以及相关教学方法、教学模式的实践规律，既使我们认识到情趣化对英语教学的积极意义，又使我们注意到小学生心理、性情与中学生、大学生的差异性。相信，这对于整个小学英语教学研究以及素质教育的推行都有积极的意义。

一、小学英语情趣教学的意义

（一）情趣教学是小学英语教学的有益尝试

英语教学在我国已有数十年的历史，也越来越受到重视，各种改革和尝试几乎没有停止过。但小学英语教学大面积展开，还只是近几年的事。小学英语教学在教学模式上照搬中学乃至大学模式显然是行不通的。如何融合素质教育理念，把英语教学特点和小学生心理、性格特点相结合，探索富于情趣的教学新模式，对于当前的小学英语教学具有极其重大的理论意义和现实必要性。

（二）情趣教学适合小学生的心理特点和性格特点

小学生年龄小，活泼好动，好奇心强，接受能力强，因此形式多样的情趣教学容易被小学生接受。同时，小学生具有感性大于理性、情绪波动大、耐心不足、注意力易分散的特点，而情趣教学期望通过生动活泼的教学不断

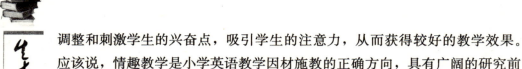

调整和刺激学生的兴奋点，吸引学生的注意力，从而获得较好的教学效果。应该说，情趣教学是小学英语教学因材施教的正确方向，具有广阔的研究前景和实践前景。

二、过程与方法

（一）研究对象

小学低年级学生（6～9岁）。

（二）研究方法

（1）比较观察法：观察和比较学生在课内外教学中表现出来的对不同教学方法的反映和取得的教学效果，加以记录和分析，并得出结论。

（2）个案研究法：选取有代表性的学生个体或班级作为长期观察的对象，在不同阶段有计划地运用不同的教学手段，观察并分析其发展动态，进行科学对比，最终得出结论。

（3）文献法：在研究中积极查阅相关资料，了解与本课题有关的理论，掌握本课题的发展动态，并积极借鉴同行的研究成果，不断完善自己的研究成果。

（三）研究过程

通过长时间的调查、观察和实践，我认为在教学目标和内容相对稳定的情况下，探索符合小学生兴趣、注意、记忆等特点的教育教学方法，是小学英语情趣教育新模式的关键所在。如何在教学中实施和操作这一模式？我主要从两大方面进行了尝试。

1. 用情境教学法"以情激趣"进行教学

（1）情境教学法适用于小学英语教学

什么是"情境"？什么是"情境教学"？情境，有两层意义：一层是指景物、场景和环境；另一层是指人物、情节，以及场景、景物所唤起的人的情绪和内心境界。情境教学就是在教学中充分利用形象，创设具体生动的场景，激起学生的学习兴趣，从而引导学生从整体上理解和运用语言的一种教学方法。根据少年儿童好奇、好动的特点，著名教育学家布卢姆提出："成功的外语课堂教学应当在课内创设更多的情境，让学生有机会运用已学到的语言材料。"情境教学充分体现语言的实践性和交际性，使学生能够学以致用，同时有利于学生对语言的记忆和巩固。在英语教学中，情境教学法是指以情境为中心，以整体为基础，充分利用视听手段，培养学生听说能力的一种教学方法，这种方法同时也被称为视听法。它的总体原则是运用电教手段，突出交际性原则，强化听说训练。一直以来，它以其独特的魅力和优越性，在外语教学特别是小学英语教学中发挥着不可替代的作用。

（2）情景教学法符合儿童的兴趣特点、注意特点和记忆特点

儿童好奇心强、调皮好动，常对某些引人入胜的客体产生直接兴趣。而学英语、记单词本身并不引人入胜，要使学生对它产生学习兴趣，就必须把隐藏在教学内容和教学过程中能够激发学生兴趣的东西挖掘出来，促使学生由被动学习变为主动学习。采用情境教学法，让学生在设置的情境中学习运用语言，既可以帮助学生理解语言内容和形式，又可以激发他们的兴趣，传递某些文化概念。如在学习句型"Where are you from?"时，我让学生在胸前佩戴中国、美国、加拿大、英国、法国等国家的国徽，让学生以所在国儿童的身份展开对话。在这种背景下学习，既激发了学生的情趣，又能让学生在愉快的情绪中，在审美体验与审美享受中接受信息。

注意是心理活动的一种积极状态，是对一定事物的指向与集中。儿童在童年的早期，注意力会因鲜明具体的形象、生活的刺激、周围环境中事物的突然和显著的变化而唤起。要提高英语课堂教学的质量，教师就必须设法集中学生的注意力，使其相对长久地集中在教师选择的较有意义的认识对象上面。在教学中运用情境教学法，充分符合儿童的这一心理特点，能有效地吸引和集中学生的注意力。如在教学"Is this your...?"句型时，我先是创设了"失物招领"情境，然后又创设了情境游戏：播放一首旋律急促的乐曲，由一名背向全体同学的学生操纵乐曲的开始与停止，当乐曲开始时，学生快速传递铅笔，乐曲停止时，手拿铅笔者应向全体学生提出问题："Is this your pencil?"（这是你的铅笔吗？）学生回答"No, It isn't."或"Yes, It is."这样的游戏，能让学生口、手、耳都动起来，在情境中练习运用，充分集中学生的注意力，激发学生参与课堂活动的欲望。

儿童记忆能力的形成和发展，既受到多种因素的制约，又有规律可循。

心理学研究表明，7～8 岁儿童的无意记忆优于有意记忆，到了 9～10 岁则有意记忆渐渐超过无意记忆，同时，这两种记忆也会随着年龄的增长而发展。到了 12 岁以后，有意记忆就占有明显的优势。一般来说，记忆的目的要求愈明确、具体，记忆的效果就愈好。记忆活动的效率又与兴趣和注意力有关，当对英语有浓厚兴趣时，学生的学习和记忆也是最有效、最积极、最持久的。而有意记忆就是在有意注意的配合下进行的，无意记忆是在无意注意的配合下进行的。情境教学由于采用实物、图片、幻灯片、录音、录像、动作、表演等直观手段呈现和操练语言材料，有利于通过视觉、听觉加深学生对语言的理解和记忆，便于学生进行语言操练和运用，有利于吸引学生的注意力，提高学生的学习兴趣，从而提高教学效率。直观形象的东西最容易引起小学生的无意注意，因为小学生的抽象思维还没有发展成熟，他们的形象思维在学习中占有重要位置。在教学中，教师通过具体形象的实物、图像等来呈现教学内容，可以激发学生的情趣，引起学生的注意，帮助学生理解和认识事物。

如在教学《Colours》一课时，我专门设计了一个颜色大转盘，请一个学生上来转动大转盘，并问："What colour is it?"（这是什么颜色？）其他学生竞猜："It's red/yellow/blue..."（这是红色、黄色、蓝色……）猜对的学生能得到一份小小的礼物。又如在帮助学生操练"there be 的一般疑问句"时，我同样设计了一个竞猜游戏：课前准备一个布袋，里面放有 pen（钢笔），ruler（尺子），pear（梨），apple（苹果），banana（香蕉）等实物。我对学生讲："Now, let's play a guessing game. There are many things in my bag. Touch and guess what's in my bag."（现在我们来玩一个猜谜游戏。我的包里有很多东西，摸一摸并猜一猜我包里的东西是什么。）并要求学生用"Is there... in the bag?"的句型来猜。游戏激发了学生的好奇心，他们希望知道袋子里到底装着什么东西，于是纷纷参与这个游戏。

其实，猜的结果并不重要，重要的是学生运用新句型猜的过程。这样不仅能培养学生的情趣，刺激学生的视听器官，吸引学生的注意力，让学生在轻松愉快的氛围中操练并掌握句型，加深他们对语言材料的记忆，而且还有助于提高他们的学习兴趣，提高教学效率。

（3）借助多媒体引入情境教学

教师借助网络或多媒体对学生进行情境的诱导、情境的引导、情境的指导、情境的熏陶，可大大激发学生的学习兴趣，使学生进入学习的角色，达到以情激趣的目的。教师可以借助语言、手势、行为、表情等创设情境，也可以运用图片、投影、录像等烘托情境，更可以运用多媒体再现情境、模拟情境、渲染情境，动之以情，晓之以理。

每节课开头一两分钟，我都会安排学生唱英语歌或用英语进行"free talk"（自由谈话），这样做的目的是引导学生进入英语学习的情境，然后在此基础上根据教学内容的不同创设不同情境。如我在教《Animals》一课时的做法：

I. Sing an English song—Animal song. （唱动物歌）

II. Talking （对话）

T（出示一个可爱的动物玩具）：Do you like animals? （你喜欢动物吗？）

Ss（看到这可爱的玩具）：Yes, I like it very much. （是的，我非常喜欢。）

T（趁热打铁）：I have a flash movie about animals, do you want to watch? （你们想不想看动物卡通动画呀？）

Ss：Yes, I do. （是的，我愿意。）

此时，我抓住儿童爱看卡通动画的特点，播放"迪士尼神奇英语"中"动物探险"这一片段，学生的兴趣一下就提起来了。于是，我又创设了一个与本节课所学内容有关的情境，层层深入，引导学生自主探究，整个课堂形成了互动的教学氛围。

情境教学法力求把听、说、读、写完整地统一起来，除了重视听、说外，还强调看，强调充分发挥视听器官的功能，对语言的外壳、形式和内容充分地感知，以达到模仿、思考、理解和运用的目的。

学习英语，要求进行听、说、读、写的大量实践。这样一个过程，反映了如下活动特点：视、听是信息输入，说、写是信息输出，这一过程同时也起反馈作用。信息经过评估，对所学内容进行强化，形成一个感知、理解、练习和运用的完整有序的教学过程。而这一过程，也正是通过有效运用情境教学法来完成的。

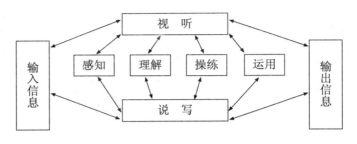

图1 教学流程图

如在教学《My family》这一课时，我首先准备了一张我们全家人的合影，用投影机投放到屏幕上，同时用英语进行介绍："This is a picture of my family. He is my father. She is my mother..."让学生通过视觉和听觉整体感知教学材料。接着进行分步呈现，即指着我的家庭成员逐个介绍："He is my... She is my..."让学生在理解单词 father, mother, sister, brother, grandfather, grandmother 的同时，也理解句型，从而为下一步的练习打下基础。然后，我又利用课文中的图片让学生用学到的单词和句型进行操练，以便熟练掌握词句的表达。最后，我要求学生拿出各自的全家照（事先要求学生带来），进行实际对话，让学生活学活用，大大加快了学生学习英语的进程，并取得了较好的教学效果。

事实证明，将情境教学法作为英语情趣教学模式中的一种主要教学方法，穿插于课堂教学中，不仅符合儿童的生理、心理和学习特点，而且提高了课堂教学的质量和效率，是一种值得提倡和推广的教学方法。

2. 运用游戏教学法让学生"趣中学"，达到情趣结合

（1）游戏教学法的理论依据

美国心理学家布鲁纳认为，最好的学习动力是对所学材料有内在兴趣。世界著名科学家爱因斯坦曾经说过，兴趣是最好的老师。《小学英语教学与教材编写纲要》也指出，兴趣是学好语言的关键，激发学生学习英语的兴趣是小学阶段英语教学的一项重要任务。英语教学要注意结合儿童的心理和生理特点，要有利于唤起学生的学习兴趣。游戏教学法便是激发学生学习英语兴趣的又一主要方法。

游戏教学法是指围绕教学目标，将游戏的形式融入教学中的教学活动类型。运用游戏传授英语知识，一方面可以增加学生的愉快情感体验，满足他

们的情感需要；另一方面可以激起并满足学生的认识需要，从而实现娱乐性和知识性的统一。游戏教学法注重在教学中将枯燥的语言现象转变为学生乐于接受、生动有趣的游戏形式，为学生创造丰富的语言交际情境，使学生在玩中学，在学中玩。它强调了学生的主体性，要求师生共同参与而不是教师唱独角戏，体现了教师主导与学生主体的统一。在英语教学中加入适当的游戏，有利于培养学生的兴趣，符合"乐学"原则。游戏教学法符合小学生的生理特点和心理特点，小学生活泼好动，爱表演，乐于接受新奇、趣味性强的事物，教师的教法可以直接影响学生对学习的兴趣。游戏无意注意的特性，有利于学生形成正确的学习方法和良好的学习习惯，有利于化难为易，减轻学生的负担，符合素质教育的要求。游戏教学法还能把儿童的认知活动和情感活动巧妙地结合起来，调动全体学生参与，达到群体教育中"共同发展"与"差别发展"的统一，个体教育中"一般发展"与"特殊发展"的统一。

（2）游戏教学模式的结构特点分析

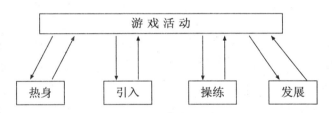

图2

（3）游戏教学使学生最大限度体味"愉快教学"

低年级儿童活跃、开朗，但缺乏自控能力，如果教单词和句子时纯粹领读、跟读，重复操练，往往会使学生感到乏味，坐立不安，因此，教师在授课时要注意让学生在游戏中练习，用富有情趣的活动诱发学生反复练习同一语言的欲望，让他们在愉快、和谐、欢乐的气氛中巩固学到的知识，使他们的大脑始终处于兴奋状态。

以下，我以采用游戏教学模式的一个课堂实录为例来说明。

教学对象：二年级（7）班学生

教学内容：Playway to English 2 Vegetable（蔬菜）

256

操作过程：

I. Preparation（热身准备）

A. Daily English（日常用语）

B. Sing a song—Vegetable song（唱一首蔬菜歌）

唱歌热身是教学的第一个环节，是在上课前唱一两首英语歌曲，唱歌时还可以配上适当的动作，这样做的目的是营造英语学习的气氛，并通过唱歌集中学生学习的注意力。

在这个环节里，我将各种各样的蔬菜图片和声音文件制成幻灯片投放在屏幕上，然后要求学生戴上各种蔬菜面具合着音乐节拍边做动作边唱歌。不知不觉中，学生的"心"就从课间十分钟回到了课堂上。

II. Revision and presentation（复习和呈现引入）

A. Review the plural of the words for the vegetable.（竞猜游戏复习蔬菜水果单词）

在所有游戏中，学生最喜欢的就是竞猜游戏，因为竞猜游戏能最大限度地满足他们的好奇心和好胜心。果然不出所料，当我将经过处理的、朦朦胧胧的幻灯片逐一投放在屏幕上，让学生猜出每张幻灯片里是什么蔬菜时，学生都沉不住气了，把手举得高高地说："Let me try, Miss Xing!"（让我试试）

B. Play PingPong game.（乒乓球游戏）

这是一个小组竞赛游戏，这个游戏的主要目的是复习蔬菜或水果单词的复数。我拿出一个玩具熊，将学生分成两个小组进行竞赛，规则是：A组的第一个同学拿着玩具熊说一个蔬菜或水果单词的复数，说完后抛给B组的第一个同学，要求他（她）说另一个蔬菜或水果单词的复数，B组同学说完后抛给A组的第二个同学，A组的第二个同学说完后传给B组的第二个同学，就像玩乒乓球一样。在此过程中，每个学生不得重复他人说过的单词，如有重复或说错，该组的同学便要扣分。

这样的游戏不仅让学生学习了单词，而且激发了学生参与学习的欲望。由此可见，利用恰当的游戏引入新课，是激发学生学习兴趣的有效途径，也是一节课成功的开始。

III. Consolidation（巩固操练）

这个环节是教学的重点环节，也是开展游戏活动的好时机。经过前阶段的学习，学生对本课的内容有了一定的了解，必须通过练习来巩固学习的新知识。用边玩边练的方法，可以使枯燥的练习变得趣味十足。在该阶段中，可以开展许多生动活泼的游戏，如猜谜、开火车、打电话、找朋友、击鼓传花等。我们要求教师组织学生活动时要活而不乱、动静有序，要使每一个学生都参与学习，避免那种只顾少数尖子学生而忽视大多数学生的做法；要注意尽量安排集体游戏，特别是那种需要集体配合和体现协作精神的游戏，这样既可以操练语言，又可以培养学生的集体荣誉感。基于此，我设计了如下活动。

A. Play the chant. （表演唱儿歌）

我将蔬菜头饰分发给班里的学生，将所学的蔬菜单词编成儿歌并制作成幻灯片，让全班学生看着屏幕、听着音乐节拍表演儿歌。以儿歌的方式学习单词，既有趣又好玩，既朗朗上口又不易忘记。

B. Express like and dislike. （表达喜欢和不喜欢）

首先，我出示两个西红柿（实物）说："I like tomatoes."（我喜欢西红柿）然后，我拿一张西红柿的图片挂到黑板上，在旁边画一颗心，表示喜欢，并重复句子，让学生跟着读。接着，我又拿出两个洋葱（实物）说："I don't like onions."（我不喜欢洋葱）同样，我拿出一张洋葱图片挂到黑板上，并在图的旁边画一个苦瓜脸，表示不喜欢，并重复句子，让学生跟着读。最后，我出示了一张色彩斑斓、画满蔬菜和水果的幻灯片，让学生用"I like..."（我喜欢……）和"I don't like..."（我不喜欢……）这两个句型来表达自己的喜欢或不喜欢。

在这个环节中，我采用实物、图片、挂图和手势等直观教学手段及多媒体设备，情趣结合，使语言教学更加直观，更加生动有趣，最大限度地让学生体味"趣中学"的愉快教学。

C. Break time——A song. （中途休息——唱歌）

低年级学生的注意力较难持久集中，用句型表达他们的喜欢和不喜欢后，学生多少有点累了，此时我特意安排了一首歌，目的是让学生们的大脑有一个缓冲的机会，以便让接下来的教学活动更有效率。

IV. Development （发展部分）

这个环节是教师检查教学效果的环节，也是学生把知识转化为能力的环节，是学生最兴奋的时刻，也是教师训练学生运用英语进行交际的机会，学生在此时可以尽情发挥自己的交际能力。教师应抓住这一契机，努力营造英语表演气氛。为此，我设计了 Going shopping（购物游戏）活动。

在播放购物用语录音的同时，我让学生看屏幕上的购物图，听完后，我给学生三分钟时间准备，让学生发挥自己的想象力和创造力，自由组合，分小组用购物用语自编对话——买蔬菜或水果。在他们准备时，我快速地拿出蔬菜、水果、购物篮等物，创设购物场景。

真没想到小学二年级学生具有这样的想象力和创造力，同是购物，他们在充分运用所学语言的同时，也演出了各种各样不同的场景，如购物时坐出租车讲价的情况、遇上小偷的情况、买东西讲价的情况……总之，学生都能结合现实生活，把生活中的一些人和事用英语的形式表现出来。

一节课很快就结束了，学生们似乎意犹未尽。

在此类英语活动课中，听、说、读、唱、玩相结合，使学生对学习英语产生极大的兴趣，使学生的学习能力在活动中得到发展，课堂效果较好。游戏导入，可以充分调动学生的内在潜力和积极性，使学生迅速进入最佳学习状态；课中游戏，可以调节教学节奏，消除学生的疲劳感，活跃气氛，为接下来的学习创造心理条件；以游戏结束教学，可以舒缓学生的紧张心情，并让学生产生欲罢不能的感觉，使之对英语课保持浓厚的兴趣。当然，将游戏引入教学不是将游戏与教学简单相加，而是找到游戏与学习的连接点，将学习与游戏有机统一起来，提高教学效率。

三、研究结果与分析

（一）研究结果

表 1

调查项目（100 人）	实施情趣教学模式前	实施情趣教学模式后
学生英语听说能力	一般（平均分 75 分）	稳步提高（平均分 90 分）
学生英语笔试成绩（平均分）	80～85 分	90～95 分
喜欢英语课人数	60 人	93 人

（二）结果分析

从初步的实验来看，情趣教学不仅带来了丰硕的教学成果，它带来的教学效果也是非常可观的，主要表现在它培养了学生对英语课的学习兴趣，学生的英语听说能力稳步提高，英语课备受学生们的喜爱，在愉快、轻松、充满趣味的语言环境中，教学效果明显提高。对于学生而言，英语学习已不再限于40分钟的课堂上，在走廊，在操场，到处可见学生自觉用英语打招呼和做英语游戏的情景；在课间，在课后，都可以听到广播中播出的英语歌曲和英语故事，学生学习英语的气氛十分浓厚。对于教师而言，在教学过程中，教师能够联系自身的教学实践，探索能激发学生兴趣的各种游戏活动和教学方法。这不仅促进了教学，而且增强了教师的科研意识，提高了教师的科研能力。

四、结论

在教学中实施情趣教学模式，能够使学生自觉学习，教学效果良好，学生的成绩大幅度提高。但是，要搞好情趣教育，关键还是教师！

这是因为，激发和培养小学生的情趣，提高他们英语学习水平的决定性因素是教师和学生的互动，其中教师的行为又是情趣教育成败的关键。这就要求教师在情趣教育中，要积极引发学生对英语课的兴趣。因此，教师必须具有良好的思想道德素质、审美情趣、语言素养和组织才能。

教师必须钻研教材，发掘教材中的情感因素和情趣因素，根据不同的教学内容设计和运用不同的教学方法，根据不同的教学方法设计不同的教学活动，根据不同的教学活动制作不同的教具和道具、图像和幻灯片，以最佳的情境、画面、音乐、色彩和语言效果刺激学生的感官，从而达到理想的教学效果。

教师必须具有表情达意的才能，一举手、一投足、一个微笑、一个眼神，亲切自然的示范表演会激发学生的学习热情，幽默活泼的话语会引起学生的共鸣。教师在教学活动中的全身心投入，会将学生带入自觉忘我的学习境地。

五、结束语

情趣教学是素质教育的内在要求。研究和探索情趣化教学模式，对于提升小学英语教学质量，探索一条切实可行、效果明显的素质教育教学道路影响很大。素质教育区别于传统教育最主要的一点，就是摒弃传统教学中机械、呆板的单向教学模式，以情趣教学为发展方向，还学生学习的主动权，寓教于乐，培养学生的学习兴趣，引导学生主动学习，在生动活泼的教学过程中培养学生获取知识的能力。因此，小学英语情趣教学的研究体现了素质教育的总体要求，与素质教育发展的大方向相契合。

【参考文献】

[1] 洪子锐，惠幼莲．小学英语教学法［M］．广州：广东人民出版社，2006.

[2] 石惠新．小学英语情趣教育［M］．上海：百家出版社，2001.

让历史教学"活"起来

——问题教学模式个案报告

徐均成

在历史课堂教学中，根据每节课的具体内容，适时提问（双向或多向），能不断将学生置于"愤悱"状态的问题情境之中，往往一个问题问下去，学生便会思绪飞扬，从而让历史教学"活"起来。这就是问题教学。

所谓问题教学，就是将本节课的重点、难点内容通过问题的形式呈现出来，使学生理解、掌握，并逐步培养学生思维能力的教学方法，这是历史课堂教学中最常见、最普遍的一种教学方法。

一、问题教学的关键——以疑启之

历史学科的过去性使学生感觉比较乏味，而且很多人认为历史学科就是背知识点，这就导致学生对其难度认识不足，不能引起足够的重视。面对这种现实，传统的"灌输式"教学难以收到良好的效果，这就需要教师利用有启发性的问题吸引学生，让学生将注意力集中到学习上，在师生双向交流的对话中，唤起学生学习的主动性和积极性，培养学生的创造性思维能力。

在讲述"范缜批判佛教谬论"这一知识点时，笔者先按常规教法引出范缜观点："肉体好比刀刃，精神好比锋利，没有刀刃，就不会有锋利；没有肉体，也就不会有精神。"对学生而言，这一观点在理解上没有任何困难，在此笔者切入问题："谁能用我们现代的常识驳倒范缜？"片刻的沉寂后是火热的争论。其中有一观点赢得众人喝彩："现在医生用激光为病人开刀，并无刀刃，但照样有锋利。"于是学生为他们驳倒了范缜而激动不已，学生的思维活跃至巅峰状态。笔者在充分肯定这一论点的同时，不失时机地启发学生："范缜在这点上是真的输给你们了吗，还是因为范缜思维的局限性呢？"学生又展开讨论，很快形成正确结论："时代的局限。"问题似乎解决了，学生激动的情绪开始平静下来，笔者立即点起思维的战火："现在九泉之下的范缜死不瞑目，觉得自己输得很冤，他向你们提出质疑，他在当时条件下不知道'激光'，请问'激光'是什么？"一个学生脱口而出："是一种肉眼看不见的东西。"笔者也乘势紧追其后："东西是什么？"好多学生不知道教师设问的真实意图，便脱口而出："东西就是东西，总不会是南北吧。"笔者说这种回答叫"循环解释"，不能探究问题的真谛。学生再度沉寂下来，突然有人说："东西是一种物质。"众学生一片喝彩。到此为止，问题的实质冲开云雾，露出了真容，学生最终心悦诚服地向范缜老先生认输，真正领悟到"唯物论是放之四海而皆准的真理"，每个人脸上都绽开了会心的笑容。

教师把问题设计得恰当中肯，使其成为一种艺术信息并传递给学生，绝非易事。首先，设计的问题应具有启发性和深刻性，有思考的余地和价值。只有这样，我们才能引导学生踏上问题之船，让学生经过自己的探索，发现知识彼岸的金矿。其次，设计的问题应系列化，即应将所要展示的内容设计为环环相扣的问题组，让学生钻进我们的"圈套"去寻根究底，直至问题完全解决。

二、问题教学的核心——以问导之

教师提出的问题要依纲扣本，既源于教材，又高于教材；既不能过于平淡，又不能过偏过难。教师设疑要注意变换角度，使其具有新鲜感，启发学生思考问题，引起学生深思、多思，所谓"举一隅而以三隅反"，就是这个意思。当然，教师首先要下一番琢磨推敲的功夫，才能设计出角度新颖的问题，令学生耳目一新。

在学习氏族公社时期的制陶时，就有这么一段对话：

教师：陶器是经过烧制的粘土制品，制作的工序有选料、成型、烧制等，对原始人来说应该是很复杂的事情。这种复杂的手工劳动，当时的人们是怎么想出来的？

学生：原始人发现泥巴干了就会成型而且会变坚硬，可以装东西。

教师：那他们怎么会想到用火烧制陶器呢？

学生：原始人已经知道，肉用火烧烤以后就好吃了，就在用泥巴做的器具上放肉，在火上烤，结果泥巴变得更硬，色彩也变了，成了陶器。

学生：我不太同意他的看法，因为肉可以直接放在火上烤，不必放在器具上。倒是粮食之类的东西要放在器具里煮了才能吃。半坡人种了粟，但小米不能生吃，就放在用泥巴做的器具上煮，陶器也就这样发明了。

教师：半坡人为什么在陶器上刻上符号呢？

学生：可能是为了美观吧。

学生：我认为应该是为了记录某些事情。

每个问题都需要教师在课前有充分准备，并力求想到学生可能说出来的各种不同答案。教师要根据学生的不同答案，进一步设置问题，使得学生对问题的理解步步深入。如果教师在发问中不敢置疑，不懂得置疑，问答就无法继续下去。

三、问题教学的动力——以趣激之

富有趣味性的提问，往往能激发学生带着浓厚的兴趣、以愉悦的心情积极思考，直至问题得到圆满解决。

在学习"战国时的货币"时，教师可以设置提问："张三兴奋地提着一串刀币上街买肉，路遇李四提着一串铲形币去买米……这是发生在什么时代、什么地区的事？"这显然比起"战国时货币形式有几种""齐、赵等国货币形态如何"的问法有趣得多。

在"五四运动和马克思主义的传播"这节课，笔者一开始提出一个问题："为庆祝新中国诞生，在开国大典上鸣礼炮，你们知道当时设置了多少门礼炮？齐鸣了多少响？"一个学生回答说："按照国际惯例，应该是 21 门礼炮齐鸣 21 响吧？"笔者指正道："这可是有中国特色的开国大典，共有 54 门礼炮齐鸣了 28 响。"并接着发问："为什么要这样呢？原来，设置 54 门礼炮是为了纪念"五四运动"，齐鸣了 28 响是为了纪念中国共产党成立后领导人民进行 28 年浴血奋战，终于取得了新民主主义革命的胜利。那么，为什么要在如此隆重而庄严的时刻纪念"五四运动"，"五四运动"是怎样爆发

的？为什么会爆发？它有什么重要意义？"这样的提问会使学生的注意力高度集中，会使他们兴趣盎然，从而在主动、轻松的心态中进行新知识的探求。

知识的趣味性，始终是学生学习的不竭动力，是医治学生对历史学科的"厌学症"的良方，是使课堂活起来的"催化剂"。因此，教师要不遗余力地发掘既符合教材要求，又生动有趣的问题。

四、问题教学的保证——以境诱之

苏霍姆林斯基指出："使你的学生看出和感到有不理解的东西，使他们面临着问题。如果你能做到这一点，就是成功了一半。"在课堂教学中，教师可以用高昂激越的情感、妙趣横生的语言，或利用多媒体手段渲染气氛，烘托主题，有意识地创设问题情境，使学生始终面临一个又一个问题，在师生的连续问答中揭示教材的内在联系，从而使学生获得分析问题、解决问题的能力。

在讲述"英国工业革命"时，笔者运用自制图片教具和叙述故事，再现了英国工业革命的动态历史情境。在课堂中，笔者首先展示手摇纺纱机、珍妮机和水力纺纱机等图片，叙述在纺织部门开展的技术革命的情况，使学生形象地认识工业革命最初的情景。然后提问："当时的机器大多是以水力作为动力的，如果遇到干旱天气，没有足够的水力推动机器怎么办？"之后，笔者组织学生讨论交流，引出动力部门技术革命的话题。接着，笔者展示原始蒸汽机、钮可门蒸汽机和瓦特改良蒸汽机的图片，再次创设动态历史情境，并设问："钮可门和瓦特对原始蒸汽机做了哪些改变？有什么好处？"学生们又是一阵讨论，不但找到了改进的地方，而且罗列出不少好处。最后，笔者归纳指出：钮可门在原始蒸汽机的基础上加上一个阀门，改变原先熄火控制蒸汽量，使得活塞能上下运动，带动重物上下运动；而瓦特改良蒸汽机为卧式，并变以前蒸汽机的直线运动为曲线运动或图形轨迹运动，推动了各种运输工具的发明。这样，通过问题情境的诱导和刺激，学生对英国工业革命的各个环节中具体机器的发明过程、发明人物乃至整个工业革命的过程，有了进一步的了解和认识。

在课堂教学中，何时提问，哪些地方需要提问，哪些地方不需要提问，教师要根据每堂课的具体内容而定。提问的目的在于启迪学生的思维，所以教师应创设"愤悱"情境，以激发学生的学习热情，使学生产生巨大的内驱力。

五、问题教学的最高境界——学生质疑

问题教学是双向或多向的，可以教师问，学生答；也可以学生问，教师答；还可以学生问，学生答。教会学生质疑和提问，是培养学生学习能力的重要组成部分。美国学者布鲁巴克认为："最精湛的教学艺术，遵循的最高准则就是让学生自己提问题。"美国教育家肯尼思·H·胡佛也说："整个教学的最终目标是培养学生正确提出问题和回答问题的能力。任何时候都应鼓励学生提问。遗憾的是，提问课中常常是按照教师问学生答的反应模式进行。"赫伯特·蒂利博士甚至建议，每天在课堂上拿出 10 至 20 分钟作为"提出创见的时间"，由教师提出一个实际问题，让学生讨论。讨论过程中，教师可以发现具有某种天赋的学生，然后因材施教，创造各种机会，提高学生的学习能力。

在"日本明治维新"一课教学中，笔者发现课文教完后，没有一个学生提出问题。其实，本课的疑难问题很多，可能是学生的积极性还没有被调动起来。于是，笔者提出："同样是维新变法，为什么日本的明治维新能够成功，而此后中国的戊戌变法却以失败告终？""为什么德川家族握有重兵却不得不还政于天皇？"……学生看到教师有那么多疑问，于是展开了讨论。随着讨论的深入，问题也接踵而至："为什么英、美、法等国的资产阶级革命是武装推翻封建制度或殖民制度，而日本却依靠天皇采取改革方式呢？""明明是在封建帝王主持下的改革，为什么却称为资产阶级改革？""中国古代的王安石变法与日本明治维新有可比性吗？"……结果，这节课上得生动，课堂气氛热烈。

当然，直面学生对自己提出的质疑和提问，教师需要具有博大的胸怀和诲人不倦的师道精神，在这个时候，教师要发扬民主，力求教学相长，切忌对学生搪塞、挖苦、打击。

纵观上述案例，问题教学贯穿其中，这是历史教学"活"的源泉。当然，历史学科的问题教学必须遵循下列原则：（1）教材原则，即依纲扣本，以教材为本；（2）水平原则，即兼顾两头，面向全体；（3）双边原则，即以学生为主体，教师为主导，师生共同进行；（4）效益原则，即在规定的时间内必须完成教学大纲规定的教学任务。这样的历史教学，才能"活"而不"乱"。

初中学生数学合情推理能力研究

刘春梅

随着课程改革的不断深入，新课标明确指出要以学生为主体，加强素质教育。著名教育家郭思乐在《教育走向生本》中提到"教育要以学生为本，以学生的发展为本"，并引申出要"以生为本，以生命为本"，从而揭示了教育的真正价值。我们可以看到，教学过程的终端始终是学生，学生能力的体现才是教育的本性，所以教师要将一切为了学生作为教育的原则。生本教育的目标是"以学生的生命价值为基础"，以体现生命价值为目标，主张不能压抑和控制学生的生命，强调学生的生命价值和智慧价值。我们在数学教学中也要坚持"以学生为本"，加强对学生的多种能力的培养，但是长期以来，数学教师只注重学生的演绎能力，而忽视了对学生推理能力的培养。我们在数学教学过程中应该让学生明白各种公式、规律的来历，以及对公式、规律的合理推论。同时，还应该让学生具备观察、比较、不完全归纳、类比、猜想、估算、联想等思维方式，具备对问题进行合乎情理的推理的能力。

一、什么是合情推理

合情推理是美籍匈牙利数学家波利亚的"启发法"中的一种推理模式。波利亚通过研究发现，可以机械地解决一切问题的"万能方法"是不存在的，在解决问题时，人们总是针对具体情况，不断对自己提出具有启发性的问句、提示等，以启动与推进思维的发展。

合情推理常用的有归纳推理和类比推理两类。归纳推理的定义是，由某类事物的部分对象具有某些特征，推出这一类事物的全部对象具有这些特征的推理。归纳推理又分为完全归纳与不完全归纳两类，其特点是由部分到整体，由个别到一般。类比推理的定义是，根据两类对象具有某些类似特征和其中一类对象的某些已知特征，推出另一类对象也具有这些特征的推理。其特点是由特殊到特殊。

与演绎推理不同，合情推理具有一定的偶然性，得到的结论也不一定正确，但是合情推理有助于帮助学生学会发现和发明。我国的理科教学一直比较重视逻辑推理，不重视合情推理。在大力提倡素质教育、强调促进学生全面发展的今天，必须重视对学生合情推理能力的培养，在教学中"既教证明，又教猜想"，给予合情推理适当的地位。

二、对学生合情推理能力的培养

（一）深入挖掘教材资源，积累合情推理素材

在初中数学的新教材中，使用合情推理的知识点占有相当大的比重。在"数与代数"中，教材中使用了许多归纳的知识点。在教材中，合情推理的使用主要表现在以下两个方面：通过大量现实生活中的例子，引导学生归纳出定义；通过观察和探索定理、性质、公式、法则，对学生探索和获知的过程进行关注。除此之外，教材中还分别设置了"类比"和"归纳"两个专题阅读栏目，设置这两个栏目主要是为了帮助学生深入了解类比、归纳这两种合情推理，并对他们的合情推理能力进行培养。

例如：在学习"幂的运算"相关知识的时候，笔者设计了这样一道题。

我们来观察下列式子：

①$4 \times 6 + 1 = 25$

②$6 \times 8 + 1 = 49$

③$8 \times 10 + 1 = 81$

······

（1）同学们发现了什么规律？你们可以自己写出第 n 个等式吗？

（2）自己检查一下写出的等式成立吗？为什么？

要解决这个问题，学生需要通过观察发现数量之间存在的关系，然后归纳出规律并通过代数式表示，同时还必须对自己得到的结论进行简单说明。

在归纳的过程中，学生需要将题中的式子进行变形，得出如下的式子：

$4 \times 6 + 1 = 25 = 5^2$

$6 \times 8 + 1 = 49 = 7^2$

$8 \times 10 + 1 = 81 = 9^2$

······

从变形后得到的式子中，学生会发现"两个连续偶数的乘积与 1 的和是这两个偶数中间的奇数的完全平方数"这一规律。之后，教师可引导学生归纳出式子 $2n（2n+2）+1=（2n+1)^2$，并让他们对自己得到的结论进行证明。

新版教材使用了较多直观类的合情推理，要求教师在教学中让学生通过观察丰富具体的实例以及亲自动手操作引出定义，利用观察、想象、动手操作等方式对数字规律进行探索，从而得到它们的性质、规律。

（二）让数学回归生活，激活学生的合情推理能力

数学教学基本以教材作为教学的蓝本，因此在很多时候，教师都会以教材内容作为素材对学生的合情推理能力进行培养。然而，并不是只有学校的教育教学活动才有助于培养学生的合情推理能力，许多其他活动也能够促进学生的合情推理能力提高。在日常生活中，人们经常需要做出一定的判断和推理，一些游戏活动也蕴含推理的要求。因此，我们应该尽可能地拓展培养学生合情推理能力的渠道，让学生切实感受到活动中也有"学习"、有合情推理，让学生逐渐养成爱观察、爱猜测、善于分析和归纳推理的好习惯。

在学习"有理数的乘方"时，可以先让学生在经历了"折纸—猜想—计算"这样一个过程后，再引入乘方的概念。比如，教师可以提问：现在有一张厚 0.1 毫米的纸，将这张纸进行一次对折，此时厚度为 2×0.1 毫米。

（1）对折 2 次后，厚度为多少？

（2）对折 3 次后，厚度为多少？

（3）对折 20 次后，厚度为多少？

（4）如果一层楼有 3 米高，那么对折 20 次后将有多高？

20 次对折是很难实现的，学生只能根据前面的规律进行猜想，再通过计算对猜想进行验证。这整个过程能够培养学生的合情推理能力，培养他们独立解决问题的能力。

三、结语

我们数学教师必须充分认识到，在数学教学中培养学生的合情推理能力，不仅能够提高课堂教学效率，提高教师的教学水平和业务水平，同时还能够激发学生的学习兴趣，让学生掌握解决问题的方法，让学生有能力面对各种新出现的问题。同时我们教师必须认识到，现有教材虽然体现了合情推理的重要性，但是教材并没有设置独立的章节让学生学习合情推理。因此，我们教师要主动发掘其中能够培养学生合情推理能力的内容。

【参考文献】

［1］李纯．浅谈初中数学合理推理能力的培养［J］．知识经济，2009，（07）．

［2］郭思乐．教育走向生本［M］．北京：人民教育出版社，2001．

美术教学中的"加减法"

——小学低段学生观察与表现方法的探索

王　琳

美国美术教育家艾斯纳说："创造行为不是凭空而来的，它要受到生活过程中积累起来的经验的影响。假如这一过程没有直观世界的滋润，它就无法成为个人进行创造性工作时可以借鉴的资料。……也是在这种意义上，以观察取代单纯的浏览成为一种成就，而不仅仅是一项任务。观察就是通过经验来获得视觉的意义。"艾斯纳的这段话明确指出了个体在学习科学知识、艺术技能时，首先要观察、感知自然或艺术作品的形象，只有积累丰富的感知经验，才能创造出新颖独特的视觉作品。

观察力是人的重要素质之一，是人生活、学习、工作中不可欠缺的能力。美术又是一门视觉艺术，其反映现实的一种方式是"再现"，而再现的首要条件是对客观世界的正确观察。作为一名小学美术教师，在小学低段的日常教学中常常会遇到这种情况：教师在启发学生观察和描述时，学生在教师的引导下运用语言描述事物往往都很详尽，但等到要求他们用绘画的形式将描述的内容呈现在画纸上时，多数学生往往无从下手，或表现的方式过于格式化。如何解决这一问题呢？

寻找解决方法之前，我们首先要了解儿童绘画发展的特点。在儿童绘画的发展中，他们会使用三种截然不同的思维模式。在第一阶段，他们学习各种视觉图形要素（如线条、形状、颜色和图纸空间等）的特征；在第二阶段，他们发现使用情感和表达的思维模式进行图画再现的可能性；在第三阶段，儿童开始熟练地使用逻辑组织方式进行再现，创作出日益复杂、反映自己在现实世界中的经验的形象。

基于儿童绘画的发展规律，我在教学中逐步摸索，总结出一套针对小学低段学生行之有效的观察与表现的"加减法"。在实施这套"加减法"之前，我们首先要培养学生掌握正确的观察方法。低龄儿童在观察物象时，往往记住的只是自己感兴趣的某一部分，作画时用图形表现记住的概念形象。正确的观察方法可以帮助儿童克服造型的概念化，只有让学生先拥有一双发现美的眼睛，他们才能创造美。

一、从培养学生细致的观察态度做起

观察就是仔细地察看事物或现象。观察态度决定了学生观察事物的细致程度和效果。只有经过细致的观察，学生才能发现事物的特征和细节，以及事物间的异同。

方法一，利用课件引导学生细致观察。例如：在学习"美妙的小世界"时，教师先向学生展示一片草地，在学生观察了之后提问："你看到了什么？"多数学生会回答："草地。"接着教师将镜头拉近，将图片放大，说："你又看到了什么？"学生又会发现新的物象：草地上的各种小花。教师继续将镜头拉近，将图片放大，经过仔细观察，学生又会发现草丛中的小昆虫，花朵里的小蜜蜂等。方法二，让学生利用放大镜观察常见的物象，去发现我们在观察时容易忽略的细节。

这种近似游戏的观察方式学生都很喜欢，通过多次观察训练，学生在观察物象时就会越来越细致。如此长期训练下来，教师再引导学生观察某一物象时，他们就会自然而然地用审美的眼光去发现、探究，学会细致地观察这多彩的自然世界，从而拥有一双发现美的眼睛。

二、从培养学生正确的观察方法入手

（一）学会整体观察

在观察物象时，多数儿童会依靠直觉把握物象的基本特征。儿童观察物象时，眼睛最先接触到的并不是可度量的物象，而是接受视觉刺激后得到的直接、原始的形象，他们会把吸引注意力的东西加以选择和强调，从而表现出对象的特征。从审美的角度看，感知的意象就是被感知物的本质。因此小学低段学生在作画时容易受观察到的局部的影响，画出夸张变形、比例失调的形象。比如画车，他们不会从车的整体来观察，而是从局部——车窗或车头画起，然后才扩充到整个车。画人时，他们通常会从上往下画，如果他想强调手的动作，就会把手画得很大，甚至超过身体。

可见，儿童对事物的整体感知有局限性。这时，教师在教学中就要及时加以引导，鼓励学生从局部观察中跳出来，进行整体观察。如画蝴蝶，先要观察和分析蝴蝶的整体结构，身体包括哪几部分，蝴蝶的外形、色彩、花纹、动态等。只有经过细致的整体观察，学生才不会画出头小身体肥大、翅膀短小、动作单一的蝴蝶。

（二）学会有比较的观察

没有比较就没有鉴别。没有比较的观察，就是没有鉴别的观察，就是没有分析的观察。只有引进比较，让学生学会有比较的观察，才是会鉴别、会分析的高质量的观察。

人类认识生活的一个重要途径就是通过感觉器官感知。艺术要求儿童注意世界的具体特征，不仅表现共性，更重要的是表现个性。艺术表现不是画物象的概念，而是画出具体的有个性特征的物象，显示此物象和彼物象的区别。因此，在日常的美术教学中，对于不断启发和引导学生注意观察和区别各种物象的具体特征，通过直观感受发展认识，提高艺术表达能力，把儿童从概念化的表现中解放出来，有比较的观察起着十分重要的作用。具体方法如下：

（1）指导学生构图时，通过不同的构图范例让学生直观地观察、比较使用不同的构图方法达到的不同效果，能使小学低段学生很快理解构图饱满的意义。

（2）指导学生上色时，通过观察、比较同一幅作品涂上不同色彩的效果，让学生明白冷暖色、对比色与相近色给人带来的不同色彩感受，使学生感受到更丰富的色彩美感。

（3）指导学生表现生活中的物象时，可用同类事物进行观察与比较，如蝴蝶与蜜蜂的异同点，甲生与乙生的异同点，从而找出它们的不同之处并加以强化表现。

（三）学会概括性的观察

概括性的观察就是对复杂的物象进行概括提炼。自然界中的物象千奇百怪，姿态万千，复杂多样。要把这些熟悉的物象用绘画的方式呈现出来，对于小学低段学生来说有一定难度。这就需要我们学会运用形体分析法（即几何基本形的方法）来概括生活中的物象。例如：在学习"圆圆、方方和尖尖"后，教师可以引导学生对生活中物象的结构进行分析，通过创设故事情境让学生了解，生活中所有看似复杂的物象其实都可以用圆形、方形、三角形等几何基本形来概括、组合。这种观察方法非常适合进行记忆画中对记忆中物象的表现。如楼房主要用方形，但也有三角形的房顶和圆形的窗，看似复杂的自行车可以用圆形、三角形来概括。这种概括性的观察能大大提高学生的绘画表现能力和自信心。

（四）学会有选择的观察

有选择的观察是主观、能动的观察。它与前三种观察方法的不同之处在于，它强调的是把观察结果与想象、创造、行为的目的联系起来，使观察在实践中、在培养创造能力中发挥更大的作用。

学生进行创作时，我们不提倡机械地模仿，"像"与"不像"已不再是我们评价儿童画的唯一标准了。我们要鼓励学生在作画时大胆地加入自己的主观感受，也就是在观察时要学会联想，引导他们不仅仅观察事物的外在形象，而且能联想到与观察对象关联的其他事物，以及自己与观察对象之间的某种联系，并把它们在画面上表现出来。鼓励学生在观察与表现中不拘泥于客观事物本身，不受客观事物限制，大胆将观察视点扩展，进行超现实的表现，这也正是儿童画中那种天马行空的夸张与想象的魅力所在。如"哈哈镜，笑哈哈"这一课中，有的学生画出了变形的老虎，在绘画时，通过联想在老虎的嘴里还画出了很多动物和食物，想象丰富，富有创意。

三、教学个案例举

观察与表现的"加减法"，简而言之就是教师在引导学生观察、分析所要表现的物象时，明确要求学生在整体观察的基础上，运用"减法"原则先去除物象的细节部分，将其整体简化成几何基本形的组合。这样有利于小学低段学生把握物象的整体形态。学生运用"减法"原则观察完毕，对物象有了基本了解之后，就能较为自信地在画纸上表现了。在表现物象时，教师先要求学生用观察到的几何基本形进行构图定位。在用点、线、面表现物象时，教师可以不断运用"加法"原则鼓励学生通过有比较的观察和有选择的观察，运用各种表现手段将简化的物象复杂化，大胆而夸张地表现细部特征，从而完成由意象到艺术表现的过程。

下面我就以"哈哈镜，笑哈哈"这一课为例，具体阐述美术教学中"加减法"的操作与运用。

"哈哈镜，笑哈哈"是岭南版小学美术教材第一册的第七课。它的教学目标是通过掌握"折叠"与"添加"的方法，让学生感受粗浅的"夸张变形"的艺术手法；能用点、线、色表现人物和装饰画面。要求学生能用折纸添画的方法描绘一张会变化的画面，并添画出人物形象的细节及变化画面的装饰效果。

生活在城市里的学生比较熟悉哈哈镜，由于条件关系，我无法找到真实的哈哈镜让学生体验这种变形的效果。于是在导入环节，我从谈话开始，先请学生说说自己照哈哈镜的感受，让他们在脑海中搜索自己照哈哈镜的感受。但也有部分学生没照过哈哈镜，或者已经记不清照哈哈镜时的感受了。这时我再通过动画短片中巫婆将哈哈镜的变形效果说成是自己的巫术，骗取小女孩苹果的故事，让学生思考哈哈镜为什么会把人照得有胖有瘦。之后，我又通过哈哈镜与平面镜的对比，引发学生有比较的观察，使学生最终找出了原因：镜面凹凸不平，使得照出来的影像夸张变形，所以把人照得忽胖忽瘦，从而逗得人哈哈大笑。

在讲授新课时，我通过变戏法的方法，激发学生认真细致地观察我手中的画面折起与拉开的区别，找出变换的画面带给人们的新奇感受。学生通过观察很快就能回答出：画面上小女孩的脸由圆形突然变成了椭圆形，而且变大的嘴巴居然成了鱼缸。接着我又引导学生进一步观察，让他们再找找是什么方法使脸与嘴发生了变化。通过细致地观察与分析，学生明白了由于纸的折叠、添画才使画面产生了这样的变化。之后，我让学生尝试纸的不同折法，并在打开的画面上，继续引导学生更细致地观察：画面美在哪里？奇特在哪里？这样一来，学生通过细致的观察与分析已经初步了解了"折叠"与"添加"的方法，感受到了粗浅的"夸张与变形"的艺术表现手法。

接下来，我让他们自己动手制作。为了避免出现千篇一律的情况，我要求学生大胆创造各种新的形象。意料之中，有的学生刚拿到纸就举手提问：

生本与生成

高效教学的两轮驱动

"老师，怎么画啊？""老师，我不会画人。"于是我顺势指导他们运用"减法"原则，先将所画的形象用几何基本形的方法概括。头的形状是什么样？身体的形状又能用什么基本形来概括？双线形的胳膊和腿（注意观察胳膊与腿的粗细）有什么区别？这些一年级的学生很快就能在折叠的纸上作画了，在作画过程中，我还会提醒学生将自己想变形的地方画在折线处。之后，我引导他们用"加法"原则添画细部特征，提醒学生运用有选择的观察，在打开的纸上添画表现出照哈哈镜产生的变形和夸张的变化，并不断用"加法"原则在画面上添加点、线、色的装饰，直到构图饱满、画面有趣为止。这样，本来对于一年级学生来说很难表现的人物，而且是变形夸张的人物，就轻松地完成了。

教学过程中，有学生问我能不能画小动物，虽然教材上要求画人物，但我想只要学生能运用折纸添画的方法描绘一幅会变化的画面，并添画出形象的细节及夸张变化的装饰效果，画什么都可以。从学生的作业来看，多数学生达到了较高的作业要求，能用折纸添画的方法画出生动的形象及变化的画面，装饰效果也令人非常满意。

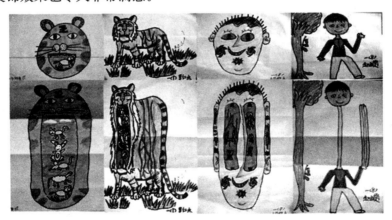

图 1　哈哈镜，笑哈哈

说到这里，难免会让人有这样的疑惑，学生都用几何基本形的方法概括所画的物象，那画出的形象会不会概念化、格式化、千篇一律呢？我的答案是否定的。要知道，这些含有高度抽象的几何图形，并不是对大自然的复制，而是对大自然本质特征的反映。小学低段学生在表现世界的根本性结构特征方面，具有非同寻常的创造力。由于他们的观察能力受年龄的限制，观察事物有一定局限，教师在引导他们进行概括性观察和选择性观察后，在添加物象的细节时，他们总会不自觉地加入自己的主观感受，再加上个体的差异，他们在掌握了点、线、色的基本表现方法后，画出来的形象都是有区别的，画出的作品也千姿百态。而且儿童的思维常处于现实世界与幻想世界之间，这种状态正是艺术表现的最佳状态，这就使得他们画出的形象都极富生命力。因此，在使用这种"加减法"观察与表现物象的过程中，只要教师适当引导，学生的作品不会陷入概念化的误区。

实践证明，美术教学中实施这套"加减法"，学生观察与表现的能力提高得很快，每次作业都能带给教师一份惊喜。

【参考文献】

[1]（美）艾斯纳．儿童的知觉与视觉的发展［M］．长沙：湖南美术出版社，1994.

[2]（美）南希·雷·史密斯．教孩子画画［M］．长沙：湖南美术出版社，2008.

奥尔夫教学法在少儿舞蹈教学中的尝试

陈晓畅

为了提高学生的综合素质，我校在建校之初就开设了舞蹈课程，小学部舞蹈课的教学目标是通过 6 年学习，使学生了解一般舞蹈的常识，简单掌握芭蕾和中国舞组合动作，同时通过成品舞排练熟悉各民族舞蹈的特色和风格，提高学生的艺术素质。

近几年，随着课程改革的推行，我们开始思考一个问题：小学部开设舞蹈课，目的是让每一个学生都享有舞蹈培训的机会，如果长期借鉴艺术院校的教材，推行专业化的教学方法，势必让大多数学生望而却步，增加学生心理压力，达不到普及教育的目的。如何做到一个都不能少，让所有学生都能在舞蹈的熏陶中提高素质，成为我们思考的重点。奥尔夫原本性音乐教学理念给了我们很大启示，奥尔夫说："音乐并不是我的目的，音乐是我达到散发心灵力量的一个手段罢了！"他还认为，我们应该"把原本性音乐引进学校，作为一切音乐教育的基础和根本，此外也作为培养品性、促进幻想力、克服交往困难，以及加强一切生理和心理力量的基本手段"。这表明奥尔夫并非要把学生培养成标准化的音乐艺术人才，而是希望借助音乐这一手段激发学生的想象力，培养学生的创造精神，塑造健全的人，而这与我校一贯倡导的生本教学理念不谋而合。于是从 2009 年起，我们把奥尔夫教学法引入小学部的舞蹈课堂，根据不同班级、不同年龄，分层次、有目的地设计新课程，重点从四个方面进行了尝试。

一、让快乐贯穿教学始终

奥尔夫教学法的核心理念是"诉诸感性，回归人本"，强调要让学生在快乐中接受教育。可是怎样才能让学生快乐起来呢？我想出一个主意，在上中国舞"提腰、松腰"（音乐：《爱睡觉的加菲猫》）时，我特地穿了一件加菲猫玩具服走进课堂，学生一下子惊呆了，随后发出一阵欢呼，兴奋地簇拥着我，争先恐后地摸这摸那，问东问西。于是，我就学着加菲猫可爱的样子与学生对话，讲解、示范加菲猫的动作特点，学生边听边看边提问，有的学生还学着加菲猫的样子迫不及待地跳了起来。在这快乐融洽的气氛中，我一边解答，一边领跳喊口令："提腰，把后背拉直；松腰，把上身放松，气息下沉……"学生在游戏中疯狂地扭动，享受着自我表达的乐趣，不知不觉就完成了一节课的教学内容。下课时，他们纷纷和我拥抱，向"加菲猫"招手，恋恋不舍地离开了教室。课后总结时，我深深感到，这节课若像以往那样枯燥地讲解，要让六七岁的学生听懂，做到位，还真不是一件容易的事！

身体柔软度训练是舞蹈基础训练中难度较大但又必须经历的一个环节，为了克服学生的畏难情绪，激起他们的兴趣，我把一些舞蹈术语改成通俗易懂的名词，如把腹背肌训练称为"弯月亮"，趴地面压胯称为"小青蛙睡觉"，侧手翻称为"小火轮"。每当训练时，我只要说"小火轮转起来吧"，学生就会一个接一个地做侧手翻的动作；当我说"小鸟回家了"，他们就踏着小碎步，抖着波浪手向我围拢过来。这些名词，成年人或许听不明白，可低年级学生却一点就通，一说就懂。儿童的思维与成年人的思维有很大的不同，他们极富想象力，对形象化的东西特别敏感，理解力强，教师应紧紧抓住这一特点，因势利导，激发他们的创造潜能。

上"压垮""劈叉"等基础训练课是最令教师头痛的事，由于学生上这节课肢体酸痛，曾发生过学生抵触罢上的情况。引入奥尔夫教学法以后，我设计了一套"开火车"的游戏，把学生分组编成几列小火车纵队，让学生双手握拳表演火车在大山里奔跑的样子，一会儿让他们坐在地上练盘坐压胯、分腿横叉，一会儿要求他们站成一字形，做平踏步、踏点步，模拟火车穿山洞、爬峻岭，以达到练步伐、练节奏的目的。由于借助了游戏式的教学方式，在快乐中训练开度、软度和步伐节奏，原来难度较大的基础训练课现在变成了最受欢迎的"游戏"课，初步实现了从"要我学"到"我要学"的转变。

二、用兴趣点燃求知欲望

在动作教学中，有的课程学起来很乏味，而且很累，如学"踮脚走"动作时，要学生反复走，确实很单调、很累人。奥尔夫教学法通过营造课堂情境引导学生求知的做法，给了我很大启发，于是我为新课程设定了一个情境，说："天刚下过雨，地上有很多泥和水，为了不弄脏鞋，你们该怎么走？"学生立即回答："踮脚走！"可怎样踮脚走才能既不湿鞋又走得好看呢？我要他们发挥想象力，体验和寻找"踮脚走"的各种姿态，看看谁做得最好，最有想象力。我打开音乐，学生很快进入情境，按照自我想象表演起各式各样的"踮脚走"，气氛非常热烈。我一边看，一边指导，对步法、姿态、队形、平衡度给予纠正，然后又将动作组合在一起，反复演练，学生很快就掌握了"踮脚走"的要领。记得以前练习"踮脚走"，有的学生因耐不住单调和劳累，不停地打哈欠，有的学生甚至坐在地上说："老师，我累了，我要睡觉！"弄得教师哭笑不得。而通过创设情境，激发学生兴趣，明显提升了学生求知的欲望，虽然现在练习"踮脚走"照样累人，学生那一张张小脸上都挂满了汗珠，却没有一个人叫苦叫累，或中途退练。

我尝到了设置情境，用兴趣点燃求知欲望的甜头，于是在上蒙古舞《我的小马驹》一课时，先用多媒体播放大草原美丽的风光和奔放的音乐，展示蒙族少年骑马放牧的场景，激发学生对大草原的向往。学生的情绪很快就被调动起来了，纷纷进入到创设的情境里，我看时机已经成熟，便要求他们跟着我模仿牧民的舞蹈动作，勒马提缰，挥鞭驰骋。虽然学生的动作有些笨拙，但稚嫩可爱，情感真实。我抓住机会，一一加以纠正，反复示范，学生很快就掌握了要领，做得像模像样了，经过几番演练，一段载歌载舞的小组合就呈现在我的眼前！我深深体会到，使用兴趣教学法，教师教得轻松，学生学得愉快，印象深，记得牢。

三、放手让学生自由探索

传统的教学方法，常常先由教师讲解内容，然后示范表演，学生机械模仿。在长期的教学实践中，我们深感这种由教师一人唱独角戏，"填鸭式""满堂灌"的教学方法对小学生的教学效果不好，有时教师说得再好，讲得再透，他们都一头雾水，似懂非懂，有时学生听都不听，只管交头接耳。这并不是学生调皮不守纪律，而是教师忽视了学生的需求，忘记了他们才是课堂的主人。奥尔夫教学法则不同，它强调学生是课堂的主体，认为教师对学生的控制越少，学生的自由度就越大，其思维就越活跃，创造性也就发挥得越好。

依照这样的认识，我们对原有教学方法进行了适当调整，尽量在课堂上少讲多做，或先做后讲，先练后教，让学生无拘无束地表达自我，教师最后作归纳和总结。在上"舞蹈中的道具"一课时，我把扇子、手绢、纸伞、彩绸这些舞蹈道具一一放在学生面前，让他们每人选择一件，自编自跳。编演前，我没有介绍这些道具的作用和使用方法，放手让他们自由想象，大胆尝试，经过一番思考和准备，学生的作业一一展示了出来，结果让我十分欣喜，学生不仅道具运用正确，与舞姿吻合，而且还编排出不少动作，令我耳目一新。儿童的创造天性确实不可小视，他们的小脑袋里有时能迸出许多让人拍案叫绝的创意，如果教师引导得法，适当减少控制，放手让学生自由探索，有利于学生创造精神的培养和发挥。

在这一过程中，我时常提醒自己，不要对学生当众批评，轻易指责，即使有学生动作做错了，可以只用手去纠正而不用嘴来纠正，要注意保护他们的积极性。艺术本来就没有正确与错误之分，只有高下之分、文野之分，学生敢于表现，敢于创造，这本身就十分可贵，对教师而言，保护这种精神往往比保护"正确"更加重要。

四、尊重学生的自主评价

过去，课堂上教师一个人说了算，学生只能听，只能点头称是，始终处于被动地位，在这种环境中培养出的学生常常缺少主动性和创造性。奥尔夫教学法特别强调师生之间构建平等关系，以学生为本，教师要致力于培养学生的主动性和创造精神。根据这一理念，我们把学生评价引入课堂，尝试着从小培养他们独立思考的意识和自主自信的精神。

从"角色互换"开始，教师由主角变为配角，在课堂上尝试"教师让位，学生上位"。我曾布置过一个队形排练的作业，叫"如何合理利用队形编排舞蹈节目"，把学生分成若干小组，以组为单位自行编排节目，设计队形，当众表演。表演结束后，教师不急于判断，也不先指点评价，而是退到一边，让学生自评互评，自由讨论。学生对这一设计很感兴趣，个个无拘无束，踊跃发言，或好或差，学生的评价由衷而发，有时甚至争得面红耳赤。虽然他们的见解可能幼稚，但个个都开动了脑筋，认真地思考问题，直率地表达自己的意见，并提出了纠正的建议和办法。这是一个非常有趣的过程，每个学生的性格、看问题的角度、家庭和社会对他的影响都能在讨论中得到体现。最后教师发言，对学生大胆评价、积极参与的精神给予表扬，对发言中涉及的问题进行归纳、提炼，阐明道理，供学生对照，让学生从中发现自己的长处、短处以及与教师的差距，从而感悟知识积累的重要性。显然，这是一个锻炼的过程，也是奥尔夫教学法的精彩之处。与我们过去的教育方法相比，前者重视的是培育健全的人，后者重视的是传授丰富的知识，两者的差异不言自明。

随着奥尔夫教学法在少儿舞蹈教学中的初步运用，我发现一些学生的认知能力已经超出他们的年龄和知识范围，他们的自信心和勇于表达的精神正在快速地成长，同时也深感奥尔夫教学法在培养学生智力，让学生张扬个性、养成自信方面有许多宝贵的经验，值得我们深入地学习探究。

课程贴近生活，课堂充满活力

——品德与社会课教学探索

李金平

一、品德与社会课堂中存在的问题

品德与社会教学中课本内容看似简单，但要上出有内涵的课并不是一件容易的事情。我原本认为多查找些资料，让课堂内容丰富起来就行了，所以天天忙于查找资料，组织材料。但这样做的课堂教学并不理想，会思考、学习态度端正的学生还能跟随教师的指挥棒，可是有一部分学生觉得新鲜的东西就听听，不感兴趣的就爱理不理的。这部分学生认为品德与社会课又不像语文、数学、英语课程一样需要实实在在的成绩，所以想听就听，不想听就做自己的事情。这样的学生在每个班都不少。

品德与社会是一门新兴的活动型综合学科，如何教好、学好这门功课呢？是在教室里就教科书上的问题一个一个讨论，如上语文、数学课一般呢？还是让学生利用课余时间和节假日出去看一看、玩一玩、做一做，通过活动来培养学生的良好品德和行为习惯，让学生热爱生活、乐于探究？

在教学过程中，我常常思考，如何改变这部分学生"无所谓"的学习态度，提高他们的学习兴趣？如何让所谓"简单"的课堂变得充满活力呢？随着对教材研究的深入，我发现品德与社会课程将学生的体验作为重要的教育资源，根据学生的生活需要和不断扩大的认知范围，用社会关系、社会活动、社会环境三条主线，贯穿个人、家庭、学校、社区（家乡）、祖国和世界等不同范畴，并使这几个范畴形成互动，采用主题构建的方式使它们浑然一体，根据学生社会视野和认知水平的不同特点在知识选择方面有所侧重，体现了品德与社会课的综合性和现实性特点。

二、课堂实践中的反思总结

教学内容：北师大版《品德与社会》第五单元《多姿多彩的传媒世界》中的"电脑网络——我的新伙伴"。

教学目标：

（1）了解网络对个人学习和生活的重要意义。

（2）知道网络的两面性。

（3）了解如何安全、有效、合理地使用网络。

教学重点：引导学生通过体验、感受，了解网络对个人学习和生活的重要意义；知道网络的两面性。

教学难点：让学生在讨论中了解如何安全、有效、合理地使用网络。

在一次教研组的公开课中，我执教了"电脑网络——我的新伙伴"一课。在备课时，我认为学生家里都有电脑，平时上网时间比较多，熟悉电脑网络，我对上好这堂课很有信心。我认为学生在生活里已经了解了电脑网络的主要知识，再加上课前准备时间较短，我只是布置学生双休日查一查电脑网络的相关知识，没有确定具体的查找内容。在进行教学设计时，考虑到学生已有的认识和经验，我首先安排了以"谈谈对电脑网络的感受，电脑网络的现代化功能以及它对人们工作、学习和生活的帮助"为话题进行全班交流。我希望在这个过程中学生能进一步了解网络对个人学习和生活的重要意义，知道网络的两面性；接着安排师生共同回答课本上的问题，这是对上一部分学习内容的总结；最后让学生讨论如何安全、有效、合理地使用网络，目的是突出本课的难点，强化学生对电脑网络的感受。因为在课堂中学生对电脑特征和网络认识叙述的语言平淡，内容比较空洞。所以我临时以课本及幻灯片为范例，引导学生从画面上感受电脑网络的功能和意义。第一次教学的教学流程如下：谈感受—说两面性—教师以课本、幻灯片为范例，解说电脑网络特征—引导讨论，归纳如何合理、安全、有效地使用电脑网络。

课后，同组的教师从课前师生的准备、课堂教学设计、学生的课堂反应以及学生的收获等方面进行分析，尤其以"学生体验到了吗？讨论了吗？发现了吗？生成了吗？"这一主题为重点，分析课堂，结果发现至少有 3 个问题。

（1）电脑网络现代化功能及对人们工作、学习和生活的帮助，课本中要求学生在实际操作中感受，但我却以自己的生活经验推断学生的生活经验，从上课一开始就让学生谈对电脑网络的感受，把学生的思维局限于有限的文字内，远离了丰富多彩的网络世界，而学生对电脑网络现代化功能及对人们工作、学习和生活的帮助的感受也就变得形式化。教师采取以课本为范例向学生讲授的方式，但书上得来终觉浅，学生对电脑网络的理解只停留在语言上，比较机械。

（2）对于网络的两面性问题，教学中教师把自己的生活经验当成学生的生活经验，想当然地让学生比较网络的两面性，虽然学生能从积极、消极两个方面入手，但都是泛泛而谈，没有实在的内容，或者认识极端，认为有消极作用就不要用电脑网络了，甚至还有学生认为教师讲消极作用是让他们不要上网了，不能玩游戏了，所以有学生认为上网都是好的，没有消极作用。

（3）讨论如何有效、安全、合理地使用电脑网络的问题时，教师以课本为范例，让学生在画面中寻找答案。这种发现和寻找都是形式上的，学生并未动脑筋，并未真实地探究，在寻找、体验、探究过程中生成知识也就无从谈起。

三、创造性地使用教材，由书本回归生活世界

重新审视品德与社会课的"生活性""活动性"这两个基本特征，并以品德与社会课是"以儿童的现实生活为课程内容的主要源泉，以密切联系儿童生活的主题活动或游戏为载体"和"课程目标主要通过教师指导下的各种教学活动来实现"这些理念再次分析教材，设计教学。

第二次教学时，课前一周我就布置查找的具体内容，制定调查表格，设置访问对象和内容。

1. 网络搜索资料

（1）网络的功能非常强大，都可以帮助我们做什么呢？

（2）小学生上网有利也有弊，你认为是利大于弊还是弊大于利呢？请说说你的理由。

2. 调查采访

（1）请采访自己家长：

问题1：您支持我上网吗？为什么？

问题2：（请自己设计一个问题采访家长）

（2）请采访3个同学：

问题1：喜欢上网吗？为什么？

问题2：通常在什么时候上网，上网做什么？

问题3：最喜欢的网站有哪些？

学生通过看、听、想等方式找到有关网络的具体知识，仔细筛选，把收集的信息记录下来。基于这些课前准备，上课开始后我安排学生在小组讨论、班级交流中谈对电脑网络的感受。学生能从自身的学习和生活谈起，谈到通过调查知道网络在学习生活中的具体作用，还有些学生通过与家长的交流知道了电脑网络在工作中的作用。接着学生和教师交流网络的两面性，学生列举出许多具体的事例阐明自己的观点，有理有据，生动具体。最后让学生讨论如何安全、有效、合理地使用电脑网络，学生灵活运用了网络的两面性进行分析，并提出了上网的好方法，自然掌握了本课要求学生掌握的知识内容。我们从这一教学过程中看出课堂发生了显著的变化——生活化、活动化，课堂的气氛也变得活跃。在小组活动展示和交流感受时，学生纷纷拿出资料在学习小组里展示，做了幻灯片的学生还大声地说："看我的！看我的！"学生兴趣浓厚，热情高涨。师生在谈网络的两面性时，学生就像一群欢快的小鸟，三个一群，五个一伙，把讨论的结果告诉教师和同学。有的学生说："我们在学习中用来查找学习课文的资料，那是网络的积极性。"有的说："我们班上有些同学沉迷于电脑网络游戏中不能自拔，造成学习成绩下降，这是网络的消极性。"还有的学生展示他们调查得出的统计数据，进一步说明目前学生利用电脑网络的具体情况，为探究如何合理、有效、安全地利用网络做了充分的准备。

学生你一言，我一语，课堂好不热闹，充满了活力。学生谈论了电脑网络在学习、生活、工作中的重要意义，而且在这个过程中明确了如何安全、合理、有效地使用网络的知识，最后达成共识，签订文明上网公约。对本课知识的生成可谓水到渠成。

为什么相同的教学内容，相似的教学流程，学生的反应却截然不同？仔细思考，这两节课的教学流程看似相同，实质上有着较大的区别，在设计教学流程时体现的理念也相差甚远。前者强调的是学生获得有关电脑网络的知识，后者着重于让学生主动查找、体验、访问、调查电脑网络的作用和重要意义，明白如何正确使用网络为学习服务。前者是传统的讲授课，后者是一个师生共同参与的体验、探究、生成的教学过程，"行以求知得更行"，也就是让学生带着生活体验走进品德与社会课堂。

（1）两次教学中师生的活动情况，可以帮助我们理解课堂教学设计的理念和思考课堂反应不同的原因。我们把课堂分为教师讲授、学生活动、学生交流三部分内容，并对它们的占用时间及比例做了统计，如下表：

表1

师生活动	第一次教学		第二次教学	
	时间（分）	百分比（%）	时间（分）	百分比（%）
教师讲授	23.1	58%	6	14%
学生讨论	4.6	11.5%	16	41.5%
学生交流	12.3	30.5%	18	44.5%

从表中数据可以清楚看出，第二次教学中，学生探究活动的时间从原来的11.5%增加到41.5%，而教师讲授的时间从原来的58%下降到14%，变化十分明显。

（2）对于小学生来说，在生活中体验的过程就是学习的过程。第二次教学时，提前一周让学生上网查找资料，让学生利用课余时间在学校调查学生如何使用网络，双休日回家采访家长，知道家长怎样利用电脑来工作；让学生亲身体验感受，用自己的方式探究多彩的网络世界。让学生在生活中有目的地体验探究，与电脑网络零接触，不仅了解网络对学习和生活的重要意义，知道网络的两面性，而且探究如何安全、有效、合理地使用网络，学生自然能生成对电脑网络的正确认识。

（3）教师要正确、充分地关注学生的经验。第一次教学时，我错误地估计学生的生活经验，以为学生家里都有电脑，并且常上网查找资料、玩游戏，应该对电脑很熟悉。殊不知，学生除了玩游戏之外，对电脑的其他功能及网络两面性的认识还很欠缺，我们用成年人的眼光衡量学生，就犯了"形而上学"的错误。所以我听到学生在课堂中叙述的有关电脑网络的感受都是同一个版本，都是模式化的"聊天""看电影""玩游戏""查找资料""寄邮件"。

四、关注生活，注重活动，尊重学生，让课堂活起来

1. 关注生活，注重让学生在生活中感受、体验

教育家陶行知先生曾提出"生活即教育"的理念。很多隐性的课程资源就在我们身边，在我们的生活中。在讲授品德与社会课时，我们可以结合日常生活，引导学生从日常生活中选取有意义的课题，让他们在真实的生活世界里感受和体验，解决现实问题，培养良好的品德、行为习惯以及探究精神。课标指出，儿童是在真实的生活世界中感受、体验、领悟并得到各方面的发展的。第二次教学时，我在课前让学生利用课余时间在学校、家里亲身体验上网的感受，调查同学，采访家长，深层次地认识电脑网络，通过看、听、想等方式认识网络，并且要求有能力、有条件的学生可以把自己的探究结果用幻灯片展示出来。基于这些课前的实践准备，学生的经验世界中有关网络的感受已经丰富多彩，所以当教师把学生自己查找、调查、研究的资料展示出来时，学生个个眉飞色舞，情绪高涨，课堂气氛极为活跃，那呈现个性、充满个人感受的对于网络的深刻认识呼之即出。无论是对电脑网络的重要意义，对电脑网络两面性的认识，还是谈到如何安全、合理、有效地使用电脑网络，都是学生对电脑网络细致的感受和体验。而第一次教学时因为没有让学生真实感受、体验，学生所说的电脑网络的功能与作用都只是笼统的"查找资料""聊天""玩游戏""寄邮件"等，没有具体操作方法的介绍，没有自己的亲身体验、感受，"如何有效、安全、合理地使用网络"更是无从谈起。苦于学生思路不畅和生活感受贫乏，教师只能照本宣科，用这种最便捷、最简单的方法把了解的知识直接传授给学生，使学生得到暂时的满足，谈不上对学生能力、情感、态度、价值观的培养。

2. 立足活动，让学生在活动中探究、发现

课标指出，品德与社会课程是活动型的综合课程。呈现形态主要是儿童

直接参与的主题活动、游戏和其他实践活动，活动是教和学的中介。第二次教学就较好地体现了课程的"活动性"特征，当师生一起查找资料、调查、采访时，教师不再是单纯的知识传授者，而是学生活动的指导者、支持者和合作者；教师的任务不再是讲解教科书，而是努力创造活动环境和条件，帮助并和学生一起开展活动；教科书不再是教师传授知识的载体，而是引发学生活动的工具，是学生开展活动时可利用的资源；教科书也不再是唯一的课程资源，教师、学生、家长、社会都是其中的一部分；学生不再是被动的知识吸收者，而是活动的主体，在活动中手、脑、眼多种感官并用，积累丰富的感性材料，建立正确而清晰的表象，真正参与到感受、体验电脑网络的全过程中。因为有着这样新的课堂形式——开放性的活动课，新的师生关系——平等的合作关系，新的课堂内容——触手可及的生活世界，活动即学习，学习即活动，学生又怎么会不喜欢这种寓教于活动的学习呢？我们又何必担心学生的好奇心、探索欲和参与性不强呢？所以在这样的课堂中，也只有在这样的课堂中，我们的学生才能探究电脑网络合理使用的方法和摆脱网瘾的有效方法，才能具体而深刻地说出："无节制地上网是慢性心理自杀，青少年的世界观和个性都没有形成，极易受到带有色情和暴力的网络游戏的影响……""在你上网前与你的父母或其他成年人一起建立一个上网规则，先确定你一天当中花多少时间上网是合适的，决定什么能做什么不能做，在你熟悉网络之后，你可以和你的父母再谈，修改上网规则，把规则放到你的电脑上容易看到的地方。"只有在学生全程参与的活动中，我们的学生才能全身心地投入课题内容，全身心地探究网络。

3. 尊重学生，师生合作开展活动

品德与社会课强调为学生提供自主参加活动的条件，让学生主动活动和亲身感受、体验。课程贯彻"以人为本"的思想，"一切为了学生，为了一切学生，为了学生的一切"已成为我们教育的宗旨。品德与社会教材的内容选择的都是贴近儿童生活、符合儿童兴趣的内容。课标也明确指出，教师是儿童活动的指导者、支持者和合作者，主要作用是努力创设适宜的活动环境和条件，指导儿童的活动。教师应以学生的视角设计灵活多变的群体活动，突出趣味性、游戏性。在活动中，只有教师和学生平等时，学生才能完全把自己看作活动（即学习）的主人，他们才会释放出巨大的能量——强烈的自主性和丰富的创造力。第二次教学中，教师和学生一起查找资料，一同调查中小学生的上网情况，在教师不露痕迹的帮助下，学生不仅体验到了网络在日常工作、学习、生活中的重要意义，而且享受到了自主探究、自主发现的乐趣。当然，教师在这个过程中要积极地看，积极地听，真实地感受学生的所作所为、所思所想，积极地倾听，准确地理解，诚心地接受，热情地鼓励，并给予学生有效的帮助，营造一个接纳、支持、宽容的课堂气氛，给学生以心理上的安全感和精神上的鼓舞，使学生的思维更加活跃，热情更加高涨。学生是活动的主体、活动的主人，教师是"点火者""抛球人"。诚如萧伯纳所说："我不是教师，只不过是被问路的同行者而已。"

总之，我们可以明确地感受到生活即教育。生活是品德与社会课的重要资源，活动是品德与社会课的主旋律，我们应在生活中学习，在活动中探究。我们在教学时，应该坚持以生活为本源，将课程内容与学生的现实生活融合；坚持通过生活学习课程，让学生成为学习的主人；坚持让学生过好他们的课堂生活，并促使其过一种美好的生活。我们应该善于从学生的生活经验出发，开展形式多样的活动，在实践中增强学生辨别是非的能力，引导他们在生活中体验，让他们知道应该到哪里寻找知识，从以前熟视无睹的现象和事物中发现问题，与同学共同思考与研究，这样课堂才能充满活力，学生才能得到全面的发展。

生活的"乐"音
——《永恒的水》教学案例

龙 燕

思考问题：

（1）作曲家是如何运用生活中的各类素材创作音乐作品的？

（2）怎样从作曲家的作品中受到启发，积极参与音乐创作活动？

（3）能否从音响感知中获得愉悦与快乐，并获得感悟与启发？

教学理念：

（1）以音乐审美为核心，培养兴趣爱好。音乐教学是师生共同感受、鉴别、判断、创造、表现和享受音乐美的过程。在教学中引导学生整体把握音乐表现形式和情感内涵，领会音乐要素在音乐表现中的作用，同时明白兴趣是学习的动力，是学生与音乐保持密切联系、感受音乐、用音乐美化人生和丰富人生的前提。

（2）面向全体学生，注重个性发展。音乐教学的目标不是为了培养音乐专门人才，而是面向全体学生，使每一个学生的音乐潜能得到开发，并使他们从中受益；为有特殊爱好的学生提供发展个性的空间，满足不同学生的发展需要。

（3）重视音乐实践，增强创造意识。在音乐教学活动中，教师应设计环节激发学生参与的积极性和创造意识，淡化基本技能的学习过程，注重艺术实践，将其作为学生获得音乐审美体验和学习音乐知识与技能的基本途径，创设生动有趣的创造性活动内容、形式和情境，发展学生的想象力，指导学生进行音乐实践。

教材分析：

本课以高中音乐鉴赏教材《永恒的水》为基础，单独设计了一堂"水乐"课。水在我们生活中最常见，离我们的生命最近，我们一刻也离不开水，但我们却没有发现水还能给我们带来另外的惊喜：它可以作为一种道具、一种乐器，可以发出我们意想不到的乐音，还可以使我们对生活有更多、更深的思考。本节课选入了有代表性的一些"水乐"，突出体现了音乐源于生活、音乐可以真实地再现生活以及发现生活中"随处可见"的音乐素材等教学内容。教学过程中，教师可引导学生通过发现生活中的各种素材进行学习、探索、创造、享受，培养学生热爱生活、热爱大自然、热爱身边音乐的情感，培养学生对音乐的审美情感，以及对音乐的感受力、鉴赏力、表现力和创造力。

学情分析：

高中学生好奇心强，求知欲旺盛，有很强的自我探索意识，能对音乐进行一定的概括归纳。本课选材符合高中学生的年龄特点，是对小学、初中阶段音乐知识的补充，有助于在学生现有认知结构的基础上，激发学生接受音乐审美教育并使学生获得愉悦的情感体验，促进学生个性自由和谐地发展，为学生终身学习和音乐审美素质的提高奠定一定的基础。

教学准备：

（1）让学生课前寻找与生活现象有关的音乐。

（2）启发学生除了"水"以外运用其他生活素材进行音乐创作。

案例描述：

（1）课前音乐

课前播放电影《出水芙蓉》片段"水上盛典"，让学生集中注意力观看，主要目的是给学生一种暗示，让他们认识到本节课与"水"有关，营造课堂氛围。

（2）生活中的音乐

教师播放两段音乐，请学生为音乐设计标题。这一环节主要让学生了解音乐源于生活，音乐可以再现生活。

（聆听第一首音乐）

学生：打字机，键盘节奏，打字舞……

教师：同学们回答准确！它的曲名叫《打字机》，是美国作曲家安德森于1950年创作的，作者独具匠心地用真正的打字机作为节奏乐器，又采用管弦乐器表现音乐，描绘了大城市办公大楼中喧嚣的打字机声和繁忙的办公场面。

（聆听第二段音乐）

学生：打蚊子，打虫子，打苍蝇……

教师：准确的回答是《打蚊子》！这是美国作曲家保罗·怀特创作的，作品运用一种独特的乐器模仿蚊子被追赶时惊慌逃跑发出的"嗡嗡"声，最后音乐在"啪"的一声中结束，非常形象地描绘了人们在打蚊子时的情景。

教师：还请大家思考一个问题：肖邦的《小狗圆舞曲》是受怎样的启发创作的？

学生：有一天，肖邦在屋外散步，看见一只小狗想咬自己的尾巴，因咬不着而急得团团转，他突发灵感，即兴创作了一首钢琴作品《小狗圆舞曲》。

教师：回答得非常正确！生活中的确有许多我们不注意的东西，而正是这些东西，成了作曲家们创作的源泉和创作的灵感！

（3）"水乐"

这一环节自然过渡到"水乐"的学习，同时注重培养学生的判断能力，给学生一个展示自我的机会。

教师：接下来我们一起来观看一个音乐表演片段，请大家思考，你看到了什么？

学生：看到了打击乐表演！

学生：听到了水中不同的钢管声音！

学生：这是英国"STOMP"乐团表演的《破铜烂铁》的一部分！

教师：在这里，水作为一种什么出现？

学生：作为打击乐器的基础！

教师：非常好！这正是英国"STOMP"乐团的"水"中表演！这个乐团颠覆传统音乐思维，以生活中俯拾皆是的物品作为源源不绝的创作题材。在这个部分，他们以"水"作为基础打击乐器，将钢管放入水中，以夸张的肢体语言，搭配节奏强烈的曲调。我们听到了一段高低、长短、强弱不同，柔和、悦耳的"水乐"，让人耳目一新。

如果说刚才大家看到、听到的"水"是以一种打击乐器的基础而存在，那么接下来这段音乐大家听了后又有什么感受？

学生：雨中的踢踏舞！

学生：雨中歌唱！

学生：对生活的热爱！

教师：同学们理解得很透彻！那么这里的"水"还是作为一种打击乐器吗？

学生：不是。这里是作为一种道具。

教师：是的！这是美国电影《雨中曲》的一个经典片段。这部影片被公认为影史上最佳歌舞片。歌曲 Singing in the Rain 是歌舞片中的经典，体现了好莱坞影片在歌舞片类型中的最高水准。演员金·凯利在雨中的这段踢踏舞，让大家看到了"水"可以作为一种道具，听到了不一样的"踢踏"声，从视觉与听觉上都是一种美的享受，更让我们感受到金·凯利是如此地热爱生活，让我们对生活多了一份思考。

（4）《永恒的水》

这一环节主要认识和了解当今国际乐坛十分活跃和极具影响力的中国作曲家，了解新潮音乐及其特点，为学生提供学习的空间。

教师：水是我们生活中必不可少的东西，水离我们的生命最近，我们感受到了作曲家以"水"作为音乐带给我们的享受、美感！在交响音乐作品里是否也同样能听到、看到、感受到这种美呢？接下来我们一同欣赏旅美作曲家谭盾的多媒体协奏曲《永恒的水》。请大家思考：作曲家想要表达什么？"水"最容易让我们想起什么？作曲家运用了什么样的创作手法？

学生："水"最容易让我们想起故乡在何处。这是作曲家对家乡的回忆。曲子通过水的滴落、流淌、碰撞，引出一段优美的大提琴声，仿佛将我们带到湘西的大地，使我们看到了那里的山山水水：家乡的池塘、水边的谈笑、洗衣的妇女、担水的女孩……

学生：作品运用了"水"的声响！

学生：作曲手法比较新潮！

教师：同学们的回答都经过了认真的思考！《永恒的水》是一首带有先锋前卫实验色彩的重要作品。作曲家用"水"创作音乐，以水的滴落、流淌、碰撞的声响作为独奏乐器，制造出音响各异的水声，把我们身边最普通、最让人熟视无睹的生活现象，通过声音和画面展现给人们。

1999 年，谭盾应美国爱乐乐团之约创作了这部作品，作品探索将水作为打击乐的可能性，是一部融汇民族音乐元素的现代交响乐。

教师：谭盾出生于湖南，是20世纪80年代以来新潮音乐创作领域的代表人物，是目前国际乐坛十分活跃和具有影响力的中国作曲家。主要作品有《离骚》《风雅颂》《水乐》及电影音乐《卧虎藏龙》《英雄》等。作品注重探索音响组合的各种可能性，同时融入了质朴的民族音乐。

刚才同学们认为这是一种比较新潮的创作手法，事实的确如此。

新潮音乐广泛吸收西方现代作曲技法，表现我们民族的历史与当代生活，从音乐观念、音乐语言、作曲技法、乐队编制、演奏手法等方面突破传统，建立起高度个性化、浸透了求新求异求变意识的现代音乐范式。代表人物有谭盾、瞿小松、郭文景、叶小钢、何训田、许舒亚等。

谭盾的音乐遭到一些评论家、音乐家、音乐爱好者的抨击，你如何理解这一现象？你喜欢他的音乐吗？你如何看待与理解"新潮音乐"？

学生：我个人认为存在就是合理！

学生：非常喜欢谭盾的音乐！

学生：我认为高雅的交响音乐在创作手法上还是应该严肃一些，正规一些！

教师：作为一名高中生，应该有自己独特、独到的理解与看法，有自我探索意识，许多事情往往在探索过程中就得到了解决。谢谢同学们精彩、精辟、认真的回答！

（5）实践活动

在聆听《永恒的水》后，组织学生合作创作一段"水乐"。

创作一：教师课前准备好装有水的7个玻璃杯，调出7个基本音，请几位学生各自敲出一段旋律。一位学生敲出了音阶的上、下行。一位学生敲出了自己在校园歌手大赛演唱时所选歌曲的旋律片段。

创作二：教师准备好几盆水，摆放一些道具，如小桶、杯子、小槌、吸管，让学生分组进行创作。第一组学生派代表把小桶放在水中，在桶底敲击出一组富有节奏感的音乐，非常有创意。第二组有3位学生参与，一位学生弹钢琴，其他两位学生将水倒在地上，用脚踩出节奏声为钢琴伴奏，又是一个绝妙的创意。

这一活动过程体现了学生的表现能力与创造能力。

（6）拓展

我让学生到生活及大自然中去寻找，试一试有没有可创作的其他音乐，如"纸乐""球乐"等。有的学生用象棋敲出一段节奏，有的学生用纸撕出一段节奏，有的学生用书的"开""关"声创作了一段节奏。

这一环节从"水乐"延伸，引导学生利用多种素材去思考、创作，拓展学生的视野，激发学生的想象力。

（7）总结

从谭盾的"水乐"中我们听到了自然之声，音乐的多彩和声也让我们得到了环境保护的重要提示。从学生们的音乐创作中我们对生活有了更多的思考、探索。艺术家存在的唯一价值，在于寻找没有被发现的东西，同样，当我们开始留意身边的事物时，我们会发现原来生活可以更美！

（8）本课反思

如何让高中学生积极参与音乐课堂实践？如何使音乐鉴赏"动"起来？这一直是我教学中思考的问题。高中生与初中生相比，各方面能力逐渐"成熟"，自信心逐渐增强，不会草率做事；有思想，有主见，有个性，对事情有独到的见解，但不会轻易表露自己。音乐鉴赏课最容易走入一个误区，即教师担心教材内容太深，学生听不懂，所以教师讲解的时间多于学生的思考。针对这一问题，我在备课时就所有教学环节都写了设计意图，同时考虑每一环节学生可能出现的"意外"（如设计的问题可能有许多种回答）。我上课特别喜欢学生出现种种"意外"情况。教师解决"意外"情况，一方面能提高教师的应变能力，另一方面说明学生真正在"学"，同时有许多资源就此生成，课堂也可以真正"动"起来了。

这节课以学生身边最普通、最熟悉的物质——水作为主要素材，通过欣赏"水乐"、创作"水乐"、感受"水乐"等几个主要环节，探讨水作为乐器、道具的可行性，学习"音乐源于生活，音乐可以真实地表现生活"等主要知识点；从生活中的音乐感受美、鉴赏美，在音乐实践过程中培养学生的学习兴趣，激发学生的创造力。学生可以参与、享受、评价整个音乐学习过程，教师在整堂课中始终做一个组织者、引导者，真正将课堂还给学生，并在教与学的互动过程中，充分体现"轻负荷，高质量"的教学理念。同时，我在教学理念的指引下，不断拓宽学生的视野，使这节课成为超越基本技能学习的课程，通过聆听音乐、表现音乐和创造音乐等活动，使学生充分体验蕴含于音乐形式中的美和丰富的情感，为其终身热爱音乐、热爱艺术、热爱生活打下良好的基础。

专家、教师一直在探讨如何上好新课标下的音乐鉴赏课，我根据自己的理解，设计了这样一节课。什么样的课才是一节好课？如何上好音乐鉴赏课？带着这样一些问题，我将不懈努力，在今后的教学中，继续我的探索、思考、追求。

西南师范大学出版社
《名师工程》系列丛书目录

系列	序号	书　　名	主编	定价
名校系列	1	《人本与生本：管理与德育的双重根基》	广州市广外附设外语学校	30.00
	2	《生本与生成：高效教学的两轮驱动》	广州市广外附设外语学校	30.00
	3	《世界视野与现代意识：校本课程开发的二元思维》	广州市广外附设外语学校	30.00
	4	《让每个生命都精彩——生命教育校本实践策略》	王鹏飞	30.00
	5	《好学校，从关注每个学生开始——石梅小学优质教育多元感悟》	顾　泳　张文质	30.00
思想者系列	6	《守护教育的本真》	陈道龙	30.00
	7	《教育，倾听心灵的声音》	李荣灿	30.00
	8	《心根课堂——让教育随学生心灵起舞》	刘云生	30.00
	9	《做一个纯粹的教师》	许丽芬	26.00
	10	《率性教书》	夏　昆	26.00
	11	《为爱教书》	马一舜	26.00
	12	《课堂，诗意还在》	赵赵（赵克芳）	26.00
	13	《今日教育之民间立场》	子虚（扈永进）	30.00
	14	《教育，细节的深度反思》	许传利	30.00
	15	《追寻教育的真谛——许锡良教育思考录》	许锡良	30.00
高效课堂系列	16	《让作文教学更高效——王学东写作教学手记》	王学东	30.00
	17	《用什么提高课堂效率——有效数学课必须关注的10大要素》	赵红婷	30.00
	18	《让作文更轻松——小学作文高效教学36锦囊》	李素环	30.00
	19	《让研究性学习更高效——研究性学习施教指导策略》	欧阳仁宣	30.00
	20	《让母语融入学生心灵——提升学生语文素养的高效施教艺术》	黄桂林	30.00
创新班主任系列	21	《班主任专业化成长策略》	杨连山	30.00
	22	《班级活动创新与问题应对》	杨连山　杨照　张国良	30.00
	23	《班集体建设与创新人才培养》	李国汉	30.00
	24	《神奇的教育场——打造特色班级文化创新艺术》	李德善	30.00
优化教学系列	25	《高效教学组织的优化策略》	赵雪霞	30.00
	26	《高效教学方法的优化策略》	任　辉	30.00
	27	《高效教学过程的优化策略》	韩　锋	30.00
	28	《让教学更生动——激发兴趣让学生快乐认知》	朱良才	30.00
	29	《让教学更高效——策略创新让教学事半功倍》	孙朝仁	30.00
	30	《让教学更开放——拓展延伸让学生触类旁通》	焦祖卿　吕　勤	30.00
	31	《让教学更生活——体验运用让学生内化知识》	强光峰	30.00
	32	《让知识更系统——整合与概括让学生建构体系》	杨向谊	30.00
	33	《让思维更创新——思辨与发散让学生思维活跃》	朱良才	30.00
教研提升系列	34	《校本教研的7个关键点》	孙瑞欣	30.00
	35	《教师怎样做小课题研究——高效助力教师专业化成长》	徐世贵　刘恒贺	30.00
	36	《今天我们应怎样评课》	张文质　陈海滨	30.00
	37	《今天我们应怎样进行教学反思》	张文质　刘永席	30.00
	38	《一节好课需要的教育智慧》	张文质　姚春杰	30.00

系列	序号	书　名	主编	定价
创新语文教学系列	39	《曹洪彪新概念快速作文》	曹洪彪	30.00
	40	《小学语文：享受对话教学》	孙建锋	30.00
	41	《小学语文：名师教学目标落实艺术》	刘海涛　王林发	30.00
	42	《小学语文：名师魅力教学设计艺术》	刘海涛　王林发	30.00
	43	《小学语文：名师魅力课堂激趣艺术》	刘海涛　豆海湛	30.00
	44	《小学语文：单元整体教学构建艺术》	李怀源	30.00
	45	《小学作文：名师情趣课堂创设艺术》	张化万	30.00
教师成长系列	46	《做会研究的教师》	姚小明	30.00
	47	《学学名师那些事》	孙志毅	30.00
	48	《给新教师的建议》	李镇西	30.00
	49	《教师心灵读本：成为有思想的教师》	肖　川	30.00
	50	《教师心灵读本：教师，做反思的实践者》	肖　川	30.00
创新课堂系列	51	《个性化课堂教学艺术：小学语文》	商德远	30.00
	52	《如何实现三维目标——让学生与文本共鸣的诵读教学》	张连元	30.00
	53	《想说　会说　有话可说——突破作文瓶颈的三维教学法》	杨和平	30.00
	54	《综合课的整合创新教学》	周辉兵	30.00
	55	《如何打造学生喜欢的音乐课堂》	张　娟	30.00
	56	《理想课堂的构建与实施——一个教研员眼中的理想课堂》	张玉彬	30.00
	57	《小学语文：决定教学质量的关键策略》	李　楠	30.00
	58	《用〈论语〉思想提升数学教育智慧》	胡爱民	30.00
	59	《童化作文——浸润儿童心灵的作文教学》	吴　勇	30.00
名校长核心思想系列	60	《做一个智慧的校长》	孙世杰	30.00
	61	《成为有思想的校长》	赵艳然	30.00
幼师提升系列	62	《全国优秀幼儿健康教育活动课例评析》	教育部教育管理信息中心	30.00
	63	《全国优秀幼儿艺术教育活动课例评析》	教育部教育管理信息中心	30.00
	64	《全国优秀幼儿社会教育活动课例评析》	教育部教育管理信息中心	30.00
	65	《全国优秀幼儿语言教育活动课例评析》	教育部教育管理信息中心	30.00
	66	《全国优秀幼儿科学教育活动课例评析》	教育部教育管理信息中心	30.00
教师修炼系列	67	《班主任工作行为八项修炼》	杨连山	30.00
	68	《教师心理健康六项修炼》	李慧生	30.00
	69	《教师专业化五项修炼》	杨连山　田福安	30.00
	70	《课堂教学素养五项修炼》	刘金生　霍克林	30.00
	71	《高效教学技能十项修炼》	欧阳芬　诸葛彪	30.00
	72	《教师新师德六项修炼》	王毓珣　王　颖	30.00
教育心理系列	73	《做最好的心理导师——中学生心理健康咨询手册》	杨　东	30.00
	74	《每天学点教育心理学》	石国兴　白晋荣	30.00
	75	《学生心理拓展训练与指导》	徐岳敏	30.00
	76	《好心态成就好学生——学生心理问题剖析与对症教育》	李韦遴	30.00
创新数学教学系列	77	《小学数学：名师教学目标落实艺术》	余文森	30.00
	78	《小学数学：名师高效教学设计艺术》	余文森	30.00
	79	《小学数学：名师易错问题针对教学》	余文森	30.00
	80	《小学数学：名师魅力课堂激趣艺术》	余文森	30.00
	81	《小学数学：名师同课异教》	林高明　陈燕香	30.00
	82	《小学数学：名师抽象问题艺术教学》	余文森	30.00

系列	序号	书　　　名	主编	定价
课名师系列名	83	《名师如何炼就名课》（美术卷）	李力加	35.00
教育通识系列	84	《用心做教师——青年教师快速成长的十大定律》	王福强	30.00
	85	《做最受学生欢迎的老师》	赵馨　许俊仪	30.00
	86	《做有策略的校长——经典寓言与学校管理智慧》	宋运来	30.00
	87	《做有策略的教师——经典故事中的教育启示》	孙志毅	30.00
	88	《从学生那里学教书》	严育洪	30.00
	89	《突破平庸——提升教育质量的31个跳板》	严育洪	30.00
	90	《教育，诗意地栖居》	朱华忠	30.00
	91	《好班规打造好班级》	赵凯	30.00
	92	《做学生成长的引领者——学生终身成长的素质培养》	田祥珍	30.00
	93	《如何管出好班级——突破班级管理的四大瓶颈》	刘令军	30.00
	94	《青春期性教育教师实用手册》	闵乐夫	30.00
教育细节系列	95	《名师最具渲染力的口才细节》	高万祥	30.00
	96	《名师最有效的沟通细节》	李燕　徐波	30.00
	97	《名师最有效的激励细节》	张利　李波	30.00
	98	《名师培养学生好习惯的高效细节》	李文娟　郭香萍	30.00
	99	《名师人格教育的经典细节》	齐欣	30.00
	100	《名师营造课堂氛围的经典细节》	高帆　李秀华	30.00
	101	《名师最有效的赏识教育细节》	李慧军	30.00
	102	《名师最有效的批评细节》	沈旎	30.00
教育管理力系列	103	《名校激励管理促进力》	周兵	30.00
	104	《名校安全管理执行力》	袁先潋	30.00
	105	《名校师资团队建设力》	赵圣华	30.00
	106	《名校危机管理应对力》	李明汉	30.00
	107	《名校校本研究创新力》	李春华	30.00
	108	《学校文化力建设策略》	袁先潋	30.00
	109	《名校长核心教育力》	陶继新	30.00
	110	《名校长高绩效领导力》	周辉兵	30.00
	111	《名校行政管理细节力》	杨少春	30.00
	112	《名校教学管理提升力》	张韬　戴诗银	30.00
	113	《名校学生管理教导力》	田福安	30.00
	114	《名校校园文化构建力》	岳春峰	30.00
高中新课程系列	115	《高中新课程：教师角色转变细节》	缪水娟	30.00
	116	《高中新课程：班主任新兵法细节》	李国汉　杨连山	30.00
	117	《高中新课程：教学管理创新细节》	陈文	30.00
	118	《高中新课程：更有效的评价细节》	李淑华	30.00
大师讲坛系列	119	《大师谈教育心理》	肖川	30.00
	120	《大师谈教育激励》	肖川	30.00
	121	《大师谈教育沟通》	王斌兴　吴杰明	30.00
	122	《大师谈启蒙教育》	周宏	30.00
	123	《大师谈教育管理》	樊雁	30.00
	124	《大师谈儿童人格塑造》	齐欣	30.00
	125	《大师谈儿童习惯培养》	唐西胜	30.00
	126	《大师谈儿童能力培养》	张启福	30.00
	127	《大师谈早恋与性教育》	闵乐夫	30.00
	128	《大师谈儿童情感教育》	张光林　张静	30.00

系列	序号	书　　名	主编	定价
教学新突破系列	129	《把教学目标落实到位——名师优质课堂的效率管理》	冯增俊	30.00
	130	《拿什么调动学生——名师生态课堂的情绪管理》	胡　涛	30.00
	131	《零距离施教——名师和谐师生关系的构建艺术》	贺　斌	30.00
	132	《一个都不能落——名师提升学困生的针对教学》	侯一波	30.00
	133	《让学习变得更轻松——名师最能吸引学生的情境设计》	施建平	30.00
	134	《让知识变得更易学——名师改造难学知识的优化艺术》	周维强	30.00
教学提升系列	135	《方法总比问题多——名师转变棘手学生的施教艺术》	杨志军	30.00
	136	《用特色吸引学生——名师最受欢迎的特色教学艺术》	卞金祥	30.00
	137	《让学生爱上课堂——名师高效课堂的引导艺术》	邓　涛	30.00
	138	《拿什么打开思路——名师最吸引学生的课堂切入点》	马友文	30.00
	139	《没有记不牢的知识——名师最能提升学生记忆效果的秘诀》	谢定兰	30.00
	140	《让学生的思维活起来——名师最激发潜能的课堂提问艺术》	严永金	30.00
名师讲述系列	141	《施教先施爱——名师讲述班主任的核心教导力》	杨连山　魏永田	30.00
	142	《在欢乐中成长——名师讲述最具活力的课堂愉快教学》	王斌兴	30.00
	143	《让学生做自己的老师 ——名师讲述如何提升学生自主学习能力》	徐学福　房　慧	30.00
	144	《引领学生高效学习 ——名师讲述如何提高学生课堂学习效率》	刘世斌	30.00
	145	《教育从心灵开始——名师讲述最能感动学生的心灵教育》	张文质	30.00